초능력 비주얼씽킹 초등 한국사

2 조선 ~ 대한민국

“

비주얼씽킹은
어려운 공부법이 아니라
그림으로 생각하고 정리하는
즐거운 습관입니다.

”

큰★별샘이 비주얼씽킹 초등 한국사를 추천합니다!

초등학교는 한국사를 배우는 첫 시기입니다. 그래서 저도 초등학생들의 한국사 공부에 대해 늘 고민이 많았습니다. 이 때의 경험이 앞으로 한국사 공부에 대한 생각을 결정짓는다 해도 과언이 아니기 때문입니다. 자칫 어렵거나 지루하다는 느낌이 들면 중학교, 고등학교, 그 이후의 한국사 공부를 할 때 내내 괴로울 수밖에 없습니다. 그래서 어떻게 하면 첫 단추를 잘 끼울 수 있을까 고민이 많아집니다. 저보다 이 같은 고민을 더 많이 한 초등학교 선생님들이 이 책을 만들었기에, 한국사를 사랑하고 가르치는 한 사람으로서 이 책은 참 반갑고 고맙습니다.

이미 서점가에는 한국사를 다룬 책이 많습니다. 초등학생을 위한 한국사 책도 당연히 많지요. 하지만 이 책을 단연 돋보이게 하는 힘은 '공부의 즐거움'에 있고 그것이 아이들에 대한 깊은 이해에 바탕을 두고 있어 놀랍습니다. 빠르게 변하는 시대, 이미지와 영상 속에서 자라나고 있는 아이들의 눈높이에 꼭 맞춘 책의 구성은 현장에서 아이들을 마주하는 선생님들이기에 가능하다는 생각이 듭니다. 옛날 이야기를 읽는 것 같은 쉽고 재미있는 설명과 그 이야기를 한 장의 이미지로 정리해 주는 비주얼씽킹은 이 책의 가장 큰 무기입니다. 백 마디의 문장을 읽고 외우는 것은 힘들지만, 그것을 한 장의 그림으로 기억하는 것은 어렵지 않습니다. 재미있게 이야기를 읽고 그림으로 정리하는 과정 속에서 자연스럽게 한국사의 기본적인 흐름과 개념들을 이해하게 되고, 아이들에게 '공부의 즐거움'으로 다가올 것이라는 확신이 듭니다.

오랫동안 비주얼씽킹을 연구하고 그것을 교육 현장에 적용하기 위해 노력한 참쌤과 참쌤스쿨 선생님의 노력을 알기에, 그 결실이 한국사라는 영역에서 빛나는 것에 기쁨을 느낍니다. 즐겁게 배운 한국사 공부의 경험이 앞으로 한국사 공부에서 오래 달릴 수 있게 해 주는 에너지가 되리라 생각합니다.

큰★별샘 최태성(별별 한국사 연구소장)

비주얼씽킹 초등 한국사를 시작하는 여러분께

여러분 안녕하세요? 이 책은 비주얼씽킹(Visual Thinking)이라는 조금 생소한 공부 방법을 바탕으로 만들었어요. 영어로 쓰여 있으니 무언가 대단한 것처럼 생각되지만, 사실은 아주 간단한 공부 방법이에요. 글과 그림을 함께 활용하여 생각하고 이 과정에서 자연스럽게 공부를 하는 것이죠.

비주얼씽킹이 무엇인지 먼저 살펴볼까요?

'임진왜란으로 인해 조선은 큰 피해를 입었다.'

위 문장을 그림으로 그린다면 어떻게 표현할 수 있을까요? 다양한 방법이 있겠지만 아마 그림을 잘 그리는 사람도 쉽게 표현하기 어려울 거예요.

위 그림은 실제로 초등학교 5학년 친구가 그린 그림입니다. 임진왜란으로 인해 누더기가 된 조선의 모습을 재미있게 표현했어요. 위와 같은 표현은 그림에 특별히 소질이 없더라도 그릴 수 있어요.

문자를 사용한 글은 논리적이고 체계적이에요. 그에 비해 그림은 보다 직관적이죠. 이해하기 어려운 내용을 그림과 함께 봤을 때 '아!' 하며 내용 전체를 한꺼번에 이해했던 경험이 있을 거예요.

이번에는 '고려 말'과 '고려의 멸망'이라는 주제는 어떻게 표현할 수 있을까요?

'말(末)'이라는 뜻은 나라가 없어지기 바로 전이라는 뜻이니 나라의 기운이 기울고 안팎으로 나라가 어려웠겠죠? 왕관을 그려놓고 '고려'라고 적은 다음 이곳저곳의 누더기를 그려 주니 고려가 몹시 힘들고 어려워 보이네요. '고려 멸망'은 어두운 색으로 왕관을 칠하고 위에 천사링을 그려 넣었네요. 누가 봐도 나라가 멸망한 것을 직관적으로 알 수 있겠어요. 비주얼씽킹의 표현 방법은 미술 시간에 그렸던 그림들과는 조금 달라요. 누구나 그릴 수 있고 한 번만 보아도 이해하기 쉬운 표현으로 낙서 같이 보이기도 하지만 내용을 이해하는 데 도움이 된답니다.

이 책은 그림을 좋아하는 초등학교 선생님들이 함께 만들었어요. 어려운 한국사 내용을 어떻게 하면 여러분들이 쉽고 재미있게 이해할 수 있을지를 가장 많이 고민하며 다양한 방법으로 한국사 내용을 정리했답니다.

책 속에 있는 QR코드를 스마트폰으로 찍어 보세요. 선생님들이 만든 비주얼씽킹 강의를 활용하여 책을 공부한다면 쉽게 한국사와 친해질 수 있을 거예요.

이 책이 여러분에게 정말 많은 도움이 되었으면 좋겠어요.

이 책을 만드신 **쌤들!**

김차명 선생님
(경기도 교육청)

이인지 선생님
(서울 지향초)

김근재 선생님
(서울 청담초)

강세라 선생님
(충북 청주 상봉초)

김화인 선생님
(충북 청주 원봉초)

백지민 선생님
(서울 송정초)

송가람 선생님
(경남 함안 호암초)

유명선 선생님
(경기 부천 부원초)

윤보연 선생님
(경기 남양주 예봉초)

조하나 선생님
(충북 청주 새터초)

표지수 선생님
(서울 자곡초)

이 책을 활용하는 Tip

Tip1 그림 연표

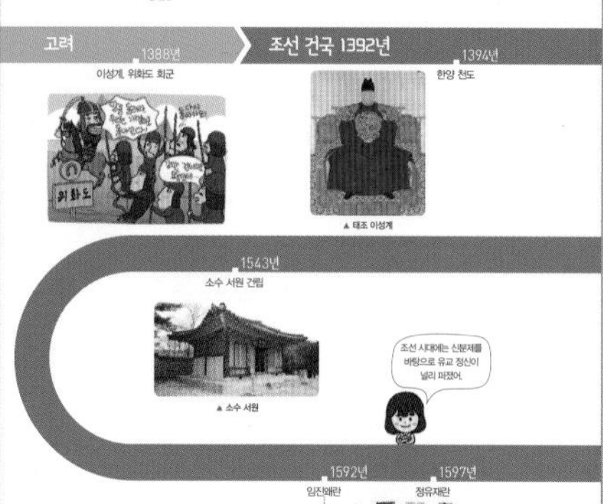

앞으로 배울 다양한 한국사 이야기를
그림 연표로 미리 살펴보세요.

Tip2 비주얼씽킹 학습

선생님이 들려주는 한국사 이야기를 읽어보며,
한국사 개념과 흐름을 정리할 수 있어요.

16 나라를 지키기 위해 조선 수군은 어떤 활약을 하였을까요?

참쌤 동영상

임진왜란이 터지고 육지에서는 조선군이 일본군에게 제대로 힘을 쓰지 못하고 순식간에 한양을 빼앗겼어. 하지만 바다에서는 이순신 장군의 지휘 아래 조선 수군이 일본에 맞서 싸우며 승리를 거두고 있었단다.

이순신 장군이 이끄는 조선 수군은 경상도 옥포에서 일본 수군을 상대로 값진 첫 승리를 거두었어. 이후 한산도에서 학익진이라는 전술을 사용하여 다시 한번 일본 수군을 크게 격파하였고, 조선 수군은 서해와 남해에서 일본 수군의 진출을 어렵게 만들었어. 바닷길이 막혀버리자 육지에 있는 일본군은 식량과 물자를 공급 받을 수 없게 되었고 조선은 이를 계기로 육지에서도 전투에서 일본보다 유리한 위치에 설 수 있었어.

조선 수군의 활약으로 일본군의 보급로를 차단하고, 호남(전라도) 지역의 곡창 지대를 지킬 수 있었어.

당시 전라좌수영 수군절도사였던 이순신은 미리 식량과 무기, 군함을 준비하여 일본의 침략에 대비했다고 해.

이순신 장군의 철저한 대비와 전략으로 조선 수군은 바다에서 계속 승리를 거두었어. 그러나 일본의 계략으로 이순신 장군이 파직을 당한 뒤 정유재란을 일으켜 다시 조선을 침략한 일본 수군에게 조선 수군은 칠천량 해전에서 큰 패배를 당하게 돼. 위기를 느낀 조정은 다시 이순신 장군을 불러 삼도수군통제사로 임명하였고, 이순신 장군은 일본 수군에 맞서 명량 해전에서 큰 승리를 거두었단다. 이후 남은 일본군을 마지막까지 섬멸하려던 이순신 장군은 노량 해전에서 전투 중 죽음을 맞게 되었어. 그러나 조선 수군은 크게 승리하였고 기나긴 전쟁을 끝낼 수 있었단다.

- 파직(罷 그만둘 파, 職 직분 직) 관직에서 물러나게 함.
- 섬멸(殲 죽일 섬, 滅 없앨 멸) 모조리 무찔러 없앰.

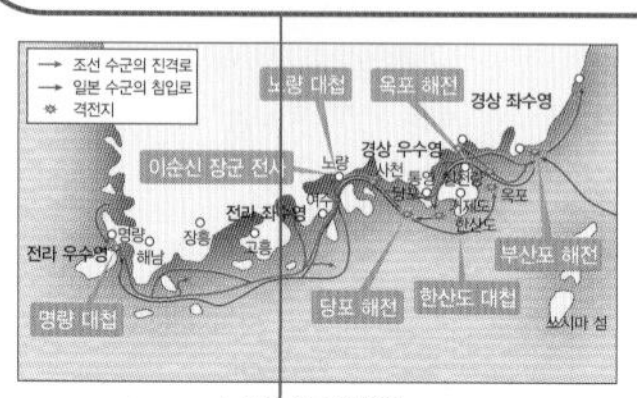

▲ 조선 수군의 활약

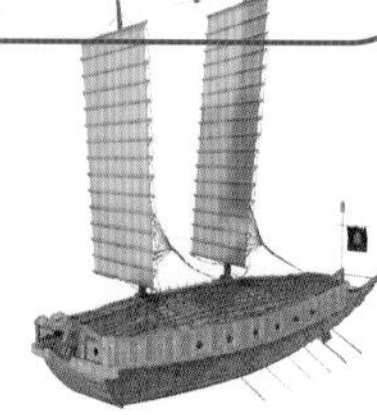
▲ 거북선(복원도)

50 비주얼씽킹 초등 한국사 2

QR코드 참쌤 동영상
참쌤 선생님들이 그리면서 설명해 주시는 생생한 비주얼씽킹 강의

이야기하듯이 구성된 설명으로 한국사 개념과 흐름을 재미있게 공부해요.

역사 이야기

여러분의 호기심을 채워 줄
다양한 이야기가 담겨 있어요.

비주얼씽킹

한국사 개념을 그림으로
쉽고 재미있게 정리해요.

참쌤이 들려주는 **역사 이야기** 이순신 장군이 사용한 학익진 전술

이순신 장군은 불리한 군사력을 극복하고 바다의 지형을 잘 이용하기 위해 학이 날개를 펼친 모양으로 군함을 배치하는 학익진 전술을 썼어요. 유리한 지형으로 적의 군함을 유인한 뒤 조선 수군 진영의 양쪽 끝의 판옥선이 날개를 펼치듯 적의 군함을 에워싸면, 좌우에서 번갈아 가며 조선 수군이 적의 군함을 향해 화포를 집중 발포하여 적을 무너뜨리는 전술이었어요.

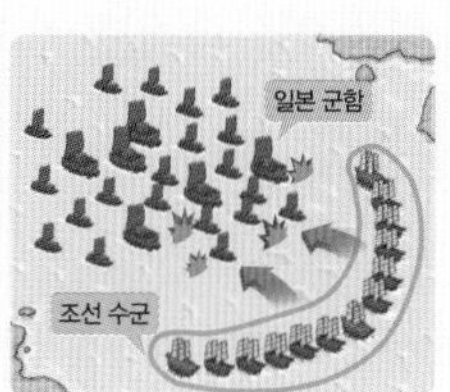

학익진의 모습 ▶

비주얼 씽킹 이순신 장군과 조선 수군의 활약

정답 196쪽

1. 조선 수군의 활약

일본의 침략에 미리 대비한 (❶) 장군이 이끄는 조선 수군은 뛰어난 전술을 사용하여 일본 수군을 상대로 승리를 거두었어요.

2. 조선 수군의 위기

일본의 계략으로 이순신 장군은 (❷)당하였고, 이후 조선 수군은 일본 수군에게 크게 패배하였어요.

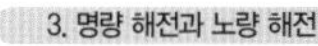
3. 명량 해전과 노량 해전

다시 삼도수군통제사로 임명된 이순신 장군은 조선 수군을 이끌고 명량 해전에서 일본 수군을 크게 무찌르며 승리를 거두었지만 남은 일본군을 마지막까지 섬멸하려던 이순신 장군은 (❸)에서 죽음을 맞이해요.

초성 Quiz

1 이순신 장군은 (ㅎㅅㄷ)에서 학익진 전술로 일본 수군을 크게 물리쳤다.
□한산도 □흑산도

2 조선 수군은 (ㄴㄹ) 해전에서 큰 승리를 거두지만 이순신은 죽음을 맞는다.
□노량 □노래

1. 조선의 성립과 발전 51

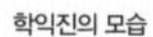

초성 Quiz

중요한 개념을 퀴즈로
한 번 더 풀어봐요.

글로 읽었던 한국사 이야기를 그림으로
한 번 더 정리하면 비주얼씽킹 학습 완성!

Tip3
역사 논술

한국사 속 다양한 주제로 역사 논술을
펼치며 자신의 생각을 완성해보세요.

차례

1. 조선의 성립과 발전

2. 새로운 사회를 향한 움직임

3. 일제의 침략과 광복을 위한 노력

4. 대한민국의 수립과 발전

1. 조선의 성립과 발전

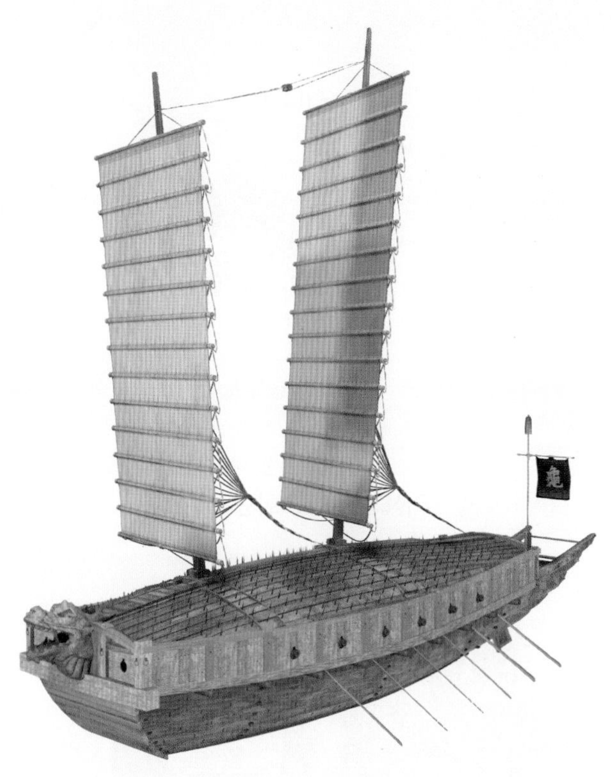

유교 이념을 바탕으로 건국된 조선은 어떤 모습으로 발전했을까?

고려 말 어지러운 사회 속에서 새로운 개혁을 하고자 건국한 조선은 유교 이념을 바탕으로 나라의 기틀을 다졌어요. 훈민정음을 창제하고 다양한 과학 기술을 발전시키는 한편 다른 나라의 침략 속에서 어려움을 겪기도 하였으나 끊임없는 노력으로 극복하고 나라를 지켜 냈어요.

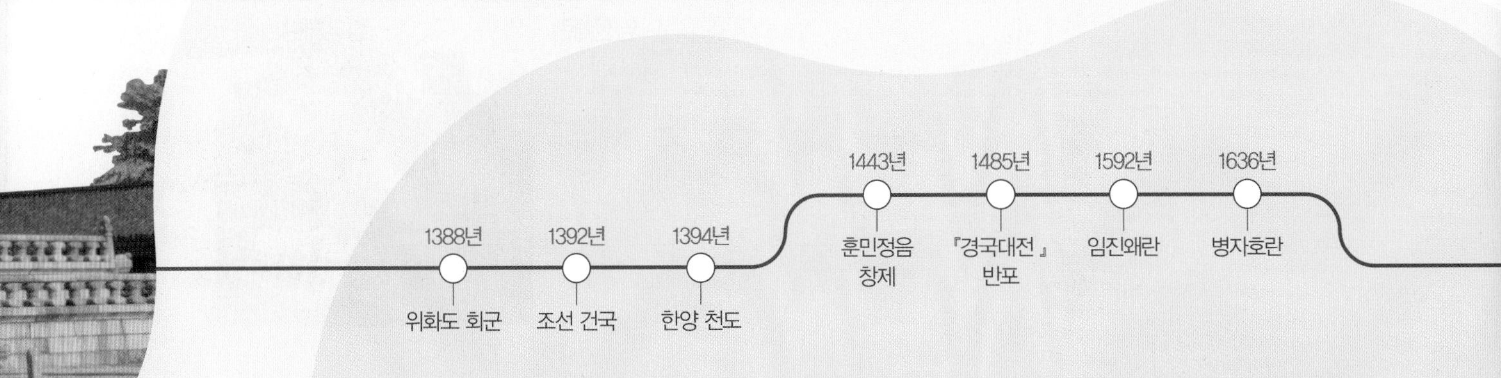

그림 연표로 한눈에 보는
한국사

1. 조선의 성립과 발전

고려

1388년
이성계, 위화도 회군

조선 건국 1392년

▲ 태조 이성계

1394년
한양 천도

1543년
소수 서원 건립

▲ 소수 서원

조선 시대에는 신분제를 바탕으로 유교 정신이 널리 퍼졌어.

1592년
임진왜란

1597년
정유재란

긴 역사를 가진
조선은 어떻게 건국되어
발전했는지 함께
살펴보자.

1433~1437년

세종의 4군 6진 설치

1443년, 1446년

훈민정음 창제 및 반포

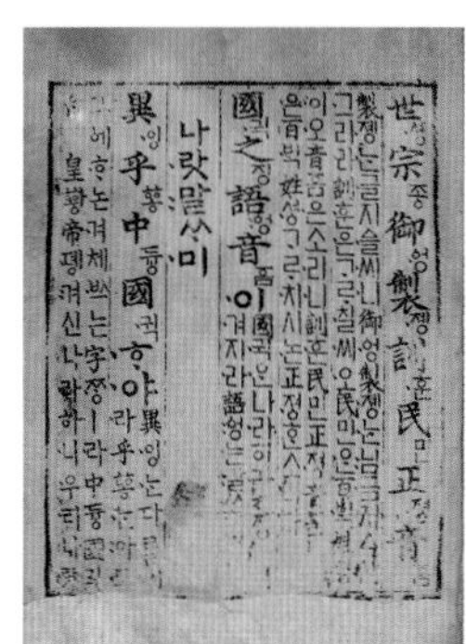

세종 때는 훈민정음이
탄생하고 다양한 과학
기술도 발전했어.

1485년

『경국대전』 반포

◀ 삼전도비

1623년

인조반정

1627년

정묘호란

1636년

병자호란

01 고려를 무너뜨리고 새롭게 등장한 나라는 어디일까요?

오늘은 고려의 마지막과 조선의 건국에 대한 이야기를 할까 해.

14세기에 중국에서는 원이 멸망하고 명이 들어섰어. 명은 고려에 철령 북쪽의 땅을 돌려달라고 요구했지. 그러자 최영을 비롯한 고려 조정은 명이 차지하고 있는 요동 지역이 고려의 영토였다며, 오히려 명을 공격해 요동 지역을 차지하자고 주장했어. 이에 반대했던 이성계는 5만 명의 군사를 이끌고 명을 공격하러 가던 중 왕의 명령을 어기고 압록강 유역 위화도에서 다시 개경으로 돌아와 최영을 유배 보내고, 왕을 끌어내려 권력을 잡았어.

(이성계: 홍건적과 왜구를 물리치며 큰 힘을 얻은 신흥 무인 세력이야.)

신진 사대부는 새롭게 변화하려는 선비라는 뜻으로 부패한 고려를 개혁하고 유교를 바탕으로 나라를 다스리자고 주장한 관리들이야.

권력을 잡은 이성계와 신진 사대부들은 관리의 등급에 따라 토지를 나누어 주는 과전법을 시행하였어. 이를 통해 권문세족들의 토지를 빼앗아 원래 주인에게 돌려주고, 신진 사대부들도 땅을 얻어 이익을 볼 수 있었지.

이후 이들은 새로운 나라를 세우자는 세력과 고려 왕조를 지키며 개혁을 하자는 세력으로 나뉘게 되었어. 새로운 나라를 세우길 원했던 이성계와 정도전 등은 반대 세력의 정몽주가 자신과 뜻을 함께하기를 원했지만 끝내 정몽주는 고려에 대한 충성을 지켰어.

▲ 태조 이성계 어진

1392년, 이성계는 반대 세력을 없애고 뜻을 같이 한 이들의 추대를 받아 왕이 되어 새로운 나라를 세웠단다. 이성계는 우리나라 최초의 국가인 고조선을 계승한다는 뜻에서 나라 이름을 '조선'이라고 하였어.

- **왕조(王 임금 왕, 朝 왕조 조)** 왕이 직접 다스리는 나라 혹은 같은 왕의 가문에 속하는 계열.
- **추대(推 받들 추, 戴 올릴 대)** 왕이나 우두머리 등의 높은 자리로 떠받드는 것.
- **계승(繼 이을 계, 承 이을 승)** 조상의 전통이나 문화유산, 업적 등을 물려받아 이어 나감.

역사 이야기 이방원과 정몽주의 시조 대결

이성계의 아들 이방원은 반대 세력의 정몽주에게 자신들과 함께할 것을 권유하는 내용이 담긴 시를 읊었어요. 그러자 정몽주는 자신은 고려 왕조를 따를 것이라는 내용의 시를 읊어 이에 답하였다고 해요.

이런들 어떠하며 저런들 어떠하리
만수산 드렁칡이 얽어진들 어떠하리
우리도 이같이 얽어져 백년까지 누리리라.
– 이방원, 「하여가」

이 몸이 죽고 죽어 일백 번 고쳐 죽어
백골이 진토되어 넋이라도 있고 없고
님 향한 일편단심이야 가실 줄이 있으랴.
– 정몽주, 「단심가」

조선의 건국 과정

정답 195쪽

1. 위화도 회군

명을 공격하라는 명령을 어기고 위화도에서 군사를 되돌려 개경으로 돌아온 이성계는 (❶)들과 함께 권력을 잡고 고려를 개혁하였어요.

2. 개혁 세력들 간의 갈등

권력을 잡은 이성계, 정도전 등은 고려 왕조를 유지하며 개혁하기를 원했던 세력들과 갈등하다 결국 이들을 없애고 새로운 나라를 세우고자 했어요.

3. 이성계의 조선 건국

1392년, 이성계는 왕위에 올라 고조선을 계승한다는 뜻으로 나라 이름을 '(❷)'이라고 했어요.

1 이성계는 (ㅇㅎㄷ)에서 군사를 되돌려 개경으로 돌아왔다.
□위화도 □연희동

2 이성계는 (ㄱㅈㅅ)을 계승한다는 뜻으로 나라 이름을 '조선'이라고 지었다.
□광주시 □고조선

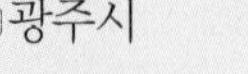

02 한양이 조선의 도읍이 된 까닭은 무엇일까요?

조선을 세운 태조 이성계는 나라를 시작할 새로운 도읍을 정하고자 했어. 이성계는 무학대사에게 도읍으로 삼을 만한 곳을 찾아달라 부탁하였단다. 무학대사는 한양에 도착하여 지금의 경복궁 자리인 인왕산 아래 터를 보고, 이곳이야 말로 조선의 도읍지가 될만하다며 감탄하고 이를 이성계에게 알렸어.

종묘는 역대 왕과 왕비의 위패를 모시고 제사를 지내던 곳이야.

▲ 종묘(서울 종로구)

한양은 한반도의 중심에 있으며, 한강이 흘러 사람의 이동과 물자의 수송이 편리한 곳이야. 또한 서쪽으로는 바다가 가까이 있어 다른 나라와 교역을 하기에도 유리했어. 그리고 사방이 산으로 둘러싸여 방어에 유리하였고 그 안으로 넓은 평야에서 사람들이 모여 살기 좋은 곳이었단다.

정도전은 한양에 경복궁을 비롯한 도성을 세울 계획을 세웠어. 경복궁에는 왕이 나랏일을 의논하는 근정전과 왕이 잠을 자던 강녕전 등의 건물을 세웠어. 또한 유교의 가르침에 따라 도성 안에 종묘와 사직단을 세웠고, 한양을 둘러싼 도성의 동서남북에는 유교 정신이 담긴 이름을 지은 큰 문을 만들었어.

('경복'은 큰 복을 누린다는 뜻이야.)

(돈의문, 숭례문, 흥인지문, 숙정문 등)

이성계는 도읍을 다시 개경으로 옮기기도 하였지만 이후 태종은 다시 한양으로 돌아왔어. 한양은 500년이 넘도록 조선의 도읍이 되어 다양한 문화유산을 남겼고, 오늘날은 대한민국의 수도 서울이 되었단다.

- **도읍** (**都** 도읍 **도**, **邑** 마을 **읍**) 한 나라의 수도.
- **사직단** 토지와 곡식을 다스리는 신을 모시는 곳으로 농사가 잘 되기를 빌며 왕이 제를 올리는 장소.

◀ 경복궁 근정전 (서울 종로구)

역사 이야기 경복궁에서 찾은 흥미로운 사실

경복궁의 강녕전은 임금이 침소에 들어 잠을 자던 장소예요. 그래서 강녕전에는 궁궐의 건물 지붕에서 볼 수 있는 용마루를 만들지 않았어요. 그 이유는 용은 임금을 뜻하기 때문에 임금(용)이 잠드는 강녕전에는 용마루를 따로 만들 필요가 없었던 것이에요. 또한 나랏일을 의논하던 경복궁 근정전 앞의 바닥에는 울퉁불퉁하고 거친 돌이 깔려 있는데 이것은 당시 관리들이 신었던 가죽신이 미끄러지기 쉬워 이를 막고, 비가 내리면 돌을 따라 물이 쉽게 빠지도록 하기 위해서였다고 해요.

조선의 도읍, 한양 둘러보기

정답 195쪽

1. 한양을 도읍으로 정한 까닭

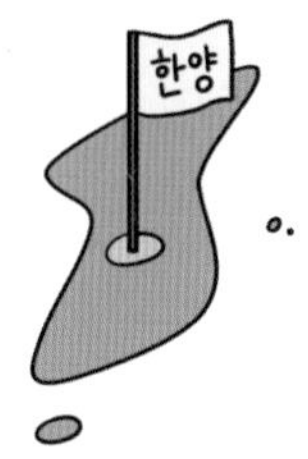

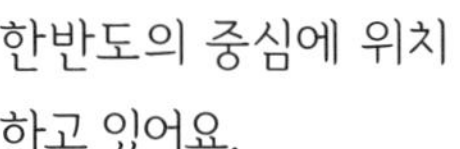

한반도의 중심에 위치하고 있어요.

(❶)을 이용해 사람의 이동과 물자의 수송이 편리해요.

사방이 산으로 둘러싸여 (❷)에 유리해요.

넓은 평야가 있어 사람들이 모여 살기에 알맞아요.

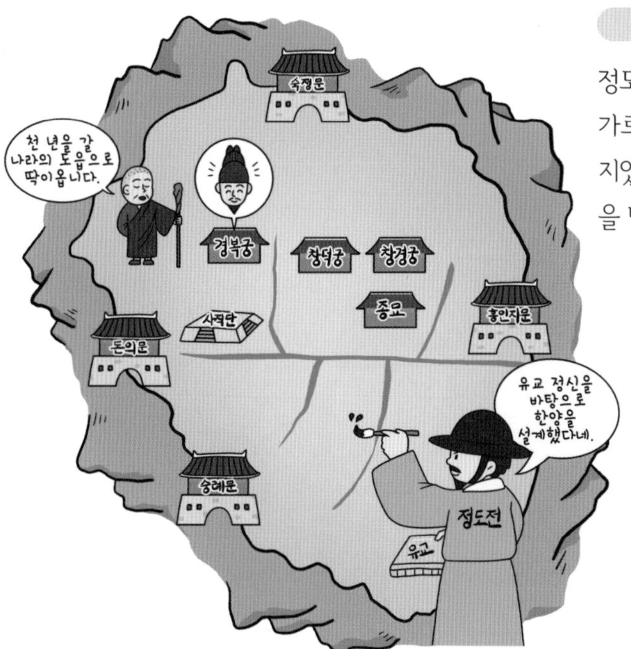

2. 유교 정신이 담긴 한양의 모습

정도전이 설계한 한양에는 (❸)의 가르침에 따라 경복궁, 종묘, 사직단 등을 지었어요. 또한 도성의 동서남북에는 큰 문을 만들었어요.

초성 Quiz

1 이성계는 조선의 도읍을 (ㅎㅇ)으로 정했다.

□한양 □함안

2 (ㅈㄷㅈ)은 유교의 가르침에 따라 한양을 설계하였다.

□정동진 □정도전

03 정도전과 이방원이 대립한 까닭은 무엇일까요?

조선을 세우는 데 큰 공을 세운 정도전은 유교 정신을 바탕으로 나라를 다스릴 것을 주장했어. 유교를 바탕으로 나라를 다스린다는 것은 무엇일까? 왕은 나랏일을 살피며 신하들의 의견을 귀담아 들어야 하고, 신하들은 왕을 잘 도와주어야 해. 그리고 양반은 평민에게 모범을 보이며, 평민을 잘 보살펴야 해.

▲ 정도전의 문집

정도전이 쓴 글을 엮어 만든 책으로 유교 정신에 따라 나라를 다스리고자 한 그의 생각이 담겨 있어.

정도전은 현명한 재상이 중심이 되어 왕을 도와 나라를 다스리고자 했고, 신하들의 힘과 왕의 힘이 서로 균형을 이루는 나라를 꿈꿨어. 그리고 정도전은 자신이 바라는 나라를 만들기 위해 이성계의 여러 아들 중 막내아들을 세자로 책봉하라고 왕에게 건의하였지.

정도전은 왕은 백성을 위한 정치를 해야하고, 이를 위해서는 민심을 잘 아는 재상에게 정치를 맡겨야 한다고 생각했어.

하지만 이에 반대하는 사람이 있었는데 바로 이성계의 다섯 번째 아들 이방원이야. 그는 고려 왕조를 지키고자 했던 정몽주를 없애고 조선을 세우는 데 적극적으로 참여하였어. 이방원은 왕이 중심이 되는 통치 체제를 만들 것을 주장하였고, 재상들이 권력을 가져가면 왕이 힘을 잃기 때문에 불만을 가졌어. 결국 이방원은 정도전이 마음대로 세자를 정하려고 하자 정도전을 없애고, 세자 자리에 오르려고 했던 이성계의 막내아들도 죽이고 말았어.

이를 '왕자의 난'이라고 하는데 이 때문에 이성계는 자신이 무척 아끼던 정도전을 잃고 큰 충격을 받게 되었어.

난을 일으킨 이방원은 권력을 장악하고 자신이 아닌 둘째 형에게 왕권을 넘겨주었어. 왕이 된 둘째 형 정종은 이후 결국 이방원(태종)에게 왕위를 물려주었단다.

책봉 (**冊** 세울 **책**, **封** 봉할 **봉**) 왕의 자리를 물려받을 왕세자, 왕세손 등의 관직을 내림.

역사 이야기 이성계와 이방원의 사이는 어땠을까?

이성계는 아들 이방원(태종)이 정도전을 없애고 권력을 잡은 뒤 정종이 임금으로 즉위하자 함흥으로 떠나버렸어요. 태종이 즉위한 뒤에는 신하들이 이성계에게 한양으로 다시 돌아올 것을 간곡히 청하였어요. 이성계가 한양으로 돌아오는 날에 맞춰 태종은 중랑천에서 아버지를 기다렸어요. 한양으로 돌아오던 이성계는 태종의 모습이 보이자 아들을 향해 활을 겨눠 화살을 쏘았어요. 이때 쏜 화살이 태종을 맞히지 못하고 꽂힌 곳을 '살곶이'라 불렀어요. 지금도 서울시 성동구에는 살곶이라는 이름의 돌다리가 남아 있답니다.

정도전과 이방원의 갈등과 왕자의 난

정답 195쪽

1. 정도전과 이방원의 갈등

정도전은 유교 정신을 바탕으로 현명한 (❶)이 중심이 되어 왕을 도와 나라를 다스릴 것을 주장했어요.

이성계의 다섯 번째 아들인 (❷)은 왕이 중심이 되어 나라를 다스릴 것을 주장했어요.

2. 이방원이 주도한 왕자의 난

정도전은 이성계의 막내아들을 (❸)로 책봉하려고 했어요.

이를 반대한 이방원은 이성계의 막내아들과 정도전을 죽였어요.

권력을 잡은 이방원의 뜻에 따라 둘째 형인 (❹)이 왕이 되었어요.

1 (ㅈㄷㅈ)은 현명한 재상이 왕을 도와 나라를 다스려야 한다고 생각했다.
□정도전 □전단지

2 이성계의 아들 (ㅇㅂㅇ)은 왕자의 난을 일으켜 정도전을 없앴다.
□영부인 □이방원

04 조선은 나라의 기틀을 세우기 위해 어떤 노력을 했을까요?

정도전이 재상 중심의 정치를 하려다 실패한 후 조선은 태종 때부터 강력한 왕권을 확립하기 위해 노력하였어.

태종은 먼저 왕족이나 신하들이 개인적으로 거느리던 병사인 사병을 금지시키고 왕의 형제들과 신하들이 왕에게 도전하거나 배반하지 못하도록 했어.

그리고 오늘날 주민 등록증과 같이 16세 이상의 남자에게 호패를 차고 다니도록 하는 호패법을 실시했어. 호패법은 나라의 인구를 파악하고 이를 바탕으로 노동력을 동원하거나 세금을 걷기 위한 목적이 있었어.

또 나라를 효과적으로 다스리기 위해 전국을 8개 도로 나누고 수도인 한성을 제외한 전국에 관찰사를 파견하여 관찰사가 지방을 직접 다스리도록 했어.

호패의 앞면에는 이름과 태어난 해, 과거의 종류와 합격한 때 등이 적혀 있고, 뒷면에는 호패를 만든 해가 표시되어 있어.

세종 때는 왕의 권력과 신하의 권력이 서로 조화를 이루도록 하였고 유능한 재상을 뽑아서 썼으며, 집현전을 설치하여 학문과 정책을 연구하였어. 이후 세조는 군사 제도를 정비하였으며, 현직 관리에게만 토지를 주는 직전법을 실시하여 국가 재정을 튼튼히 하였단다.

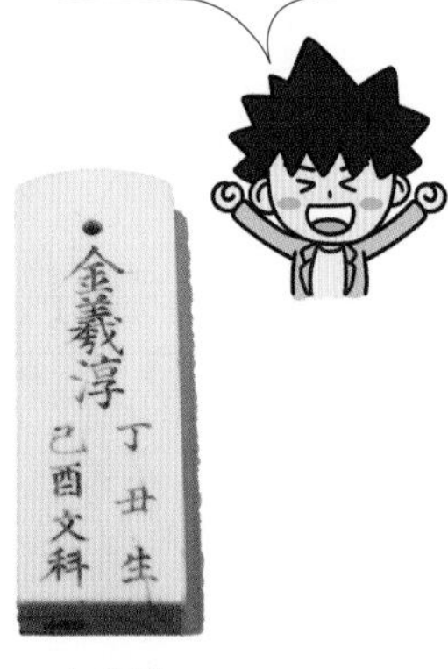

▲ 호패

조선의 통치 체제는 성종 때에 이르러 완성되었어. 성종은 국가 운영의 기준이 되는 법전인 『경국대전』을 반포했어. 『경국대전』은 유교의 가르침을 바탕으로 나라의 크고 중요한 일은 물론이고 백성들이 지켜야 할 행동까지 담고 있는 조선 최고의 법전이었어.

『경국대전』은 세조가 만들도록 지시하였고 성종 때 완성되었어.

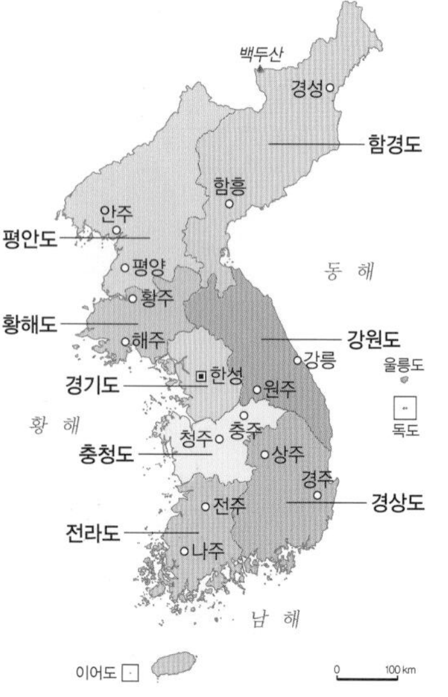

▲ 조선의 행정 구역

8도의 이름은 주요 고을의 앞 글자를 따서 이름을 지었어.
예) 강원도 = 강릉 + 원주

호패 (號 이름 **호**, 牌 패 **패**) 조선 시대에 신분을 증명하기 위해 16세 이상의 남자가 가지고 다녔던 패.

역사 이야기 『경국대전』에는 어떤 내용이 담겨 있을까?

『경국대전』에는 나라의 운영 방법, 재정, 교육과 군사 제도뿐만 아니라 사회 규범, 형벌, 복지 제도 등도 담겨 있어요.

▲ 남자는 15세, 여자는 14세가 되어야 결혼할 수 있다.

▲ 사형수는 세 번 재판을 받을 수 있다.

▲ 관청의 노비가 임신을 한 경우 출산 전후로 휴가를 준다.

나라의 기틀을 세우기 위한 노력

정답 195쪽

1. 사병 제도 철폐

태종은 사병을 금지시켜 왕족이나 신하들이 함부로 군사를 거느리지 못하게 하였어요.

2. 호패법 실시

16세 이상의 남자들은 모두 (❶   )를 차고 다니도록 했어요.

3. 통치 체제 정비와 『경국대전』 반포

태종은 행정 구역을 (❷   )개의 도로 나누고, 관찰사를 파견했어요. 세조는 직전법을 실시하여 나라의 재정을 튼튼히 하였어요. 성종 때는 국가 운영의 기준이 되는 『(❸   )』을 반포하여 조선의 통치 체제를 완성하였어요.

초성 Quiz

1 16세 이상의 남자에게 (ㅎㅍ)를 차고 다니도록 했다.

□허파 □호패

2 성종 때 국가 운영의 기준이 되는 법전인 『(ㄱㄱ)대전』을 반포하였다.

□경국 □곶감

05 조선 시대에 과거 시험은 누구나 볼 수 있었을까요?

'하늘 천, 따 지, 검을 현, 누를 황….' 조선 시대에 이런 소리를 들을 수 있던 곳은 어디였을까? 조선은 유교 사상을 가르치고 나랏일을 맡아보는 관리를 길러 내기 위해 한양과 지방에 여러 교육 기관을 설치하였어. 대표적인 교육 기관으로 성균관, 향교, 서당 등이 있었고 주로 한자와 유교 학문을 가르쳤단다. 한양에는 수준 높은 유교 교육을 받을 수 있는 성균관(조선 시대 최고 교육 기관)이 있었고, 그 아래에는 네 곳에 4부 학당을 두었단다. 천민이 아니라면 일반 백성들에게도 배움의 기회가 주어졌지만 실제로는 주로 양반 가문의 자식들을 대상으로 한 교육이 이루어졌다고 해. 지방에는 나라에서 향교를 세웠고, 지금의 사립 학교인 서원이 세워지기도 했어. 오늘날의 초등학교와 비슷한 서당은 아이들에게 『천자문』(한자 학습책)이나 『소학』 등을 가르쳤어.

조선 시대에는 주로 과거 제도를 통하여 나랏일을 할 관리를 뽑았어. 과거는 원칙적으로 3년마다 시행하였고, 양인 이상이면 누구나 시험을 볼 수 있었지. 시험은 하는 일에 따라 글을 다루는 문관을 뽑는 문과, 적과 싸우고 나라를 지키는 무관을 뽑는 무과, 통역·의학·법률 등과 관련한 전문 기술직을 뽑는 잡과로 나뉘었어.

문관(문반)과 무관(무반)을 합쳐서 부르는 말이 바로 양반이야.

과거 제도는 공정한 시험을 통과하여 왕에게 충성하고, 백성을 위해 일할 신하를 선발한다는 점에서 왕권을 강화하는 데 도움을 주었어.

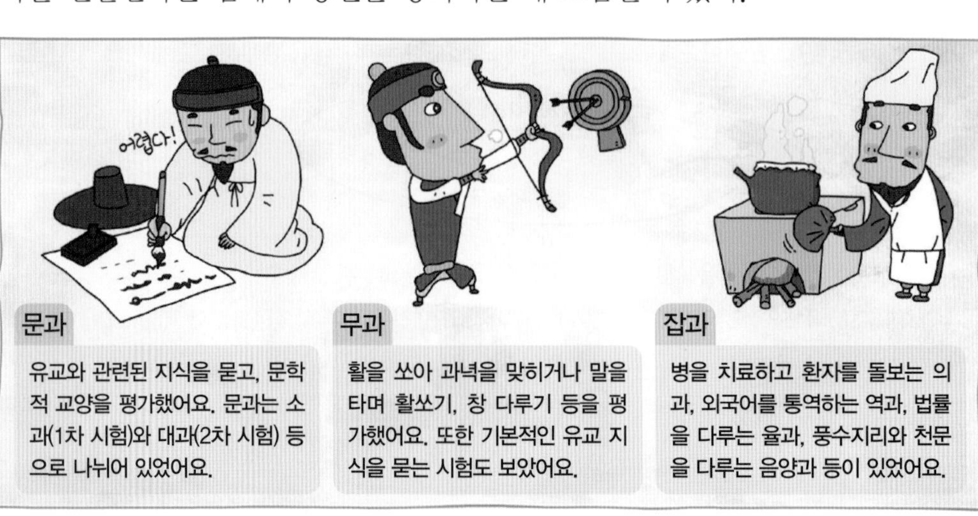

문과
유교와 관련된 지식을 묻고, 문학적 교양을 평가했어요. 문과는 소과(1차 시험)와 대과(2차 시험) 등으로 나뉘어 있었어요.

무과
활을 쏘아 과녁을 맞히거나 말을 타며 활쏘기, 창 다루기 등을 평가했어요. 또한 기본적인 유교 지식을 묻는 시험도 보았어요.

잡과
병을 치료하고 환자를 돌보는 의과, 외국어를 통역하는 역과, 법률을 다루는 율과, 풍수지리와 천문을 다루는 음양과 등이 있었어요.

- **천자문** 대표적인 한문 학습책으로 한자 1,000자를 짧은 문장을 통해 익힐 수 있음.
- **과거(科 과정 과, 擧 행할 거)** 우리나라에서 관리를 뽑을 때 실시하던 시험.
- **양인** 조선 시대에 천민을 제외한 모든 신분의 사람.

역사 이야기 과거 시험을 보러 가는 걸 관광이라고 했다는 게 사실일까?

과거 시험을 보기 위해 한양으로 향하는 선비들의 모습을 '관광' 간다고 말했어요.

합격자에게는 증서인 홍패(붉은 종이에 쓴 합격증)와 선물도 함께 주었다고 해요.

과거 시험 성적을 평가하는 기준은 점수가 아니라 대통, 통, 약통, 조통, 불통 등으로 나뉘었다고 해요.

조선의 교육 기관과 과거 제도

정답 195쪽

다양한 교육 기관

성균관은 (❶)에 설치한 교육 기관으로, 유교를 바탕으로 수준 높은 교육이 이루어졌어요.

향교는 나라에서 지방에 세운 교육 기관으로 유교 학문을 가르쳤어요.

서당은 오늘날 초등학교와 비슷한 곳으로 (❷)와 유교 학문을 가르쳤어요.

과거 제도

양인 이상이면 누구나 과거 시험을 보고 관리가 될 수 있었어요.

(❸) 시험은 유교와 관련된 지식을 묻고 문장을 짓는 실력을 평가하였어요.

무과 시험은 활쏘기와 말타기 등을 평가하였어요.

(❹)는 의술을 다루는 의과, 외국어를 다루는 역과, 법률을 다루는 율과 등이 있었어요.

초성 Quiz

1 (ㅅㄱㄱ)은 최고 교육 기관으로 수준 높은 유교 학문을 가르쳤다.
□성균관 □시골길

2 (ㄱㄱ)는 3년마다 시행하였고 양인 이상의 신분이면 누구나 볼 수 있었다.
□광고 □과거

06 조선이 펼쳤던 사대교린 정책은 무엇일까요?

1392년 우리 땅에 조선이 건국될 당시 중국에는 명이 있었고, 조선의 북쪽에는 금이 멸망한 뒤 남은 부족 세력인 여진족이 자리하고 있었어.

조선은 건국 초부터 사대교린의 외교 정책을 펼쳤단다. '사대(事 섬길 사, 大 큰 대)'는 세력이 강한 나라를 받들어 섬긴다는 뜻으로 당시 조선은 명과 사대 관계를 맺었어. 반면 '교린(交 사귈 교, 隣 이웃 린)'은 이웃 나라와 대등한 입장에서 친하게 지낸다는 뜻이야. 조선은 주변의 여진, 일본 등과는 교린 관계를 맺어 교류하였어.

조선은 인삼, 모시, 화문석 등의 특산물을 명에 조공품으로 바쳤어.

조선은 건국 초기에 정도전이 요동 정벌을 준비하면서 명과 사이가 좋지 않았지만, 태종이 즉위한 뒤 좋은 관계를 유지하며 활발하게 교류를 했어. 당시 명은 조선의 정치 이념인 유교가 바탕이 된 곳이었고 당시 과학 기술과 문화가 발달한 나라였어. 조선은 명에 사신을 보내거나 조공을 바쳤고, 명으로부터는 앞선 문물을 받아들여 경제적 이익을 얻고자 했어.

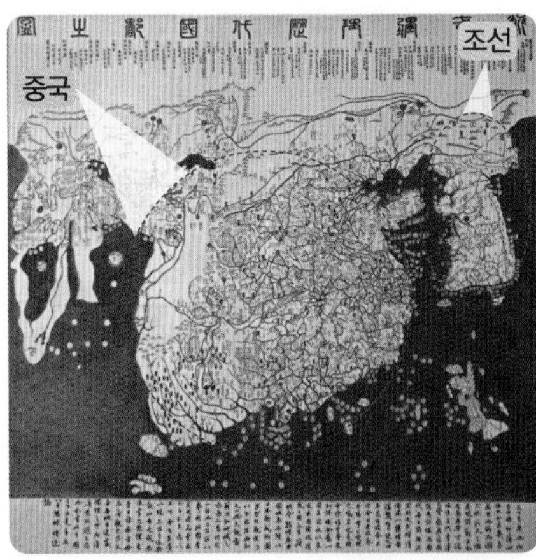

▲ 태종 2년에 제작된 「혼일강리역대국지도」

「혼일강리역대국지도」를 보면 당시 조선에서 세계를 바라보던 눈을 알 수 있어요. 지도의 가운데 위치한 중국을 가장 크게 나타내었고, 주변 유럽이나 아프리카는 실제 모습보다 비교적 작게 나타내었어요. 이처럼 당시 조선에서는 중국(명)을 세계의 중심으로 여기고 큰 나라인 명을 섬겨야 한다고 생각했어요.

교린 관계를 맺었던 여진, 일본과는 대등한 입장에서 교류하면서도 나라의 이익에 따라서는 다툼을 벌이거나 대립하기도 했지. 조선은 이들뿐만 아니라 멀리 류큐, 자와, 시암 등 오늘날 동남아시아의 여러 나라와도 교류했어.

- **외교(外** 바깥 **외**, **交** 주고받을 **교)** 다른 나라와 정치적, 경제적, 문화적 관계를 맺는 일.
- **조공(朝** 뵐 **조**, **貢** 바칠 **공)** 지배를 받는 나라가 자신을 지배하는 나라에게 때마다 일정한 물건을 바치는 일.

역사 이야기 조선에서 명으로 보낸 우리나라의 개

'경기도에 66마리, 충청도에 9마리, 경상도에 42마리, 전라도에 59마리, 황해도와 강원도에 각각 13마리, 평안도에 11마리, 함길도에 3마리의 개를 기르게 하여 사신들에게 바칠 수 있도록 하라.' 조선왕조실록 세종13년(1431년)에 기록된 이야기예요. 명에 조공으로 바칠 개를 203마리 키우고 있다며 세종에게 보고한 것으로, 당시 조선은 명과 사대 관계를 맺고 교류하면서 모시, 화문석, 인삼뿐만 아니라 우리나라의 개들도 공물로 바쳤다는 사실을 알 수 있어요.

조선의 사대교린 정책

정답 195쪽

1. 조선과 이웃한 나라들

조선은 명과는 (❶) 관계를 맺고 명을 섬겼으며, 여진이나 일본과는 (❷) 관계를 맺고 서로 대등한 입장에서 외교 활동을 했어요.

2. 사대교린 정책의 모습

조선은 명에 (❸)을 보내거나 조공을 바쳤어요. 또한 명으로부터 앞선 문물을 받아들여 경제적 이익을 얻고자 했어요.

조선은 여진, 일본 등과는 대등하게 교류하며 나라의 이익에 따라 서로 다툼을 벌이거나 대립하기도 했어요.

1 조선은 건국 초부터 (ㅅㄷ)교린의 외교 정책을 펼쳤다.
□사대 □수다

2 조선은 명에 화문석, 인삼 등을 (ㅈㄱ)으로 바쳤다.
□장갑 □조공

07 조선은 여진과 일본에 대해 어떤 외교 정책을 펼쳤을까요?

조선은 건국 초부터 명과는 사대 관계를 맺고, 북쪽의 여진, 바다 건너 일본 등 이웃 나라와는 대등한 관계로 다양한 교류를 하였어.

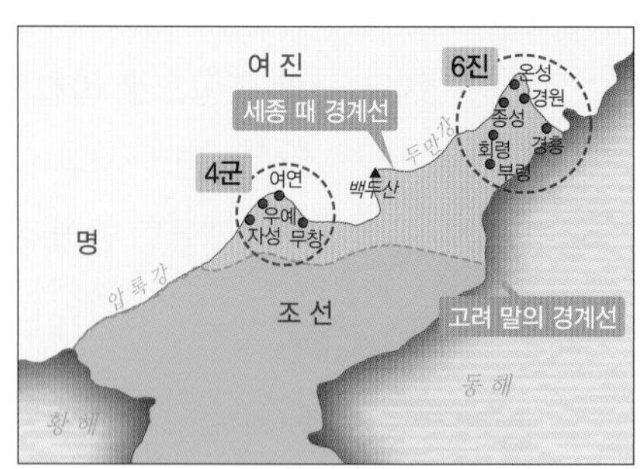

▲ 조선의 4군 6진 개척

여진은 한때 만주 일대에 금(金)을 세워 강력한 힘을 떨치기도 했어. 하지만 몽골 제국의 공격을 받아 1234년에 멸망한 뒤에는 부족 단위로 흩어져 지냈지. 이후 여진족은 부족한 식량과 생활에 필요한 물자를 얻기 위해 조선 영토를 침범하고 약탈과 공격을 일삼았어. 세종은 계속 문제를 일으켰던 여진족을 몰아내고 북쪽의 방위를 튼튼하게 하려고 여진과 맞닿은 국경 지역에 각각 최윤덕과 김종서를 파견하였어. 여진족을 몰아낸 세종은 압록강과 두만강 유역에 4군 6진을 개척하였고, 이때 오늘날 우리나라와 비슷한 국경선이 만들어졌어.

지금의 부산, 울산과 창원 진해에 있는 항구에서 일본과의 무역을 허락했다고 해.

한편 흉년이 들어 식량이 부족해지는 때가 되면 일본의 왜구(우리나라와 중국 해안에서 약탈을 일삼던 일본의 해적들)들은 바다를 건너와 조선 사람들의 재물을 빼앗고 사람을 죽이는 등 약탈과 범죄를 일으켜 문제가 되었지. 그래서 세종은 이종무에게 군사를 주어 일본의 쓰시마 섬을 정벌하도록 하고 왜구를 소탕시켰어. 그 뒤 일본은 조선에 다시 무역을 하자고 요청하였고 이에 조선은 일본에서 가까운 곳에 위치한 세 곳의 항구를 열고 일본의 왕래와 무역을 허락해 주었어.

- **약탈** 폭력을 써서 남의 것을 억지로 빼앗음.
- **정벌(征 칠 정, 伐 칠 벌)** 적 또는 죄 있는 무리를 무력으로써 침.
- **소탕** 휩쓸어 없애 버림.

역사 이야기 평안도에 백성을 옮겨 정착시키거라!

여진족을 몰아내고 압록강과 두만강 유역에 각각 4군 6진을 개척한 세종은 이후에도 여진족이 다시 조선 땅을 넘볼 것을 걱정하였어요. 그래서 세종은 남쪽에 살고 있는 백성들을 북쪽의 국경 지역으로 옮겨 살게 하는 '사민(옮길 사(徙)', 백성 민 (民))' 정책을 실시하였어요. 이러한 정책의 결과로 한때 북쪽으로 여진을 마주보고 있는 평안도에는 경상도 다음으로 조선에서 많은 사람들이 살았다고 해요.

4군 6진 개척과 쓰시마 섬 정벌

정답 195쪽

1. 여진족과 4군 6진 개척

(❶)은 조선의 영토를 침범하여 크고 작은 약탈과 공격을 일삼고 피해를 주었어요.

이에 세종은 군사를 보내어 여진족을 몰아내고 압록강과 두만강 유역에 (❷)을 개척하였어요.

2. 쓰시마 섬 정벌과 왜구 소탕

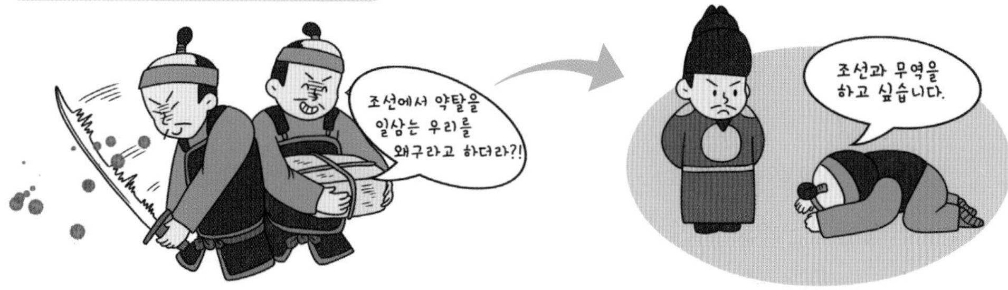

일본의 왜구들이 조선 영토를 드나들며 약탈과 범죄를 일으켜 문제가 되자 세종은 이종무를 (❸)에 보내 왜구를 소탕했어요.

이후 일본은 조선에 (❹)을 다시 할 것을 요청하였고, 조선은 항구를 열어 주었어요.

1 세종은 (ㅇㅈㅈ)을 몰아내고 4군 6진을 개척하였다.

□여진족 □유전자

2 세종은 이종무를 쓰시마 섬에 보내 일본의 (ㅇㄱ)를 소탕하였다.

□야구 □왜구

역사 논술

이성계는 고려의 배신자일까, 백성을 구한 조선의 위대한 왕일까?

인물 알기

- 살았던 때: 1335년~1408년
- 직업: 고려의 신흥 무인 세력, 조선 제1대 임금(1392년~1398년)
- 가족 관계: 첫째 부인 신의왕후 한씨와는 여섯 아들을 두었으며, 둘째 아들 방과가 제2대 임금 정종이고 다섯째 아들 방원이 제3대 임금 태종이다. 둘째 부인인 신덕왕후와는 두 아들을 두었는데, 두 아들 모두 이방원에 의해 제거된다.

관련 키워드

신흥 무인 세력 # 개혁 # 정도전 # 위화도 회군 # 조선 건국

관점 보기

이성계는 고려의 폐단을 개혁하고 백성을 구한 왕이다

신흥 무인 세력인 이성계는 신진 사대부들과 함께 고려 사회의 폐단을 개혁하고자 과전법을 실시하였다. 고려 말 관리들이 많은 토지를 소유하여 백성들이 큰 고통을 겪었는데, 이러한 토지를 모두 빼앗아 국가가 토지를 관리하고 세금을 걷을 수 있는 권리인 수조권만을 관리들에게 주도록 하였다. 이를 통해 신진 사대부들은 경제력을 쌓을 수 있는 기반을 마련했고, 백성들의 세금 부담은 줄어들었다. 이성계와 정도전 등 신진 사대부들은 더 나아가 왕조를 새롭게 바꾸어야 한다고 주장하였다. 반대 세력과의 갈등을 정리하고 이성계는 신진 사대부들의 지지 속에 새로운 왕이 되어 1392년에 조선을 건국하였다.

이성계는 권력을 차지하기 위해 반란을 일으킨 왕이다

이성계는 요동을 공격하라는 고려 우왕의 명령을 어기고 위화도에서 군사를 돌려 개경으로 향했다. 최영 장군을 유배를 보내고, 자신의 마음대로 우왕을 끌어내렸다. 이후 신진 사대부들과 권력을 장악한 뒤 이성계는 왕이 되기 위해 개혁이라는 이름 아래 새 왕조를 세울 것을 주장하였다. 정몽주를 비롯한 일부 신진 사대부들이 '고려 왕조를 지키며, 그 안에서 개혁을 이루자.'고 주장하며 이성계의 뜻에 반대하자, 이성계의 아들 이방원은 정몽주를 죽였고 이성계와 뜻을 같이 한 세력들은 결국 조선이라는 새 나라를 세웠다. 이성계는 고려를 살기 좋은 나라로 바꾸려는 개혁을 한다며 결국 자신의 욕심을 채워 스스로 왕의 자리에 올랐던 것이다.

폐단 사회에 나타나는 옳지 못한 모습과 해로운 현상.

수조권(收 거둘 수, 租 세금 조, 權 권리 권) 벼슬을 하는 관리가 나라에서 부여받은 세금을 받을 권리.

생각정리

다음 자료를 보고, 빈칸에 들어갈 알맞은 내용을 쓰세요.

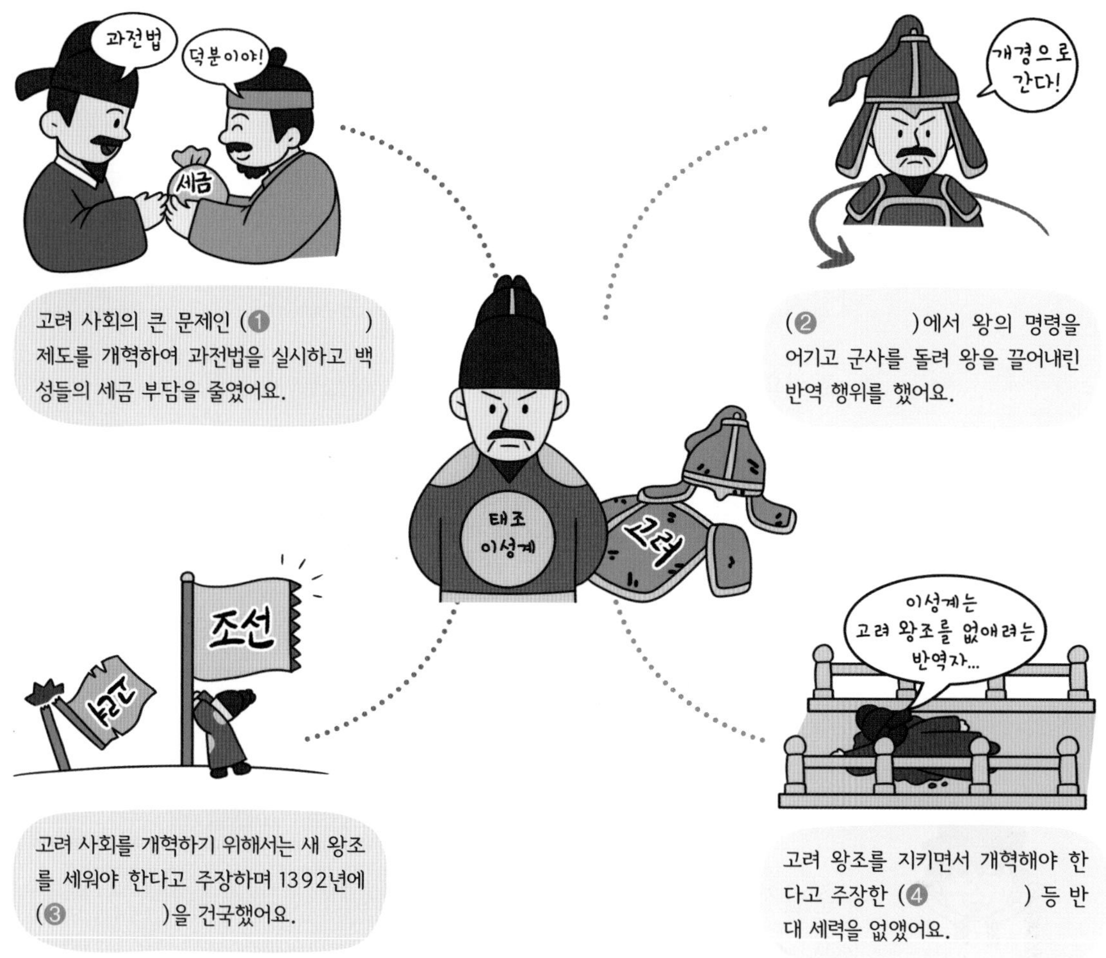

고려 사회의 큰 문제인 (❶) 제도를 개혁하여 과전법을 실시하고 백성들의 세금 부담을 줄였어요.

(❷)에서 왕의 명령을 어기고 군사를 돌려 왕을 끌어내린 반역 행위를 했어요.

고려 사회를 개혁하기 위해서는 새 왕조를 세워야 한다고 주장하며 1392년에 (❸)을 건국했어요.

고려 왕조를 지키면서 개혁해야 한다고 주장한 (❹) 등 반대 세력을 없앴어요.

생각쓰기

내가 조선을 세운 이성계가 되어, 고려 왕조를 지키고자 이성계의 개혁을 반대했던 정몽주를 설득하는 글을 써 보세요.

08 백성을 위한 글자를 만든 조선의 임금은 누구일까요?

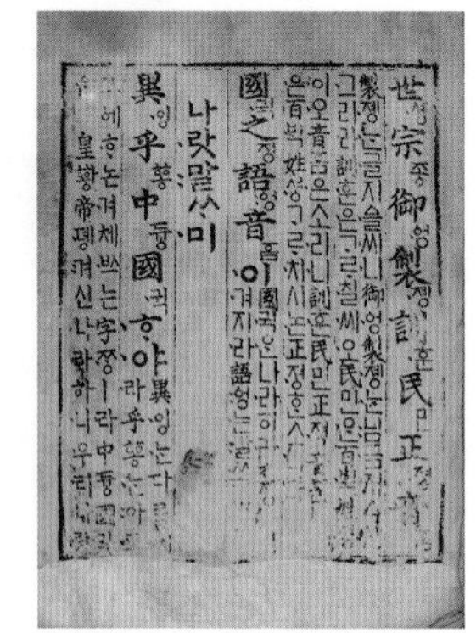
▲『훈민정음 언해본』

우리나라는 일찍부터 중국에서 건너온 한자를 사용했어. 하지만 한자는 배우기가 쉽지 않고 우리말과 달라 높은 계급의 지배층을 제외한 대부분의 백성들은 한자를 익히지 못해 일상 생활에서 많은 어려움을 겪었어.

조선의 제4대 임금인 세종은 나라의 백성들이 글을 제대로 읽고 쓰지 못하는 것을 안타깝게 여겼어. 그래서 세종은 집현전 학사들과 함께 우리말을 제대로 기록하고 백성들도 쉽게 익힐 수 있는 글자를 만들고자 열심히 연구하였단다.

(학사: 집현전에 학문 연구에 전념하던 이들이야.)

유네스코에서는 해마다 세계에서 문맹 퇴치에 공이 큰 사람에게 '세종 대왕 문맹퇴치상'을 주고 있어.

드디어 1443년에 세종은 우리의 글자인 훈민정음을 창제하였고 3년 뒤에 이를 널리 알리며, "백성들이 글을 몰라 말하고 싶어도 그 뜻을 펴지 못하는 것을 딱하게 여겨 새로 스물여덟 글자를 만들었으니 모든 이가 쉽게 익혀서 날마다 편리하게 사용하기를 바란다."고 글자를 만든 이유를 밝혔어.

(훈민정음: '백성을 가르치는 바른 소리'라는 뜻이 담겨 있어.)

(당시 양반들은 한자가 있는데도 새로 글자를 만들어 쓰는 것은 중국의 뜻을 어기고 오랑캐가 하는 일이라며 한글 사용을 크게 반대했어.)

훈민정음은 글자를 만든 원리가 독창적이고 과학적이며, 모든 말을 소리대로 적을 수 있다는 점이 특징이야. 또한 누구나 배우기 쉬워 백성들도 글자를 쓰고 읽을 수 있게 되었지. 다른 나라의 역사를 비교하더라고 세종과 같이 백성들을 위하는 마음을 담아 새로운 글자를 만든 임금은 없을 거야.

'한글'이란 말은 후에 한글 학자인 주시경 선생이 붙인 이름이야.

- **창제**(**創** 만들 **창**, **制** 만들 **제**) 전에 없던 것을 처음으로 만듦.
- **문맹**(**文** 글자 **문**, **盲** 눈이 멀 **맹**) 배우지 못하여 글을 읽거나 쓸 줄 모르는 사람.

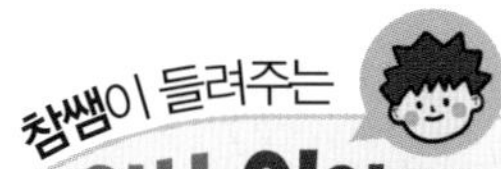

역사 이야기 세종의 문화와 과학 연구실, 집현전

세종은 다양한 문화와 기술 발전에 관심이 많은 임금이었어요. 세종은 경복궁에 집현전을 마련하고 학문에 뜻이 있는 젊은 학사들을 불러 모아 함께 연구하고 좋은 제도와 기술을 만들도록 했어요. 또한 학사들이 마음껏 실력을 발휘할 수 있도록 다양한 책을 마련하고, 충분히 쉴 수 있도록 휴가를 보내 주는 등 누구보다도 문화와 과학 기술 발전을 위해 노력했던 임금이에요.

▲ 집현전이 있었던 경복궁 수정전

세종의 훈민정음 창제

정답 195쪽

1. 글을 읽고 쓸 줄 모르는 백성들

대부분의 백성들은 배우기가 쉽지 않고 우리말과 다른 (❶   )를 읽고 쓸 줄 몰라 어려움을 겪었어요.

2. 세종과 집현전 학사들의 노력

세종은 (❷   ) 학사들과 함께 우리말을 읽고 쓸 수 있는 글자를 만들고자 노력했어요.

3. 훈민정음 창제

세종은 백성들도 쉽게 배우고 익힐 수 있는 글자인 훈민정음을 만들었어요. 훈민정음은 모든 말을 (❸   )대로 적을 수 있었어요.

초성 Quiz

1 세종은 백성들이 (ㄱ)을 제대로 읽고 쓰지 못하는 것을 안타까워 하였다.

□굴 □글

2 (ㅎㅁㅈㅇ)은 백성을 가르치는 바른 소리라는 뜻이 담겨 있다.

□훈민정음 □허무주의

09 조선의 발전을 가져온 과학 기술은 무엇일까요?

조선은 나라를 부강하게 하고, 백성의 생활을 안정시키기 위해서 과학 기술을 발전시키려고 노력하였어.

당시는 많은 백성들이 농사를 짓고 살았던 농업 사회로 농사가 잘 되게 하고 수확량을 늘릴 수 있는 농업과 관련된 다양한 과학 기술이 발달하였어. 세종 때는 비가 내린 양을 측정할 수 있는 측우기가 만들어졌고, 농민들의 오랜 경험과 전문적 기술을 조사하여 우리나라 환경에 맞는 농사법을 다룬 책인 『농사직설』을 지었어.

한양을 기준으로 한 최초의 역법인 『칠정산』도 만들어졌어.

또한 왕의 권위를 높이기(하늘의 변화가 왕의 권위와 관련이 있다고 생각했어.) 위해 태양과 별, 달의 움직임을 관찰하여 연구하는 천문학과 역법이 발달하였어. 태조 때는 「천상열차분야지도」라는 천문학 자료가 만들어졌고, 세종 때는 천체 관측 기구인 혼천의와 간의, 시간을 측정하는 앙부일구(해시계)와 자격루(물시계)가 만들어졌어.

이와 같은 과학 기술의 발전으로 일상생활에서 시각은 물론이고 절기와 계절을 정확히 알 수 있게 되었고, 이는 농사짓는 데도 많은 도움이 되었지. 또한 금속 활자를 다루는 인쇄술과 의학이 발전하였고, 우수한 성능의 화포가 개발되고 신기전과 화차 등 새로운 무기도 발명되어 조선의 국방력을 키우는 데 도움을 주었어.

- **역법**(**曆** 책 **력**, **法** 이치 **법**) 태양과 별, 달의 움직임을 기준으로 계절에 따른 다양한 시기를 구분하는 법.
- **천체** 우주에 존재하는 모든 물체.
- **절기**(**節** 마디 **절**, **氣** 기운 **기**) 계절을 구분하려고 한 해를 스물넷으로 나눈 것(예 입춘, 하지, 동지 등).

자격루

혼천의

별, 행성 등의 움직임과 위치 변화를 측정하는 기구예요.

측우기

비가 내린 양을 재는 기구로 농업 사회인 당시와 관련이 있어요.

신기전

신기전은 화약을 이용한 화살로 최대 500m까지 날아갔어요.

역사 이야기 발명을 위해 태어난 인물, 장영실

장영실은 원래 노비 신분으로 태어났으나 물건을 만들거나 고치는 재주가 뛰어났어요. 그리고 이러한 재주를 인정받아 한양의 궁으로 들어와 기술자로 일하게 되었어요. 세종은 장영실의 뛰어난 능력을 알아보고 장영실을 명에 보내 다양한 문물과 과학 기술을 배우도록 지원하였어요. 이후 장영실은 혼천의와 간의, 앙부일구, 자격루 등 수많은 발명품을 만들어 조선의 과학 기술을 발전시키는 데 큰 공을 세웠어요.

조선의 과학 기술 발달

정답 195쪽

1. 농업과 관련된 기술의 발전

우리나라 환경에 맞는 농사법을 다룬 책인『(❶)』을 지었어요.

비의 양을 측정할 수 있는 (❷)가 만들어졌어요.

2. 눈부신 과학 기술의 발전

혼천의는 장영실이 개발한 천체 관측 기구로, 태양과 달, 별의 움직임을 알 수 있었어요.

(❸)는 해가 비춰 생기는 그림자를 이용해 시간을 나타낼 수 있었어요.

(❹)은 신분이 낮은 장영실에게 실력을 발휘할 기회를 주었고, 장영실은 노력하여 뛰어난 발명품을 개발하였어요.

초성 Quiz

1 농민의 경험과 기술을 조사하여 정리한『(ㄴㅅㅈㅅ)』을 지었다.
□농사직설 □뉴스집중

2 세종 때는 해시계인 앙부일구와 물시계인 (ㅈㄱㄹ)가 발명되었다.
□저고리 □자격루

10 유교는 어떻게 조선 사회의 바탕이 되었을까요?

신진 사대부들은 고려 말 불교의 타락으로 고려가 더욱 혼란스러워졌다고 생각했어. 그래서 정도전 등의 신진 사대부들은 조선을 건국하며 불교를 억누르는 정책을 펼쳤고 유교 정신을 바탕으로 정치와 사회 질서를 유지하려고 했어.

조선 사회에서 나라를 다스리는 바탕이 된 유교는 이후 시간이 지나며 백성들도 지키고 따르는 사회 질서가 되었단다. 그 중심에는 사림이 키운 서원과 향약의 역할이 매우 컸어. 서원은 덕이 높은 유학자에게 제사를 올리고 지방 양반의 자식을 가르치던 사립 교육 기관으로 한때 나라에서 서원을 세우는 것을 장려하여 전국에 많은 서원이 생겼어.

사림은 조선 건국에 공을 세운 신진 사대부와 달리 지방에서 학문과 교육에 힘쓴 인재들이에요.

또한 지방의 사림들은 유교의 가르침과 전통을 결합한 내용을 담아 지역에서 지켜야 할 규칙인 향약을 만들어 보급했어. 그 덕분에 유교의 가르침이 널리 퍼질 수 있었고, 사림들은 향약의 규정을 어긴 주민들에게 벌을 주기도 했어.

중국의 학자인 공자의 가르침에서 시작된 유교는 나라를 다스리는 데 필요한 질서와 사람이 지켜야 할 도리를 강조하여 이를 정해 두었는데 이를 각각 '삼강(三綱), 오륜(五倫)'이라고 해.

이 같은 질서가 널리 강조되면서 사람들은 신분에 따른 유교 질서에 따라 생각하고 행동하였단다.

▲ 소수 서원(경북 영주)

군위신강(君爲臣綱) 신하는 임금을 섬겨야 한다.

부위부강(夫爲婦綱) 아내는 남편을 섬겨야 한다.

부위자강(父爲子綱) 아들은 아버지를 섬겨야 한다.

- **타락** 올바른 길에서 벗어나 잘못된 길로 빠지는 일.
- **도리**(**道** 길 **도**, **理** 다스릴 **리**) 사람이 어떤 입장에서 마땅히 행하여야 할 바른 길.

역사 이야기 유교의 다섯 가지 도리, 오륜(五倫)

삼강 이외에 유교에서는 임금과 신하, 아버지와 아들, 남편과 아내, 어른과 아이, 그리고 친구 사이에 서로 지켜야 할 다섯 가지 도리인 오륜을 강조했어요. 오륜은 '임금과 신하 사이에 의리가 있어야 함', '아버지와 아들은 친함이 있어야 함', '남편과 아내 사이에는 구별이 있어야 함', '윗사람과 아랫사람 사이에는 차례와 질서가 있어야 함', 그리고 '친구 사이에는 믿음이 있어야 함' 등의 덕목을 말해요. 당시 조선 사회는 이 같은 덕목을 양반뿐만 아니라 일반 백성들도 생활 속에서 지키고 실천하도록 했어요.

유교 정신이 지배한 조선 사회

정답 195쪽

1. 유교를 중요시한 신진 사대부

조선을 세운 (❶)들은 불교를 억누르고 유교 정신을 바탕으로 나라를 다스리고자 했어요.

2. 서원 설립과 향약 보급

사림들은 지방 곳곳에 유교를 가르치는 교육 기관인 (❷)을 세우고, 유교 질서가 담긴 향약을 보급하였어요.

3. 유교가 조선 사회에 미친 영향

삼강오륜

남편과 아내 사이에는
구별이 있어야 한다.

유교는 조선 초기에는 나라를 다스리기 위한 바탕이 되었고 이후에는 백성들도 지키고 따르는 사회 (❸)가 되었어요.

초성 Quiz

1 조선은 (ㅇㄱ) 정신을 바탕으로 나라를 다스리고자 했다.

□유교 □인기

2 '(ㅅㄱ)오륜'은 유교에서 중요시 여기는 세 가지 질서와 다섯 가지 도리이다.

□시계 □삼강

11 조선에는 어떤 신분 제도가 있었을까요?

모두가 평등한 사회에서 살고 있는 우리와 달리 조선 시대에는 엄격한 신분 제도가 있었단다. 양반과 중인, 상민 등은 양인으로, 그리고 노비나 백정, 광대, 기생 등은 천민으로 구분하였어.

양인은 권리와 의무가 있었지만 천민은 누릴 권리와 지킬 의무조차 없었단다.

말에 탄 높은 신분의 사람에게 예의를 갖추어 인사하는 모습이 나타나 있어.

▲「노상알현도」

지배층이었던 양반은 원래 나랏일을 맡아하던 문반과 무반을 합쳐 부른 말이었어. 그러나 시간이 지나면서 그들의 가족까지 양반이라고 부르게 되었지. 양반은 벼슬을 얻어 나랏일을 하였고, 땅과 노비를 소유할 수 있었어.

신분 제도와 유교의 가르침이 합쳐지면서 신분에 따라서 지켜야 할 규범과 예절이 서로 달랐어.

중인은 낮은 지위로 관청에서 일하거나 전문적인 분야에서 일을 맡아하던 사람들이야. 대표적으로 환자의 병을 고치는 의관, 외국 사람의 말을 통역하는 역관 등이 있었단다. 이들은 양반처럼 높은 관직에 오르는 데는 제한이 있었어.

대다수의 백성인 상민은 농업, 어업, 수공업, 상업 등에 종사했던 계층이야. 이들은 전쟁이 일어나면 나라를 지키는 일에 동원되고, 나라에 세금을 내야 하는 의무가 있었지.

상민 중의 대부분은 농민이었고 그들은 농사를 지어 곡식의 일부를 세금으로 냈어.

신분이 가장 낮은 천민은 어떤 사람들이었을까? 노비는 나라나 양반이 소유하거나 사고파는 대상으로 노비들은 주인을 위해 농사일을 대신하거나 힘든 일과 허드렛일을 했어. 또한 가축을 잡는 백정, 구경꾼들 앞에서 묘기를 부리는 광대, 점을 치는 무당, 기생 등도 천민에 속했단다.

- **종사**(**從** 따를 **종**, **事** 일 **사**) 어떤 일에 마음과 힘을 다함.
- **기생** 잔치나 술자리에서 노래나 춤으로 흥을 돋우는 것을 직업으로 하였던 여자.

역사 이야기 저는 왜 아버지를 아버지라 부르지 못합니까?

조선 시대 허균이 지은 『홍길동전』에는 신분에 따른 차별로 인해 능력이 있어도 기회를 얻지 못해 좌절하는 주인공 홍길동의 이야기가 담겨 있어요. 홍길동은 양반인 아버지와 첩인 어머니 사이에 태어난 자식으로 홍길동도 양반이었으나 '서얼'이라고 불리며 사회적으로 심한 차별을 겪었어요. 서얼은 신분 때문에 문과 시험에 지원할 수 없었으며, 아버지로부터 재산을 물려받기도 어려웠어요. 허균은 양반 신분임에도 당시 사회의 신분 제도로 나타나는 차별을 비판하는 내용을 담아 『홍길동전』을 지었답니다.

조선의 신분 제도

정답 195쪽

1. 양반

문반과 무반을 합쳐 부른 말인 양반은 조선 시대 지배층으로 벼슬을 얻어 나랏일을 하고 땅과 (❶)를 소유할 수 있었어요.

2. 중인

중인은 낮은 지위로 관청에서 일하거나 전문적인 일을 했어요. 환자를 고치는 의관, 외국 사람의 말을 통역하는 (❷) 등이 있었지요.

3. 상민

상민은 농업이나 수공업, 상업 등에 종사하였던 계층으로 주로 농사를 지으며 생활하였고 전쟁이 나면 나라를 지키는 일에 동원되거나 나라에 (❸)을 내야 했어요.

4. 천민

신분이 가장 낮은 천민에는 노비, 백정, 광대, 무당, 기생 등이 있었어요.

초성 Quiz

1 조선 시대 사람들은 엄격하게 (ㅅㅂ)이 정해져 있었다.
□신분 □수박

2 천민 중 (ㄴㅂ)는 주인들이 사고팔 수 있는 대상이었다.
□노비 □나비

12 조선 시대 사람들의 생활 모습은 어떠했을까요?

유교 정신이 모든 생활의 기본이 되었던 조선 시대에는 사람들의 생활과 집안의 행사도 유교의 법도와 예절에 따라 치러졌어. 성인이 되는 것을 기념하는 관례(성년식), 혼례(결혼식), 장례, 제례(제사) 등의 행사를 '관혼상제'라고 했는데 저마다 정해진 법도와 지켜야 할 예절이 있었단다.

조선 시대 관혼상제의 모습

관례	상투를 틀어 갓을 씌우는 남자의 성인식으로 15세에서 20세 사이에 관례를 함.
혼례	남녀가 만나 새로운 가족이 되는 의식으로 혼인 예식은 신부의 집에서 열림.
상례	보통 부모가 돌아가시면 삼 년 동안 부모의 무덤 근처에서 움막을 짓고 산소를 돌보았음.
제례	돌아가신 조상에게 때마다 제사를 올리는 의식을 치름.

양반이 살았던 기와집은 남자가 생활하는 사랑채, 여자가 생활하는 안채로 구분되어 있었어.

▲ 기와집

조선 시대에는 신분에 따라서 사람들의 입는 옷과 먹는 음식, 사는 집의 모습도 서로 달랐단다. 양반은 다양한 색감으로 멋을 낸 비단옷을 만들어 입었지만, 대부분의 백성들은 무명옷이나 삼베옷을 입었어.

또한 신분에 따라서 상에 오르는 음식과 음식의 가짓수도 달랐어. 임금은 밥과 국, 김치를 빼고도 12가지나 되는 반찬을 올린 밥상을 받았어. 그러나 양반과 일반 백성들은 신분에 따라 그보다 적은 수의 음식을 상에 올릴 수 있었지.

사는 집의 모습도 각각 달랐는데 양반은 기와집을 짓고 남자와 여자가 생활하는 곳을 구분해 두었단다. 하지만 대부분 작은 초가집에 살았던 백성들은 집 안에서 남녀의 구분 없이 함께 생활했어.

법도(**法** 예의 **법**, **度** 제도 **도**) 생활 속에서 지켜야 할 예의와 제도.

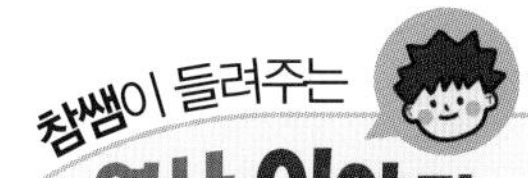

역사 이야기 조선 시대 사람들의 여가 생활

조선 시대 사람들은 무엇을 하며 여가를 보냈을까요? 양반 중 남자는 바둑, 활쏘기, 시 짓기, 그림 그리기, 뱃놀이 등을 즐겼고, 여자는 수를 놓거나 투호 등을 하면서 여가를 보냈어요. 일반 백성들은 바쁜 농사일 중에도 명절마다 윷놀이, 씨름, 그네뛰기, 널뛰기 등의 놀이를 즐겼어요. 또한 마을 사람들이 함께 모여 줄다리기, 고싸움, 강강술래 등을 즐기며 풍년을 빌고, 마을의 화합을 다지기도 했어요.

조선 시대 사람들의 생활 모습

정답 195쪽

1. 관혼상제의 모습

관례

혼례

상례

제례

조선 시대에는 유교 정신에 따라 (❶   ), 혼례, 상례, 제례 등의 집안 행사에서 정해진 법도와 지켜야 할 예절이 있었어요.

2. 신분에 따른 의식주 생활 모습

양반은 비단옷을 입었고, 다양한 음식이 올려진 밥상을 받아 식사를 하였어요. 또한 남자와 여자가 생활하는 곳을 구분해 둔 (❷   )에서 살았어요.

일반 백성들은 무명옷이나 삼베옷을 입었고, 음식의 가짓수가 적은 밥상에서 식사를 하였어요. 그리고 작은 (❸   )에 살며 집 안에서 남녀의 구분 없이 함께 생활했어요.

초성 Quiz

1 유교 정신에 따라 (ㄱㅎㅅㅈ)를 치르는 것을 중요하게 여겼다.
□관혼상제 □결혼사진

2 대부분의 백성들은 (ㅁㅁㅇ)이나 삼베옷을 입었다.
□문무왕 □무명옷

역사 논술

신하들은 왜 세종대왕이 새로운 글자를 만드는 것을 반대했을까?

주제 알기

- 훈민정음: '백성을 가르치는 바른 소리'라는 뜻을 담은 세종 때 만든 글자
- 만든 이: 1443년 세종이 새 글자를 만들고, 1446년 이를 알리는 책을 세종과 집현전의 학사들이 함께 만들어 널리 전함.
- 특징: 모두 스물여덟 자로 발음 기관의 모양을 본떠 자음을 만들고, 하늘과 땅, 사람의 모습을 본떠 모음을 만듦.

관련 키워드

훈민정음 # 한글 # 세종 # 한자 # 최만리

관점 보기

온 백성이 쉽게 익히고 쓸 수 있는 글자를 만들고자 한다

오랫동안 우리글이 없이 중국에서 건너온 한자를 계속 써 왔으나 본래 조선과 중국은 말이 서로 달라 통하지 않는다. 이에 우리도 우리의 말과 생각을 담을 수 있는 글자를 만드는 것이 어찌 잘못일 수 있겠는가. 또한 충분히 한자를 익히고 배운 양반들과 다르게 대부분의 백성들은 한자를 알지 못하니 생각이 있어도 글로 쓰지 못하고, 글이 있어도 무슨 뜻인지 알지를 못한다. 이를 안타깝게 여겨 누구나 쉽게 익히고 우리말을 기록할 수 있는 스물여덟 자의 새로운 글자를 만들었으니 이를 널리 전하여 누구나 쉽게 접하도록 할 것이다.

– 1443년, 세종

한자가 있는데도 새 글자를 만드는 것은 나라를 혼란스럽게 한다

전하, 조선은 그동안 중국의 제도를 따라왔는데 한자 대신 새로운 글자를 사용한다니, 중국과 같은 큰 나라를 섬기는 조선이 어찌 이런 오랑캐의 행동을 할 수 있단 말입니까. 또한 한자를 알기 어려운 어리석은 백성들은 신라 때 만들어진 이두를 사용하면 되니 굳이 새로운 글자를 배우는 수고가 필요하지 않을 것입니다. 그리고 이처럼 새로운 글자를 만드는 중대한 일을 신하들과 충분히 의논하여 결정하지 않고 몇몇 사람만 알며 조심스레 추진한 것은 옳지 않은 줄 아뢰옵니다.

– 1444년, 최만리 상소

이두 한자의 음과 뜻을 빌려 우리말을 적는 방법으로 신라 때 발달하여 전해져 널리 쓰였음.

생각정리

다음 자료를 보고, 빈칸에 들어갈 알맞은 내용을 쓰세요.

우리말은 중국과 다르기 때문에 (❶) 대신 서로 통할 수 있는 글자를 만들어야 한다.

조선은 그동안 한자를 사용하며 큰 나라로 섬기는 중국의 제도를 따라왔다.

많은 백성들이 한자를 배우지 못해 글을 읽거나 자신의 뜻을 글로 표현하지 못하는 것이 안타깝다.

한자를 모르는 백성들은 신라 때 만든 (❸)를 쓰면 되니 새로운 글자가 필요하지 않다.

한글은 익히기가 쉬워 (❷) 들도 누구나 배우고 쓸 수 있다.

신하들과 의논도 없이 새로운 글자를 만드는 중요한 일을 마음대로 결정해서는 안 된다.

생각쓰기

세종의 입장에서 훈민정음을 널리 알리고자 신하들을 설득하는 주장을 써 보세요.

13 일본이 1592년에 우리나라를 침략한 까닭은 무엇일까요?

조선은 건국된 뒤 약 200년 가까이 별다른 외적의 침입이나 전쟁을 겪지 않았어. 이러한 평화 속에서 조선은 국방에 대한 관심과 외적에 대한 경계가 약해질 수밖에 없었지. 당시 조선의 상민 중 남자들은 의무적으로 나라를 지키는 군대에 동원되었어. 하지만 농사일이 바쁜 시기에 많은 사람들이 군대에 가면 농사를 짓지 못하는 문제가 나타나기 때문에 조정에서는 재정도 늘리고 농민들의 농업 활동을 보호하기 위해 군역 대상의 남자들이 군대에 가면, 나머지는 군대에 가는 대신 재정적 지원을 하거나 세금을 내는 제도를 시행했어. 그러나 이러한 제도를 나쁘게 이용하면서 관리들이 중간에 세금을 가로채거나 일부러 군대에 가지 않는 사람이 생기는 문제가 발생하였고 조선의 국방력은 더욱 약해질 수밖에 없었어.

조선 시대에는 16세부터 60세까지 양인 남자들은 군대에 가는 의무인 군역을 해야 했어.

조선의 주변은 어떠했을까? 명은 황제의 권위가 약해지고 나라가 혼란스러워지고 있었어. 반면에 바다 건너 일본은 도요토미 히데요시가 전국 시대라고 불리던 여러 세력 간의 다툼을 통합하고 나라를 장악했어. 도요토미 히데요시는 일본 내부의 불만과 지방 세력들의 관심을 밖으로 돌리기 위한 방법으로 명과 조선을 침략하려고 했어.

그리고 도요토미 히데요시는 명을 공격하러 갈 것이니 조선은 길을 내어 달라고 요구하였고, 조선이 이를 거절하자 1592년에 16만 명의 군사를 이끌고 부산으로 쳐들어왔어. 이것이 바로 임진왜란의 시작이었단다.

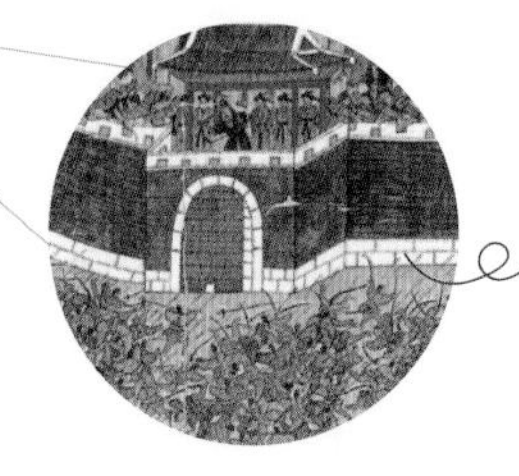

수많은 일본군이 성벽을 둘러싸고 있어.

▲ 임진왜란 당시를 나타낸 「부산진 순절도」(육군 박물관)

- **동원** 어떤 목적을 달성하고자 사람을 모으거나 물건, 수단, 방법 등을 집중시킴.
- **전국**(**戰** 싸울 **전**, **國** 나라 **국**) 싸움이 멈출 일이 없는 나라로, 어지러운 세상을 의미함.

역사 이야기 도요토미 히데요시의 큰 꿈

일본은 1400년대 후반부터 100년 이상이나 지방의 여러 세력들이 권력을 차지하기 위해 끊임없이 전쟁을 벌이는 전국 시대가 계속되었어요. 전국 시대에 태어난 도요토미 히데요시는 높은 지위의 군주를 모시는 낮은 신분으로 시작하여 16세기 말에는 여러 세력 간의 전쟁에서 승리하여 일본을 통일한 1인자가 되었어요. 그는 여기서 멈추지 않고 밖으로는 조선과 명을 침략하여 명성을 쌓고 안으로는 반대 세력들의 불평과 정치적 불안을 없애고자 결국 조선을 침략하였어요.

임진왜란의 시작

정답 196쪽

1. 국방력이 약해진 조선

조선은 오랜 평화로 국방에 대한 관심이 약해졌어요. 또한 양인의 의무였던 군대에 가는 대신 (❶   )을 내는 제도를 나쁘게 이용하거나 일부러 군대에 가지 않는 사람들이 늘기도 했어요.

2. 명의 혼란과 일본의 침략

일본을 통일한 도요토미 히데요시는 명을 공격한다는 이유로 군사를 보내 (❸   )으로 쳐들어왔어요.

1 (ㅈㅅ)은 오랜 평화가 계속되어 국방에 대한 관심이 약해졌다.
□조선 □죽순

2 일본은 (ㅁ)을 공격하러 가는 길을 내어 달라는 핑계로 조선에 쳐들어왔다.
□명 □묵

14 임진왜란이 일어나자 조선은 일본에 맞서 어떻게 싸웠을까요?

1592년 4월, 새로운 무기인 조총으로 무장한 일본군은 700여 척의 군함을 타고 부산 앞바다에 나타났어. 잘 훈련된 일본군이 부산의 부산진성과 동래성을 공격하자 조선 관군은 성 위에서 화살을 쏘고 돌을 던지며 맞서 싸웠어. 하지만 조총으로 무장한 수많은 일본군에 의해 성이 쉽게 함락되고 말았단다.

조선은 군사력을 키운 일본에 힘을 쓰지 못하고 결국 순식간에 한양을 빼앗겼어. 궁에 있던 선조와 신하들은 먼저 한양을 버리고 명과 가까운 북쪽의 의주 지방으로 피란을 가게 되었고, 계속해서 일본군이 북쪽까지 올라오자 조선은 명에게 도와줄 것을 요청하였어.

의병은 일본군에 맞서 스스로 일어난 군대로 자기 고장의 지형에 익숙해 일본군에 맞서 싸우기 매우 유리했어.

육지에서 어려움을 겪고 있던 것과는 달리 바다에서는 조선 수군이 일본을 상대로 승리를 거두었어. 우리가 잘 알고 있는 이순신 장군이 이끄는 조선 수군은 옥포 해전을 시작으로 잇따라 벌어진 전투에서 크게 승리하였고, 한산도 해전에서는 학이 날개를 펼치는 모양으로 적을 에워싸는 학익진 전술로 큰 승리를 거두어 일본군의 코를 납작하게 했지.

이후 육지에서도 나라를 지키고자 모인 의병들이 일본군에 맞서 싸웠고, 조선의 관군은 진주성 전투와 행주산성 전투 등에서 크게 승리했어. 일본군은 바다를 통한 보급로가 끊기고 육지에서는 조선과 명의 연합군과 의병에게 연거푸 패하자 점점 힘을 잃어갔지. 결국 일본은 먼저 조선에 휴전을 요청하였고, 일본군은 조선에서 잠시 물러나게 되었어.

- **피란**(避 피할 **피**, 亂 어지러울 **란**) 난리를 피하여 자리를 옮겨 감.
- **전술** 전쟁이나 경기 등에서 상대와 싸우는 기술과 방법.
- **휴전** 전쟁을 하던 나라끼리 서로 합의하여, 전쟁을 얼마 동안 멈추는 일.

역사 이야기 임진왜란 속에서 빛난 조선의 무기

조총으로 무장한 일본군이 조선군을 놀라게 했지만 조선에서도 발달한 과학 기술로 만든 무기를 이용하여 여러 전투에서 승리하였어요.

'비격진천뢰'라는 무기는 임진왜란 중에 화포 기술자인 이장손이 개발한 것으로 멀리 날아간 포탄이 일정한 시간이 지난 뒤 폭발하여 적에게 큰 피해를 줄 수 있었어요. 비격진천뢰를 처음 본 일본군들은 터지지도 않은 쇳덩어리가 궁금해 몰려들었다가 갑자기 큰 소리와 함께 불꽃이 일어나며 폭발하자 한꺼번에 많은 일본군이 죽거나 다쳤다고 해요.

▲ 비격진천뢰(위)와 비격진천뢰를 쏘는 대완구(아래)

임진왜란의 전개 과정

정답 196쪽

1. 일본군의 침략

조총으로 무장한 일본군이 (❶)에 쳐들어왔어요.

2. 한양의 함락과 선조의 피란

일본군은 순식간에 한양을 점령하였고, (❷)는 한양을 버리고 북쪽으로 피란을 갔어요.

3. 조선의 반격

바다에서는 (❸) 장군의 활약으로 조선 수군이 일본군을 물리쳤고, 전국 각지에서 의병들이 일본군에 맞서 싸웠어요. 또한 조선과 명의 연합군이 일본군과 싸워 여러 전투에서 크게 승리하였어요.

4. 일본군의 철수

잇따른 패배로 힘을 잃은 일본은 조선에 휴전을 요청하고 일본군은 조선에서 물러났어요.

초성 Quiz

1 일본군을 피해 의주 지방으로 (ㅍㄹ)을 간 선조는 명에 도움을 요청하였다.

□피란 □표류

2 일본은 연거푸 패하자 힘을 잃고 조선에 (ㅎㅈ)을 요청하였다.

□휴전 □화장

15 다시 침략한 일본을 조선은 어떻게 물리쳤을까요?

행주산성 전투에서 크게 패한 일본군은 남쪽으로 철수하고, 일본이 조선에 휴전을 요청하며 길었던 임진왜란 전쟁을 멈추었어.

하지만 물러갔던 일본은 1597년에 다시 군사를 정비하여 조선을 침략하게 되는데 이를 '정유재란'이라고 해. 조선과 일본의 휴전 회담이 실패하자 일본은 다시 조선을 침략했어.

임진왜란 당시 큰 공을 세웠던 이순신은 이후 일본의 계략과 선조의 어명을 거역했다는 죄로 관직에서 물러나 있었어. 정유재란이 일어나자 이순신이 없는 조선 수군은 일본군과의 해전에서 속수무책으로 당할 수밖에 없었단다. 결국 선조는 다시 이순신을 불러 수군을 지위하도록 하였고, 이순신은 무기를 정비하고 군사를 키워 전투를 준비했어.

정유재란 중에 일본의 도요토미 히데요시가 죽으면서 일본군은 더욱 사기가 꺾이고 결국 조선에서 철수하였어.

이순신이 이끄는 조선 수군은 겨우 12척의 배로 일본군의 130여 척의 군함과 전투를 하였고, 불리한 군사력을 극복하기 위해 물살이 센 곳으로 일본 수군을 유인해 물리치며 기적적인 승리를 이끌어 냈단다. 이 전투가 바로 영화로도 알려진 명량 해전이야.

육지에서도 한양까지 진격하지 못하고 조선군과의 전투에서 패배한 일본군은 싸울 의지를 잃고 여러 왜성(조선에 일본군이 지은 성)에서 힘겹게 방어를 하였지만 일본에서 온 지원군들이 전멸당하고 조선과 명의 연합군에 포위당하였어. 울산왜성 전투에서 크게 패한 일본군은 겨우 몇 백 명만 목숨을 건져 일본으로 돌아갈 수 있었지.

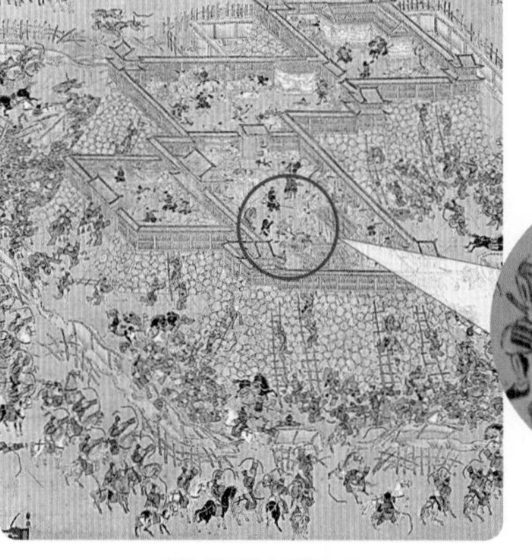
▲「울산왜성 전투도」

포위당한 일본군들은 성 안에서 식량이 떨어지자 말들을 죽여 먹기도 했대.

- **어명** 임금이나 왕이 내린 명령.
- **포위**(包 쌀 포, 圍 두를 위) 주위를 에워쌈.

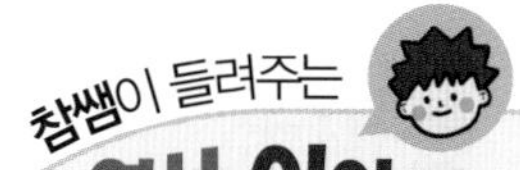

역사 이야기 이순신의 백의종군

'백의종군(白衣從軍)'이라는 말을 들어봤나요? 한자의 뜻을 살펴보면 흰 옷을 입고 군대를 따르는 것을 말하는데, 관직을 내려놓고 평범한 신분이 되어 군대에 도움을 주는 역할이었다고 해요. 임진왜란 당시 이순신에게 번번이 패한 일본군은 조선 조정에 거짓 정보를 주었고, 이를 믿은 조선 조정은 이순신에게 일본군을 공격하라 명령했어요. 그러나 일본의 거짓 계략을 눈치 챈 이순신이 전투에 나서지 않자 선조는 어명을 거역했다며 이순신의 관직을 빼앗았고, 이순신은 정유재란이 일어날 때까지 백의종군하게 되었어요.

정유재란의 과정과 결과

정답 196쪽

1. 조선과 일본의 휴전

임진왜란을 일으켰던 일본은 잇따른 패배로 싸울 힘을 잃고 먼저 조선에 (❶)을 요청했어요.

2. 정유재란

1597년, 일본은 휴전을 제안했던 약속을 깨고 군사를 다시 일으켜 조선을 (❷)했어요.

3. 이순신의 활약과 조선, 명 연합군의 승리

돌아온 이순신 장군이 지휘한 조선 수군은 불리한 군사력을 극복하며 일본 수군을 물리쳤고, 조선과 명의 (❸)은 세력이 약해진 일본군을 공격하여 크게 승리했어요.

초성 Quiz

1 일본은 (ㅎㅈ)의 약속을 깨고 다시 조선을 침략하였다.
□호주 □휴전

2 (ㅈㅇ)재란을 일으킨 일본군은 결국 조선과 명의 연합군에 크게 패배하였다.
□정유 □전어

16 나라를 지키기 위해 조선 수군은 어떤 활약을 하였을까요?

임진왜란이 터지고 육지에서는 조선군이 일본군에게 제대로 힘을 쓰지 못하고 순식간에 한양을 빼앗겼어. 하지만 바다에서는 이순신 장군의 지휘 아래 조선 수군이 일본에 맞서 싸우며 승리를 거두고 있었단다.

이순신 장군이 이끄는 조선 수군은 경상도 옥포에서 일본 수군을 상대로 값진 첫 승리를 거두었어. 이후 한산도에서 학익진이라는 전술을 사용하여 다시 한번 일본 수군을 크게 격파하였고, 조선 수군은 서해와 남해에서 일본 수군의 진출을 어렵게 만들었어. 바닷길이 막혀 버리자 육지에 있는 일본군은 식량과 물자를 공급 받을 수 없게 되었고 조선은 이를 계기로 육지에서도 전투에서 일본보다 유리한 위치에 설 수 있었어.

조선 수군의 활약으로 일본군의 보급로를 차단하고, 호남(전라도) 지역의 곡창 지대를 지킬 수 있었어.

당시 전라좌수영 수군절도사였던 이순신은 미리 식량과 무기, 군함을 준비하여 일본의 침략에 대비했다고 해.

이순신 장군의 철저한 대비와 전략으로 조선 수군은 바다에서 계속 승리를 거두었어. 그러나 일본의 계략으로 이순신 장군이 파직을 당한 뒤 정유재란을 일으켜 다시 조선을 침략한 일본 수군에게 조선 수군은 칠천량 해전에서 큰 패배를 당하게 돼. 위기를 느낀 조정은 다시 이순신 장군을 불러 삼도수군통제사로 임명하였고, 이순신 장군은 일본 수군에 맞서 명량 해전에서 큰 승리를 거두었단다. 이후 남은 일본군을 마지막까지 섬멸하려던 이순신 장군은 노량 해전에서 전투 중 죽음을 맞게 되었어. 그러나 조선 수군은 크게 승리하였고 기나긴 전쟁을 끝낼 수 있었단다.

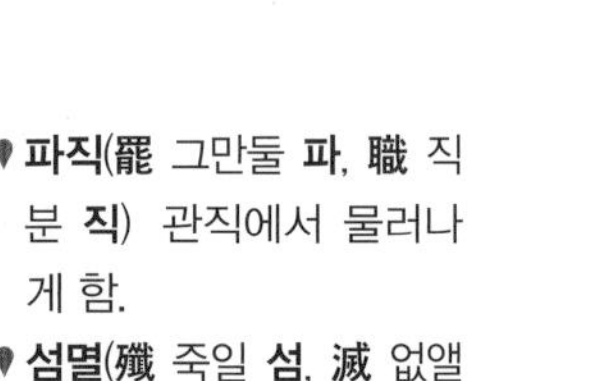

- **파직**(罷 그만둘 **파**, 職 직분 **직**) 관직에서 물러나게 함.
- **섬멸**(殲 죽일 **섬**, 滅 없앨 **멸**) 모조리 무찔러 없앰.

→ 조선 수군의 진격로
→ 일본 수군의 침입로
격전지
노량 대첩
옥포 해전
경상 좌수영
이순신 장군 전사
노량
경상 우수영
사천
통영
칠천량
당포
옥포
거제도
한산도
전라 좌수영
여수
명량
장흥
고흥
해남
전라 우수영
부산포 해전
명량 대첩
당포 해전
한산도 대첩
쓰시마 섬

▲ 조선 수군의 활약

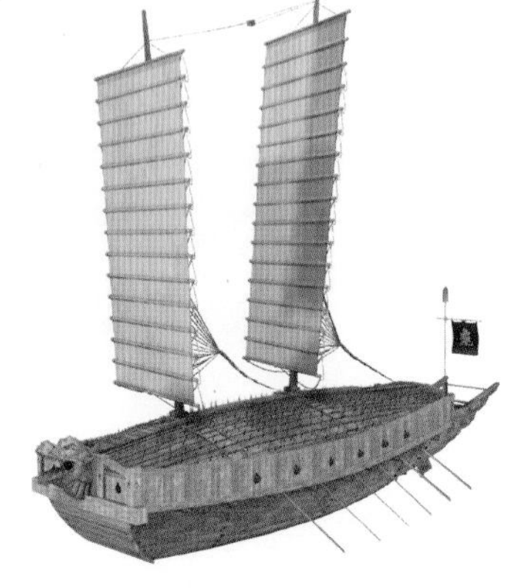

▲ 거북선(복원도)

참쌤이 들려주는 

역사 이야기 이순신 장군이 사용한 학익진 전술

이순신 장군은 불리한 군사력을 극복하고 바다의 지형을 잘 이용하기 위해 학이 날개를 펼친 모양으로 군함을 배치하는 학익진 전술을 썼어요. 유리한 지형으로 적의 군함을 유인한 뒤 조선 수군 진영의 양쪽 끝의 판옥선이 날개를 펼치듯 적의 군함을 에워싸면, 좌우에서 번갈아 가며 조선 수군이 적의 군함을 향해 화포를 집중 발포하여 적을 무너뜨리는 전술이었어요.

학익진의 모습 ▶

비주얼 씽킹 이순신 장군과 조선 수군의 활약

정답 196쪽

1. 조선 수군의 활약

일본의 침략에 미리 대비한 (❶   ) 장군이 이끄는 조선 수군은 뛰어난 전술을 사용하여 일본 수군을 상대로 승리를 거두었어요.

2. 조선 수군의 위기

일본의 계략으로 이순신 장군은 (❷   )당하였고, 이후 조선 수군은 일본 수군에게 크게 패배하였어요.

3. 명량 해전과 노량 해전

다시 삼도수군통제사로 임명된 이순신 장군은 조선 수군을 이끌고 명량 해전에서 일본 수군을 크게 무찌르며 승리를 거두었지만 남은 일본군을 마지막까지 섬멸하려던 이순신 장군은 (❸   )에서 죽음을 맞이해요.

초성 Quiz

1 이순신 장군은 (ㅎㅅㄷ)에서 학익진 전술로 일본 수군을 크게 물리쳤다.
□한산도   □흑산도

2 조선 수군은 (ㄴㄹ) 해전에서 큰 승리를 거두지만 이순신은 죽음을 맞는다.
□노량   □노래

17 나라를 지키기 위해 의병과 관군은 어떤 노력을 하였을까요?

조선 수군이 바다에서 맹활약을 하고 있을 무렵 육지에서는 스스로 나라를 지키기 위해 나선 의병들이 활약하였어. 곽재우, 고경명, 조헌 같은 양반과 사명당 유정과 같은 승려, 일반 백성과 천민에 이르기까지 다양한 사람들이 의병에 참여했단다. 의병들은 자신이 속한 고장의 지형을 잘 알았기 때문에 적은 수의 병력으로도 일본군을 끊임없이 괴롭힐 수 있었어.

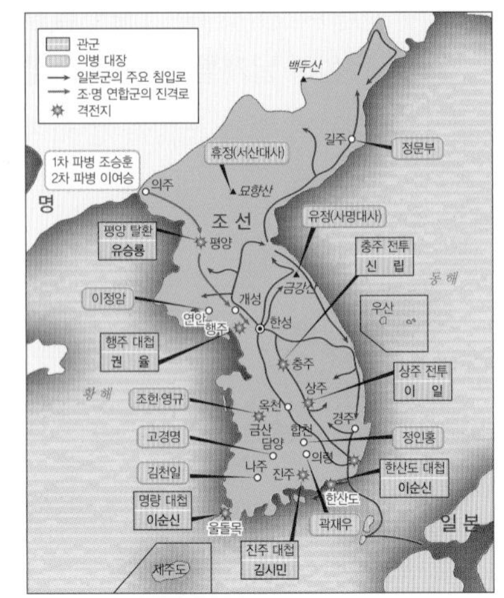

▲ 의병과 관군의 활약

임진왜란 당시 붉은 옷을 입고 의병을 이끌었다고 하여 곽재우 장군을 '홍의(紅衣) 장군'이라고 했어.

그리고 임진왜란 초반에 상주와 탄금대 전투에서 크게 패했던 조선의 관군은 다시 군사를 정비하였고, 이후 명의 지원군과 함께 일본으로부터 평양성을 되찾았어.

전투를 반복하며 조선 관군도 전투 경험이 늘고 일본군과 맞서 싸울 수 있었어.

진주 목사 김시민은 진주성 전투에서 적은 수의 군사로 불리한 상황을 극복하여 큰 승리를 거두었고, 권율 장군은 행주산성 전투에서 3천 명의 군사로 3만 명의 일본군을 성 안의 백성들과 함께 온 힘을 다해 물리쳤어.

행주산성 전투에서 크게 패한 일본군은 잠시 휴전 협정을 제안한 뒤 정유재란을 일으켜 다시 조선을 침략하였지만, 조선의 의병들과 관군들은 다시 한번 힘을 합쳐 일본군을 물리쳤고 1598년에 긴 전쟁이 끝나게 되었단다.

- **관군** 의병과 달리 나라에서 조직하여 정식으로 운영하는 군대.
- **목사** 조선 시대에 관찰사 밑에서 '목'이라는 행정 구역을 다스리던 관직.
- **협정**(**協** 화합할 **협**, **定** 정할 **정**) 협의하여 정함.

▼ 진주성(경상남도 진주시)

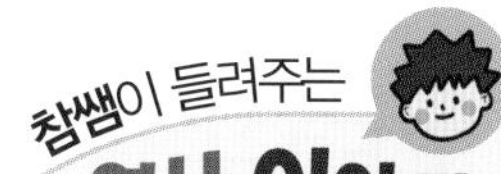

참쌤이 들려주는

역사 이야기 행주치마는 행주산성 전투에서 유래한 말일까?

행주산성 전투 당시 관군과 의병들이 일본군에게 던질 돌을 여자들이 치마에 담아서 날라주었다는 얘기를 들어봤을 거예요. 이 일을 계기로 여자들이 허리에 두른 치마를 행주치마라고 부르기 시작했다고 알려져 있지만 사실이 아니랍니다. 임진왜란이 일어나기 전인 1517년에 쓰인 『사성통해』라는 책에서 이미 행주치마라는 단어가 쓰였어요. 비록 행주치마는 행주산성 전투에서 유래한 말은 아니지만 행주치마를 입은 용감한 여자들을 비롯한 많은 백성들이 힘을 합친 끝에 일본군을 물리치고 행주산성을 지켰다는 것은 사실이에요.

비주얼 씽킹 임진왜란 극복을 위한 의병과 관군의 노력

정답 196쪽

1. 의병의 등장

임진왜란이 일어나자 양반과 승려, 일반 백성, 천민 등 다양한 계층의 사람들이 나라를 구하기 위해 (❶ 　　　　)에 참여했어요.

2. 의병의 활약

각 지역의 의병들은 고장의 (❷ 　　　　)을 잘 알았기 때문에 적은 수의 병력으로도 일본군을 괴롭힐 수 있었어요.

3. 관군의 반격과 승리

진주 목사 김시민은 진주성에서 불리한 상황을 극복하고 일본군에 맞서 싸워 진주성을 지켜냈어요. (❸ 　　　　) 장군은 행주산성에서 관군을 이끌고 백성들과 함께 일본군을 크게 물리쳤어요.

초성 Quiz

1 나라를 지키기 위해 스스로 모인 (ㅇㅂ) 들이 일본군과 맞서 싸웠다.
□이불 □의병

2 김시민은 (ㅈㅈㅅ)에서 일본군에 맞서 싸워 승리했다.
□진주성 □제주시

18 임진왜란으로 입은 피해와 복구 노력은 무엇일까요?

7년에 걸친 긴 전쟁으로 조선은 큰 피해를 입었어. 전쟁터에서 수많은 사람들이 죽거나 다치고 일본에 포로로 잡혀갔어. 오랫동안 농사를 짓지 못해 백성들은 식량 부족에 시달리게 되었단다. 조선 조정도 긴 전쟁으로 세금을 걷지 못해 나라 살림이 어려워졌고, 여러 궁궐이 파괴되고 귀중한 문화재가 불타거나 일본의 약탈로 유출되었어.

전쟁을 일으켰던 일본은 도요토미 정권이 무너지고 새로운 정권이 세워졌고, 조선을 도왔던 명은 전쟁이 끝난 뒤 나라의 힘이 약해져 훗날 후금을 세우는 여진족에게 공격을 당하였어. 이처럼 임진왜란의 결과로 조선과 주변 나라는 큰 피해를 입었고, 이를 회복하는 데 오랜 시간이 걸렸단다.

임진왜란을 겪으며 한양의 여러 궁궐이 불에 타고, 조선왕조실록도 불에 타 없어졌어.

선조를 이어 즉위한 광해군은 전쟁으로 인한 피해를 복구하기 위해 많은 노력을 기울였어. 먼저 파괴된 건축물을 다시 짓거나 고치고, 군사와 성을 정비하여 국방력을 강화하였지. 또한 세금을 제대로 걷기 위해 토지와 인구 조사를 실시하는 한편 황폐해진 땅을 경작할 수 있는 농토로 바꾸고 저수지를 건설하기도 했어.

뿐만 아니라 광해군은 궁핍한 백성들의 세금 부담을 덜어 주기 위하여 특산물 대신 토지 면적에 따라 쌀이나 베, 무명, 돈으로 세금을 내는 대동법을 실시하였어. 그리고 전쟁 이후 부상과 질병으로 고통 받는 백성들을 위하여 주변에서 쉽게 구할 수 있는 약초와 치료법을 정리한 『동의보감』을 보급하기도 하였단다.

- **포로**(**捕** 잡을 **포**, **虜** 사로잡을 **로**) 사로잡은 적을 일컫는 말.
- **유출** 귀중한 물건이나 정보가 불법적으로 나라 밖으로 나감.
- **경작**(**耕** 밭갈 **경**, **作** 지을 **작**) 땅을 갈아서 농사를 지음.

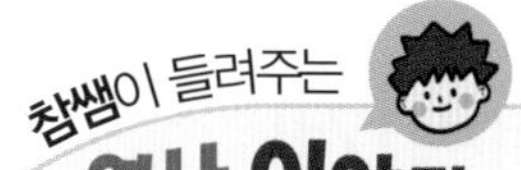

역사 이야기 임진왜란으로 전 국토가 피해를 입었을까?

임진왜란 당시 조선의 모든 국토는 전쟁터였기 때문에 큰 피해를 입었지만 제주도만큼은 예외였어요. 일본군은 부산을 통해 조선에 상륙하였고, 주로 한반도와 주변 바다에서 전투를 벌였기 때문에 제주도는 아무런 피해를 입지 않았답니다. 제주도에서는 지원군을 보낼 것을 여러 차례 임금에게 건의했지만 조선 조정에서는 제주도를 잘 지키라고 당부하고 병력 지원을 받지 않았어요. 대신 제주도에서는 전쟁에 필요한 가축이나 식량을 지원해 조선 관군을 도왔어요.

임진왜란의 결과와 피해 복구 노력

정답 196쪽

1. 백성들의 고통과 식량 부족

전쟁으로 수많은 사람들이 죽거나 다치고 일본에 포로로 잡혀갔어요. 또한 오랫동안 농사를 짓지 못해 (❶)이 부족해졌어요.

2. 조선 조정의 피해

긴 전쟁으로 세금을 걷지 못해 나라 살림이 어려워졌어요. 한양의 경복궁, 창덕궁 등 궁궐이 파괴되고 귀중한 문화재가 불타거나 (❷)의 약탈로 유출되었어요.

3. 피해 복구를 위한 노력

광해군은 군사와 성을 정비하여 국방력을 강화하였어요. 세금을 제대로 걷기 위해 토지와 인구 조사를 실시하였고, 농사지을 수 있는 땅을 넓히는 한편 (❸)을 실시하여 백성들의 세금 부담을 덜어 주었어요.
또한 백성들을 위해 여러 가지 약초와 치료법을 정리한 『동의보감』을 보급하였어요.

초성 Quiz

1 전쟁으로 수많은 사람들이 죽거나 다치고 일본에 (ㅍㄹ)로 잡혀갔다.
□포로 □파리

2 부상과 질병으로 고통받는 백성들을 위하여 『(ㄷㅇ)보감』을 보급하였다.
□독일 □동의

19 광해군과 인조의 외교 정책은 어떻게 달랐을까요?

임진왜란 당시 어린 나이에 세자로 책봉되어 활약한 광해군은 전쟁으로 상처를 입은 나라를 복구하고 외교를 통해 외적의 침입을 막으려고 노력했어.

당시 만주 지역에서는 여진족이 성장하여 후금을 세웠고, 이후 후금이 세력이 약해지던 명과 대립하자 광해군은 후금과 명 사이에서 중립 외교를 펼쳤어.

옛 여진족이 세웠던 나라인 금을 잇는다는 뜻으로 나라 이름을 '후금'이라고 지었어.

후금과 명 사이의 전쟁이 발생하였을 때 광해군은 명의 요청에 따라 후금을 공격하는 지원군을 보내는 한편, 지원군을 이끄는 강홍립에게 후금의 세력을 살펴 조선의 군사들이 피해를 입지 않도록 할 것을 당부하였어. 결국 명을 돕기로한 조선의 지원군은 후금에게 투항하여 큰 피해를 입지 않을 수 있었지.

하지만 임진왜란 때 조선을 도와준 명에 대한 의리를 지켜야 한다고 주장한 서인 세력이 광해군에게 불만을 품고 광해군을 몰아내는 일이 벌어졌어. 이후 인조가 즉위한 뒤 권력을 잡은 서인들은 명을 가까이하고 후금을 멀리하는 외교 정책을 펼쳤단다.

이러한 외교 정책은 후금에게 조선이 미움을 사는 계기가 되었어.

1627년, 결국 명을 따르는 조선을 후금이 본보기로 공격하는 정묘호란이 일어나게 되었어. 순식간에 황해도 지역까지 후금의 군대가 쳐들어오자 인조는 강화도로 피란을 갔단다. 결국 조선이 후금과 형제의 나라로 지내겠다는 약속을 하고서야 후금의 군대가 조선에서 물러가고 전쟁이 끝날 수 있었어.

투항 적과 싸우기를 포기하고 항복함.

참쌤이 들려주는

역사 이야기 서인들은 왜 광해군을 몰아냈을까?

서인들은 임진왜란 당시 조선에 지원군을 보내 주었던 명과의 의리를 지킬 것을 강조해서 광해군의 중립 외교에 대해 큰 불만을 가지고 있었어요. 당시 광해군이 선조의 아들이자 자신의 이복동생인 영창대군을 죽이고, 영창대군의 어머니인 인목대비를 왕비의 자리에서 쫓아내는 등 도리에서 벗어난 행동을 하자 서인들은 이를 탓하며 정변을 일으켰어요. 서인들은 광해군과 광해군을 따르던 세력들을 쫓아내거나 죽였고, 인조가 새로 즉위하였어요. 명은 정변으로 임금의 자리에 오른 인조를 한동안 조선의 임금으로 인정하지 않기도 하였답니다.

광해군과 인조의 외교 정책

정답 196쪽

1. 광해군의 외교 정책

광해군은 후금과 명의 대립 사이에서 (❶) 외교를 펼쳤고, 덕분에 조선은 후금과의 직접적인 충돌을 피할 수 있었어요.

2. 인조와 서인의 외교 정책

광해군을 몰아내고 즉위한 인조와 서인 세력은 임진왜란 때 조선을 도와준 (❷)을 가까이하고 후금을 멀리하는 외교 정책을 펼쳤어요.

3. 정묘호란

조선을 탐탁지 않게 여긴 후금은 군사를 보내 조선을 공격하였어요. 인조는 강화도로 피란을 갔다가 결국 조선이 후금과 (❸)의 나라로 지내겠다는 약속을 하였어요.

초성 Quiz

1 광해군은 (ㅎㄱ)과 명 사이에서 중립 외교 정책을 폈다.
□후금 □해골

2 (ㅅㅇ) 세력은 불만을 품고 광해군을 몰아내고 인조가 즉위하였다.
□소인 □서인

20 두 번이나 조선을 침략한 청이 요구한 것은 무엇이었을까요?

인조와 서인 세력이 후금을 멀리하고 명을 따르자 후금은 조선에게 본보기를 보여주기 위하여 3만 명의 군대를 보내 조선을 침략했어(정묘호란, 1627년). 강화도로 피란을 갔던 인조는 결국 조선이 후금과 형제의 관계를 맺겠다는 약속을 하였고, 후금은 물러났지.

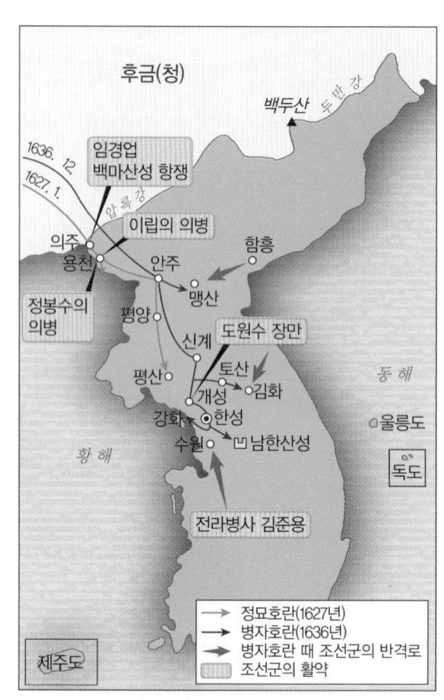

▲ 정묘호란과 병자호란

이후 후금은 나라의 이름을 청으로 바꾸고 후금의 왕은 황제가 되었어. 청은 조선에 군신 관계를 요구하였지만 조선에서 이를 거부하자 청의 태종은 직접 군대를 이끌고 조선에 다시 쳐들어왔단다(병자호란, 1636년).

여전히 조선은 명과 가까이 지내고 청을 멀리하였기 때문이야.

청에 끌려갔던 인조의 왕자들은 청의 감시를 받으며 지내다가 명이 멸망한 뒤 조선으로 돌아올 수 있었어.

압록강을 건넌 청군은 임경업의 부대가 지키고 있던 백마산성을 피해 순식간에 평양과 개성을 함락시켰어. 청군에 길이 막혀 강화도로 피란을 가지 못한 인조는 한양에서 가까운 남한산성으로 피신하게 돼. 청군에 포위당한 인조는 계속된 전쟁으로 군사들이 지치고 식량 부족으로 위기에 처하자 신하들의 만류에도 불구하고 항복을 결정하였어.

인조는 성 밖의 삼전도에서 신하의 옷을 입고 청의 황제에게 세 번 절하고 아홉 번 머리를 조아리는 항복 의식을 하는 수모를 겪었어. 병자호란의 결과로 청과 조선은 군신 관계를 맺었고 인조의 두 왕자가 볼모로 청에 끌려가게 되었지.

인조의 두 왕자를 비롯해 수많은 사람들이 청으로 끌려갔단다.

- **군신 관계** 둘 이상의 사람이나 나라가 임금과 신하로서 지내기로 하는 것.
- **볼모** 약속을 지키겠다는 것을 보장하려고 상대편에 잡혀 두는 사람이나 물건.

역사 이야기 삼전도비에는 어떤 내용이 담겨 있을까?

명과 친하게 지내고 청(후금)을 멀리하는 외교 정책을 폈던 인조는 결국 지금의 서울 송파 지역에 있는 삼전도라는 곳에서 청의 황제에게 항복을 했어요. 인조는 임금이 아닌 신하의 복장을 하고, 청의 황제에게 3번 절하고 9번 머리를 조아리는 수모를 당했어요. 청은 이 일을 기념하고 당시 황제였던 청 태종의 공덕을 기린다는 뜻을 담아 삼전도비를 세웠는데 삼전도비에는 청이 조선에 군대를 보낸 이유, 조선이 항복한 사실, 항복한 뒤 청 태종이 은혜를 베풀어 군대를 거두었다는 내용 등이 담겨 있어요.

▲ 삼전도비

정묘호란과 병자호란의 결과

정답 196쪽

1. 정묘호란

1627년, 조선의 태도에 불만을 가진 후금은 조선을 침략했어요. 인조는 조선이 후금과 (❶   )의 관계를 맺는다는 약속을 하였어요.

2. 후금의 성장

후금은 나라의 이름을 (❷   )으로 바꾸고 조선에 군신 관계를 맺을 것을 요구하였지만 조선은 청의 요구를 거절하였어요.

3. 병자호란

1636년, 청 태종은 직접 군대를 이끌고 조선을 공격하였고, 인조는 (❸   )에서 청의 군대에 대항했지만 결국 항복하였어요.

4. 군신 관계를 맺은 청과 조선

병자호란의 결과로 청과 조선은 군신 관계를 맺게 되었어요. 또한 인조의 두 왕자가 볼모로 청에 끌려갔어요.

초성 Quiz

1 후금은 나라의 이름을 청으로 바꾸고 조선에 (ㄱㅅ) 관계를 요구했다.
□간신 □군신

2 인조는 (ㄴㅎ)산성에서 청의 군대에 대항했지만 결국 항복하였다.
□남한 □남해

21 인조가 피란을 간 남한산성은 어떤 곳일까요?

청 태종의 군대를 피해 인조는 한양에서 가까운 남한산성으로 피란을 갔어. 남한산성은 한양과 가까웠기 때문에 비상시 도읍의 역할을 하도록 성 안에 종묘와 사직, 행궁을 두어서 왕과 신하들이 나랏일을 볼 수 있었지. 또한 한양을 방어하기 위한 곳으로 외적의 침입을 잘 막을 수 있도록 견고하게 지어졌단다.

왕이 임시로 머무는 궁을 말해.

병자호란 당시 남한산성 안에는 겨우 50일을 버틸 수 있는 식량과 보급품밖에 없었어. 왕인 인조조차도 보잘 것 없는 식사를 했고, 변변한 이부자리가 없어서 곤룡포를 입은 채로 잠을 자야 했단다. 조선군은 잠시 청과의 전투에서 승리를 거두었지만 지방에서 올라오던 조선의 지원군이 궤멸되고 명의 지원군도 도착하지 못하면서 조선은 위기를 맞게 되었어.

성 밖에는 청의 군대가 남한산성을 포위하고 있었어.

이에 남한산성 안에서는 청과 맞서 싸워야 한다는 김상헌을 중심으로 한 척화파와 청과 화친을 맺어야 한다는 최명길을 중심으로 한 주화파로 신하들의 의견이 나뉘게 되었단다. 하지만 청의 군대에 조선의 왕자와 왕비가 사로잡히고 남한산성 안의 식량이 바닥나자 청에 항복하고 청과 화친을 맺어야 한다고 생각하는 이들이 늘어났어.

결국 인조는 삼전도에서 청 태종에게 굴욕적인 모습으로 항복을 하고 청과 군신 관계를 맺게 되었어.

- **궤멸**(潰 무너질 **궤**, 滅 꺼질 **멸**) 무너지거나 흩어져 없어짐.
- **척화**(斥 배척할 **척**, 和 화할 **화**) 화친하자는 것을 배척함.
- **화친** 나라와 나라가 서로 다툼 없이 가까이 지냄.

▼ 남한산성 동문(경기도 광주)

참쌤이 들려주는

역사 이야기 청과의 화친을 주장했던 최명길

병자호란 당시 청과 화친해야 한다고 주장했던 최명길은 사실 조선을 전쟁으로부터 보호하기 위하여 어쩔 수 없는 선택을 하였던 것일 뿐 청으로부터 어떠한 보상도 받지 못했어요. 오히려 그는 명과 청 사이에서 조선의 중립적인 입장을 설명하려고 노력하다가 청에게 발각되어 청의 수도인 심양에 끌려가고 말았답니다. 그곳에서도 모든 책임은 자신에게 있다면서 조선을 보호하려고 노력했던 모습과 기개에 청의 관리들마저 감탄하였다고 해요.

비주얼 씽킹 인조와 남한산성 항쟁

정답 196쪽

1. 남한산성으로 피란을 간 인조와 조선 조정

인조는 청의 군대를 피해 한양에서 가까운 (❶)으로 피란을 갔어요. 성 안에서 인조와 신하들은 부족한 식량과 물자 탓에 어려움을 겪었고 성 밖에는 청의 군대가 성을 포위하고 있었어요.

2. 항쟁과 화친 논쟁

성 안에서는 신하들 사이에 청과 맞서 싸워야 한다는 의견과 청과 (❷)을 맺어야 한다는 의견이 대립하였어요. 하지만 성 안의 식량이 바닥나고 상황이 어려워지자 결국 인조는 청에게 항복하기로 결정했어요.

초성 Quiz

1 남한산성은 종묘와 사직, 행궁 등이 있어서 비상시 (ㄷㅇ)의 역할을 하였다.

□담요 □도읍

2 최명길은 청과 (ㅎㅊ)을 맺어야 한다고 주장하였다.

□화친 □향초

22 효종이 북벌을 추진했던 이유는 무엇일까요?

병자호란 이후 청으로 끌려갔던 인조의 두 아들 소현세자와 봉림대군은 명이 청에 의해 멸망한 후에야 조선으로 돌아왔단다. 청에서 지내면서 당시 발전된 문물을 경험하고 이를 배워야 한다고 생각했던 소현세자는 청의 지지를 받았지만 아버지인 인조의 견제와 미움을 사게 되었고, 결국 소현세자는 알 수 없는 이유로 목숨을 잃게 되었어. 소현세자의 부인과 자식들도 유배를 당하거나 목숨을 잃었어.

인조의 뒤를 이어 소현세자의 동생인 봉림대군이 효종으로 즉위하였어. 효종은 대동법을 확대하여 실시하고 서양식 역법인 시헌력을 채택하여 무너진 조선의 체제를 정비하려고 노력하는 한편 남한산성과 북한산성을 수리하고 군사력을 강화하였어.

북벌론은 '북쪽을 공격한다'는 뜻으로 당시 조선의 북쪽에 있던 청을 공격하여 명에 대한 의리를 지키자는 주장이야.

당시 조선은 오랑캐로 여겼던 청과 군신 관계를 맺은 것이 매우 치욕스럽다고 생각했어. 또한 지나친 청의 공물 요구에도 불만을 가지고 있었어. 이 같은 이유로 청에 대한 불만이 커지면서 조선이 청을 공격하여 명에 대한 의리를 지키고 청에 당한 치욕을 씻어야 한다는 '북벌론'이 나타나기 시작했단다. 그리하여 효종은 송시열, 이완 등의 신하와 함께 적극적으로 북벌을 추진하고자 했어. 하지만 효종이 갑작스러운 병으로 죽고 청의 국력이 갈수록 강해지면서 결국 북벌은 제대로 실행되지 못하였어. 이후에는 북벌론 대신 발전된 청의 우수한 과학 기술이나 문물을 받아들이자는 북학론이 생겨나게 되었어.

- **시헌력**(**時** 때 **시**, **憲** 법 **헌**, **曆** 달력 **력**) 태음력과 태양력의 원리를 바탕으로 각 절기와 하루의 시각을 정밀하게 만든 역법.
- **오랑캐** 두만강 일대 만주 지역에 살았던 여진족을 낮게 깔보아 부르던 것.

역사 이야기 청으로 끌려갔던 인조의 두 왕자들

청으로 끌려갔던 인조의 두 왕자 소현세자와 봉림대군은 청에서 어떻게 지냈을까요? 소현세자는 청의 높은 관리들과 지내면서 친분을 쌓았고, 청의 감시 속에서 중요한 정보를 조선에 전달해 주기도 했어요. 또한 청에 함께 끌려간 관리와 노예를 구하고 청에서 농장을 운영하며 곡물을 팔아 돈을 버는 등 당시 왕족의 모습으로는 상상할 수 없는 재주를 보여 주기도 했어요. 청으로 함께 끌려간 봉림대군은 형인 소현세자를 잘 따랐고, 이후 청에서 돌아와 임금이 되었을 때에는 딸을 아끼는 마음을 담은 한글 편지를 남기기도 했어요.

효종의 즉위와 북벌론

정답 196쪽

1. 청에서 돌아온 소현세자

병자호란 이후 볼모로 청에 끌려갔다 돌아온 (❶)는 청의 지지를 받자 왕위의 위협을 느낀 인조의 미움을 받고 갑자기 목숨을 잃었어요.

2. 효종의 즉위

인조의 뒤를 이어 즉위한 효종은 대동법 확대 실시, (❷) 채택 등과 함께 군사력을 강화하여 무너진 조선의 체제를 정비하였어요.

3. 효종의 북벌 추진과 실패

청에 대한 불만이 쌓여 있던 조선에서는 명에 대한 의리를 지키고 청에 당한 치욕을 씻어야 한다는 (❸)이 나타났어요. 효종은 북벌을 적극적으로 추진하고자 했지만 갑작스럽게 숨을 거두면서 실행에 옮기지는 못했어요.

초성 Quiz

1 인조의 뒤를 이어 (ㅎㅈ)이 즉위하였다.
□효종 □해적

2 효종은 명에 대한 의리를 지키고자 (ㅂㅂ)을 적극적으로 추진했다.
□북벌 □별빛

역사 논술

광해군 – 임진왜란을 극복한 왕일까, 권력을 지키기 위해 반대 세력을 제거한 폭군일까?

인물 알기

- 살았던 때: 1575년~1641년
- 직업: 조선 제15대 임금(1608년~1623년)
- 가족 관계: 선조와 후궁 공빈 김씨 사이에서 둘째 서자로 태어났으며, 여러 부인과 자녀를 두었음.

관련 키워드

임진왜란 # 중립 외교 # 대동법 # 영창대군 # 인목대비 # 폐위

관점 보기

광해군은 임진왜란 직후 조선을 구해 낸 훌륭한 왕이다

광해군은 세자 시절 군사를 이끌고 임진왜란의 전쟁터를 누비면서 나라의 힘을 하나로 모으는 훌륭한 역할을 하였다. 왕으로 즉위한 뒤 임진왜란으로 황폐해진 국토를 복구하고, 성을 다시 쌓고 무기를 수리하는 등 국방력을 강화하였다. 또한 광해군이 일부 세력의 반대에도 불구하고 명과 후금 사이에서 중립 외교를 펼친 덕분에 다른 나라의 침략을 막고 조선과 백성들이 전쟁의 위기에 빠지지 않도록 할 수 있었다. 그리고 백성들의 부담을 줄이기 위해 특산물 대신 쌀이나 베, 무명으로 세금을 내는 대동법을 실시하고 임진왜란 후 고통을 받는 백성들을 위해 『동의보감』을 지어 널리 보급하는 등 훌륭한 업적을 남긴 왕이다.

광해군은 반대 세력을 제거하고 권력에만 몰두했던 폭군이다

광해군은 자신의 권력을 유지하는 데 위협이 된다고 생각되는 세력들에게 역모를 꾸몄다며 죄를 묻거나 누명을 씌우기도 하여 철저히 탄압하였다. 그 중에는 자신의 형제인 영창대군 그리고 영창대군의 어머니였던 인목대비도 있었다. 광해군은 인목대비를 서궁에 유폐하고 영창대군을 유배를 보내 죽게 만들었다. 뿐만 아니라 무리하게 여러 궁궐을 짓는 공사를 하며 백성들의 삶을 어렵게 만들고 나라의 재정을 낭비하였다. 결국 폐위를 당하고 나서 제주로 유배를 간 광해군은 죽은 뒤에도 임금의 자격을 얻지 못해 왕으로 불리지 못하고 '광해군'으로 남았다.

- **군**(**君** 임금 **군**) 조선 시대에 왕의 서자에게 내리던 칭호.
- **역모**(**逆** 배반할 **역**, **謀** 꾀할 **모**) 왕이나 지도자를 배반하려는 일을 꾸미는 것.
- **유폐**(**幽** 깊을 **유**, **閉** 닫을 **폐**) 아주 깊숙이 가둠.

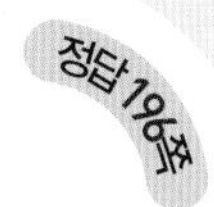

생각정리

다음 자료를 보고, 빈칸에 들어갈 알맞은 내용을 쓰세요.

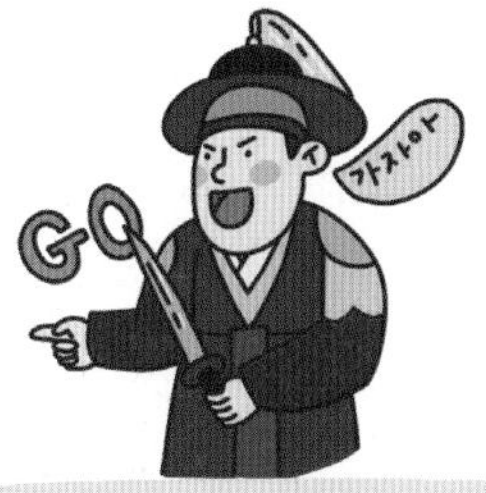

세자 시절 전쟁터를 누비면서 나라를 구하기 위해 노력했어요.

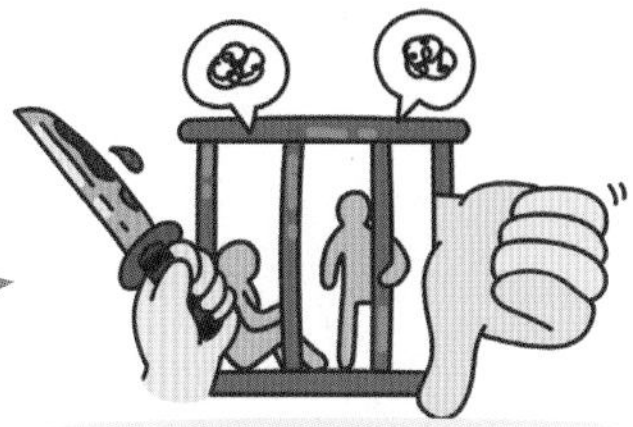

반대 세력에게 누명을 씌우거나 역모의 죄를 물어 탄압했어요.

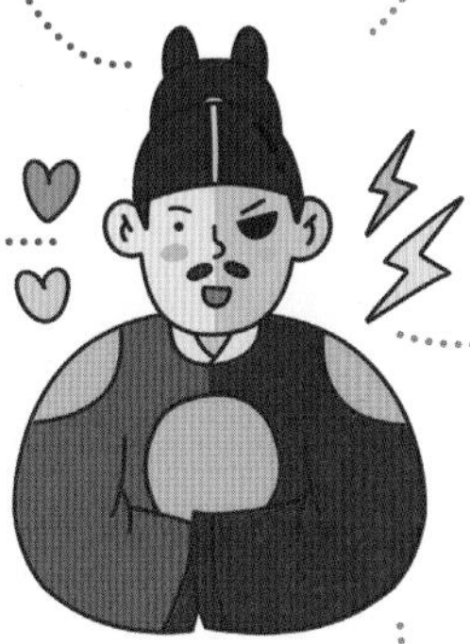

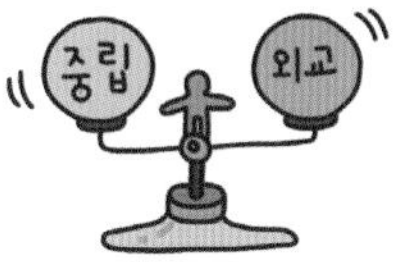

(❶   )과 명 사이에서 중립 외교를 펼치며 나라의 이익을 우선시 했어요.

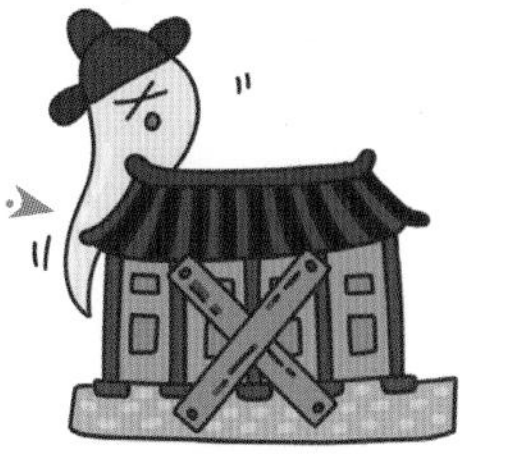

동생인 (❸   )을 죽이고 인목대비를 서궁에 유폐했어요.

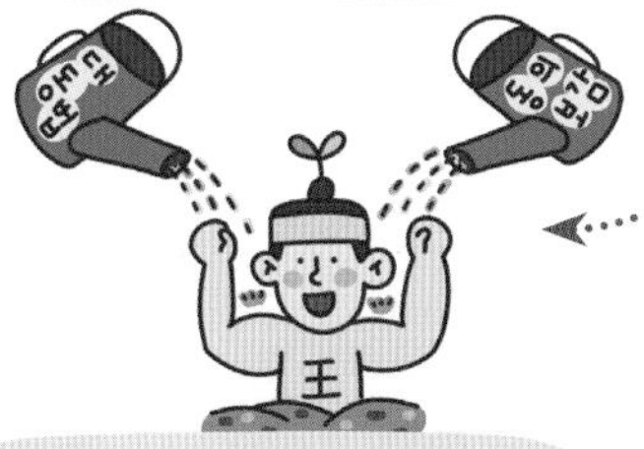

(❷   ) 이후 황폐해진 국토를 복구하고, 백성들의 삶을 보호하기 위해 노력했어요.

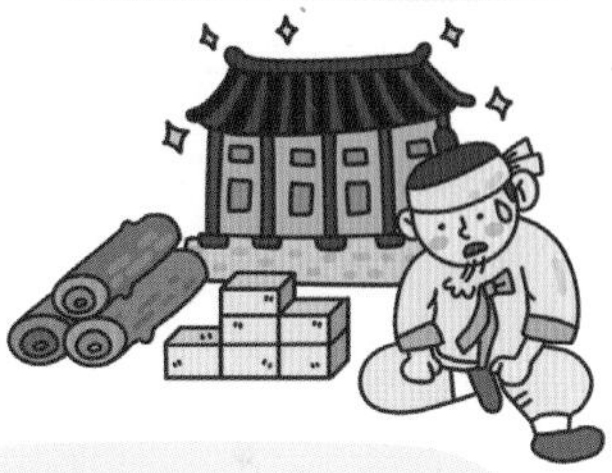

무리하게 (❹   )을 짓는 공사로 백성들을 힘들게 만들었고 나라의 재정을 낭비했어요.

정답 196쪽

생각쓰기

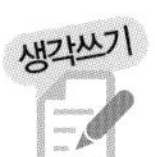

만약 광해군이 신하들의 의견에 따라 명을 따르고 후금을 멀리하는 외교 정책을 펼쳤다면 조선은 어떻게 되었을지 자신의 생각을 써 보세요.

초능력 비주얼씽킹 **초등 한국사** ②

2. 새로운 사회를 향한 움직임

새로운 사회로 나아가기 위해서 조선 후기에 어떠한 변화가 있었을까요?

조선 후기에 새로운 변화들이 나타났어요. 실학이라는 새로운 학문이 생겼고, 농업, 상공업의 발전을 통해 서민 문화를 꽃피웠어요. 그뿐만 아니라 서양의 여러 문물을 받아들여 조선 사람들의 생각이 변하기 시작했어요. 한편으로는 세도 정치와 다른 나라의 끊임없는 통상 요구로 어려움을 겪기도 했어요.

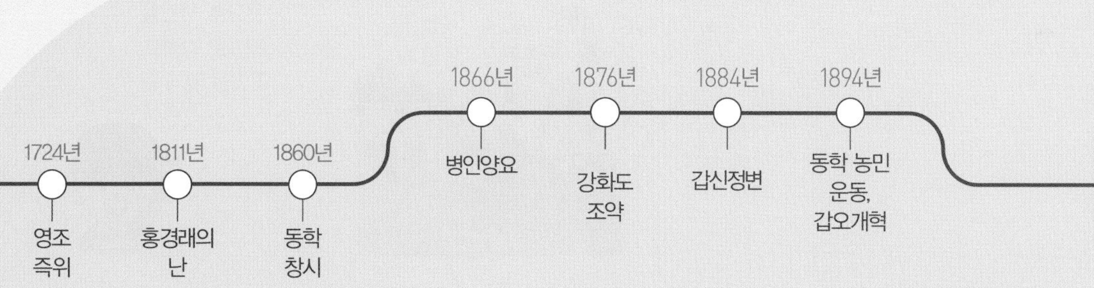

그림 연표로 한눈에 보는

한국사

2. 새로운 사회를 향한 움직임

1724년 영조 즉위

▲ 영조

1752년 균역법 실시

1년에 군포를 2필에서 1필로 줄여 주는 균역법을 실시하였어.

1776년 정조 즉위

1863년 고종 즉위, 흥선 대원군 집권

1866년 제너럴 셔먼호 사건, 병인양요

1868년 오페르트 도굴 사건

1871년 신미양요, 척화비 건립

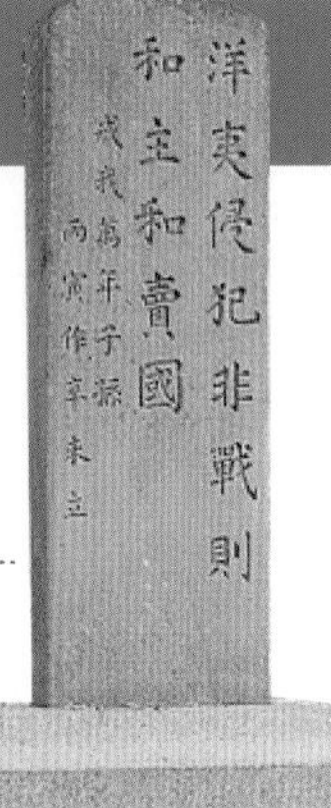

▲ 척화비

1875년 운요호 사건

1876년 강화도 조약

운요호 사건을 핑계로 강화도 조약을 맺게 돼.

1882년 임오군란

1884년 갑신정변

조선 후기 새로운 문물의 도입과 다른 나라와의 교류를 통해 나타난 변화를 살펴봐.

1796년 수원 화성 완성

1800년 순조 즉위, 세도 정치의 시작

1801년 공노비 해방

1811년 홍경래의 난

• 홍경래의 난이 일어난 지역
• 농민 봉기가 일어난 지역
홍경래의 난 (1811년)
진주 농민 봉기 (1862년)

▲ 조선 후기의 농민 봉기

1860년 동학 창시

1861년 대동여지도 간행

1862년 진주 농민 봉기

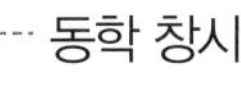

1894년 동학 농민 운동, 갑오개혁

1895년 을미사변

1896년 아관파천

01 붕당 정치와 탕평책은 어떻게 전개되었을까요?

조선 초기에 나라를 세우는 데 공을 세운 사람들을 훈구 세력이라고 불렀어. 성종은 이러한 훈구 세력이 정권을 독점하자 이를 견제하기 위해 사림을 뽑아 썼어. 사림은 지방에서 유학을 공부했던 사람들로 훈구 세력과는 대립하고 있던 사람들이었어. 이후 권력을 잡은 사림은 학문이나 정치적 생각에 따라 붕당을 만들어 대립하게 되는데 이때부터 붕당 정치가 시작되었어.

처음에 붕당은 서로 친한 사람을 힘이 강한 관직에 앉히기 위해 동인, 서인으로 나누어지게 되었어. 이후 동인은 남인과 북인으로, 서인은 노론과 소론으로 또다시 나누어지면서 붕당은 복잡하게 나타났어. 처음에는 붕당 간의 다양한 의견이 나라를 운영하는 데 도움이 되었지만, 시간이 지나면서 자기 붕당이 권력을 잡을 때마다 상대 붕당을 쫓아내면서 갈등이 심해졌어.

동인은 김효원, 서인은 심의겸이라는 사람을 따랐는데 당시 김효원은 한양의 동쪽에 살았고, 심의겸은 한양의 서쪽에 살아서 동인, 서인으로 부르게 되었어.

영조는 붕당 정치가 나라와 백성을 위한 정치가 아닌 권력을 차지하기 위한 싸움이 되어 버린 것을 크게 걱정하였어. 그래서 붕당에 관계없이 인재를 골고루 뽑아 정치를 하는 탕평책을 추진했어. 영조의 뒤를 이어 정조 또한 인재를 고루 뽑고 올바른 정치를 할 수 있도록 적극적으로 탕평책을 추진해 나갔단다.

두루 사귀면서 편을 가르지 않는 것이 군자의 공정한 마음이요, 편을 가르고 두루 사귀지 않는 것은 소인의 사사로운 마음이다.

◀ 탕평책을 알리기 위해 영조가 세운 탕평비

- **세력** 어떤 속성이나 힘을 가진 집단.
- **독점(獨 홀로 독, 占 차지할 점)** 혼자서 모두 차지함.
- **붕당(朋 친구 붕, 黨 무리 당)** 학문이나 정치적으로 생각을 같이하는 양반의 정치 집단.

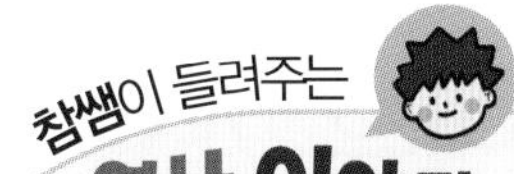

역사 이야기 탕평책과 탕평채

탕평채는 녹두묵에 고기볶음과 데친 미나리, 구운 김 등을 섞어 만든 묵무침이에요. 이 음식은 영조의 탕평책에 대한 의지를 보여 주기 위해 만들어진 음식이에요. 영조는 붕당 간에 대립이 심해지자 동인, 서인, 남인, 북인을 각각 상징하는 재료들을 한 곳에 넣어서 탕평채라는 음식을 만들었다고 해요. 탕평채에 들어가는 재료의 색은 각각의 붕당을 나타냈는데, 녹두묵의 흰색은 서인을, 볶은 고기의 붉은색은 남인을, 미나리의 푸른색은 동인을, 김의 검은색은 북인을 나타냈어요. 음식으로 탕평책을 알리려고 했던 영조의 생각이 기발하죠?

▲ 탕평채

붕당 정치와 탕평책

정답 197쪽

붕당 정치의 등장

성종이 훈구 세력을 견제하기 위하여 (❶)을 뽑아 쓰면서 붕당 정치가 시작되었어요.

탕평책

영조와 정조는 붕당에 관계없이 (❷)를 고루 뽑으면서 세력 사이의 균형을 맞추는 탕평책을 펴기 시작하였어요.

붕당 정치의 전개

권력을 잡은 사림은 처음에 동인, 서인으로 나누어져 붕당을 형성했고, 동인은 다시 남인과 북인, 서인은 노론, 소론으로 나뉘어졌어요. 붕당 간의 다툼으로 정치는 혼란스러워졌답니다.

초성 Quiz

1 영조와 정조는 인재를 고루 등용하는 (ㅌㅍㅊ)을 폈다.
□탕평책 □통풍창

2 사림들은 학문이나 정치적 생각에 따라 (ㅂㄷ)을 만들어서 정치를 하였다.
□바둑 □붕당

02 영조와 정조의 정책에는 무엇이 있을까요?

영조는 붕당에 관계없이 인재를 고루 뽑는 탕평책을 펴서 정치를 안정시키고 왕권을 강화하였어.

▲ 영조

영조는 백성들의 삶에도 크게 관심을 기울였어. 억울한 사람이 없도록 재판을 세 번 받을 수 있게 해 주었고, 백성들이 억울한 일이 생기면 북을 치고 말할 수 있는 신문고 제도도 실시했어. 백성들이 군대에 가는 대신 나라에 내던 군포(베)를 1년에 2필에서 1필로 줄여 주는 균역법도 실시했지.

영조는 무거운 물건을 무릎에 올려서 누르거나 불에 달군 쇠로 몸을 지지는 끔찍한 형벌과 고문을 없앴기도 했어.

영조의 뒤를 이어 왕이 된 정조 역시 할아버지의 뜻을 이어 탕평책을 펼쳤어. 계획도시인 수원 화성을 짓고 자신을 보호하고 지킬 수 있는 군대인 장용영을 설치하여 왕권을 강화시켰어. 그리고 규장각을 세워 학자들이 여러 학문을 연구하고 나라의 정치를 의논할 수 있게 하였어. 상업을 키우기 위한 노력도 했어. 이전에는 나라에서 허가를 받은 시전 상인들이 다른 상인들을 단속할 수 있는 금난전권이라는 권한을 가지고 있었는데, 이 금난전권을 폐지하여 일반 백성들이 자유롭게 장사를 할 수 있도록 했어.

이처럼 영조와 정조는 백성을 사랑하는 마음을 바탕으로 수많은 업적을 남겼단다.

▲ 규장각

규장각에서 정조는 여러 학자들과 나라의 문제를 상의하고 의견을 나누었어.

- **계획도시** 도시 계획에 의해 건설된 도시.
- **단속** 규칙이나 법 등을 지키도록 통제함.

역사 이야기 영조의 아들이자 정조의 아버지, 사도 세자

사도 세자에 대한 이야기를 들어 보았나요? 영조의 아들이 바로 사도 세자예요. 영조는 늦게 얻은 아들인 사도 세자를 아껴서 곧바로 왕세자로 책봉했지만, 사도 세자는 자라면서 영조와 사이가 멀어지고 갈등이 커졌어요. 결국 영조는 사도 세자를 뒤주라는 쌀통에 가두어서 굶어 죽게 했답니다. 너무 끔찍한 일이죠. 그 후 사도 세자의 아들인 정조가 왕이 되었어요. 정조는 아버지인 사도 세자에 대한 효심이 강해 사도 세자의 묘를 수원으로 옮기면서 수원 화성을 건설하기도 하였어요.

영조와 정조의 정책

정답 197쪽

영조

붕당에 관계없이 인재를 고루 뽑는 (❶   ) 을 통해 정치를 안정시켰어요.

1년에 2필씩 내던 군포를 1필로 줄여 주는 (❷   )을 실시하였어요.

정조

계획도시인 (❸   )을 짓고 장용영을 설치하였어요. 또한 상업을 키우기 위해 금난전권을 폐지하고 일반 백성들이 장사를 할 수 있도록 했어요.

초성 Quiz

1 군포를 2필에서 1필로 줄여 주는 영조가 실시한 정책은 (ㄱㅇㅂ)이다.
□구아바 □균역법

2 정조는 (ㄱㅈㄱ)을 세워서 나라의 문제를 의논하고 의견을 나누었다.
□규장각 □구조견

03 조선 후기 세금 제도는 어떻게 바뀌었을까요?

조선에는 크게 세 가지 종류의 세금이 있었어.

먼저 농사짓는 땅에 매기는 토지세였던 '전세'가 있었는데 토지가 비옥하거나 수확하는 곡식이 많으면 많이 내고 그렇지 않으면 적게 세금을 거두었어. 하지만 임진왜란과 병자호란 이후 농사짓는 땅을 못 쓰게 되면서 전세를 내는 것이 어려워졌지. 이에 인조는 토지 1결당 걷는 세금을 쌀 4두로 고정하는 영정법을 시행하였어.

또 다른 세금으로는 각 지역의 특산물을 내는 '공납'이 있었어. 특산물을 구하기 어려웠던 백성들은 상인에게서 특산물을 사서 바쳐야 했는데 그 과정에서 상인들이 지나치게 이익을 얻는 등 문제가 많아졌지. 그래서 광해군은 특산물 대신 쌀, 베·무명, 동전으로 세금을 납부하는 대동법을 실시하게 되었어.

마지막으로는 16세 이상 60세 이하의 양반을 제외한 남자들은 군대를 가야 하는 '군역'이 있었어. 그런데 직업 군인 숫자가 늘어나게 되자 직접 군대를 가는 대신에 1년에 2필씩 군포를 내게 되었지. 하지만 조선 후기 양반은 증가하고, 양인은 줄어들어 힘없는 백성들은 군포에 대한 부담이 엄청나게 커졌어. 그래서 영조는 군포를 1년에 1필만 내는 균역법을 실시하고 부족한 부분은 땅 주인과 양반에게 세금을 받았단다.

▲ 영정법 ▲ 대동법 ▲ 균역법

- **결** 논밭 넓이의 단위.
- **특산물(特** 특별할 **特, 産** 낳을 **산, 物** 물건 **물)** 어떤 지역에서 특별하게 나는 물건.
- **군역(軍** 군사 **군, 役** 일할 **역)** 군대에 가야 하는 의무.

참쌤이 들려주는

역사 이야기 대동법의 시행 과정

지역의 특산물을 세금으로 내는 공납은 농민들에게 큰 부담이었어요. 마을에서 나지도 않는 물건을 세금으로 내야 하는 경우도 있었어요. 이에 광해군은 대동법을 실시하였으나, 처음에는 경기도 지역에서만 시행되었어요. 대동법 시행 이전에는 집집마다 특산물을 냈었으나 대동법 시행 이후에는 토지를 기준으로 세금을 내야 해서 많은 땅을 가진 양반들은 반발했어요. 이러한 반발 때문에 대동법이 전국적으로 확대되는 데에는 100여 년이나 걸렸답니다.

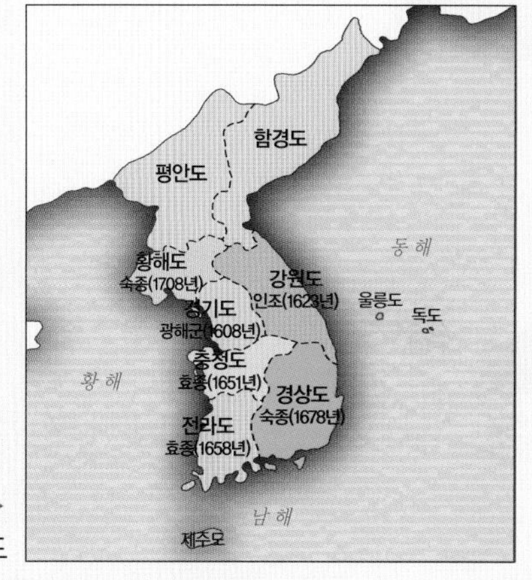

대동법 확대 실시 ▶
( )는 실시 연도

비주얼 씽킹 세금 제도의 개혁

정답 197쪽

전세의 개혁

인조는 토지 1결당 걷는 세금을 쌀 (❶)로 고정하는 영정법을 실시하여 백성들의 세금 부담을 줄여 주었어요.

공납의 개혁

광해군은 특산물을 직접 내는 대신에 쌀, 베·무명, 동전으로 납부하는 대동법을 실시하였어요.

군역의 개혁

(❷)는 군포를 1년에 2필에서 1필로 줄여 주는 균역법을 실시하였어요.

초성 Quiz

1 인조는 토지 1결당 세금을 쌀 4두만 걷는 (ㅇㅈㅂ)을 실시하였다.
□우주복 □영정법

2 (ㄷㄷㅂ)은 특산물을 직접 내지 않고 쌀, 베·무명, 동전으로 내게 한 것이다.
□돈다발 □대동법

04 농사짓는 방법은 어떻게 변화했을까요?

조선 초기부터 중기까지의 논농사는 땅에 직접 씨를 뿌리는 '직파법'을 실시했었는데 수확되는 곡식의 양이 많지 않았어. 그래서 조선 후기에 접어들면서 모판에 씨를 뿌려서 싹을 미리 키우는 모내기법인 '이앙법'을 도입하기 시작했지. 그 결과 같은 논에서 벼와 보리를 번갈아 재배하는 이모작이 가능해졌어. 직파법으로 논에다 직접 씨를 뿌리면 보리를 수확하기 한 달 정도 전에 볍씨를 뿌려야 해서 보리를 재배할 수 없었는데 모내기법을 적용한 후에는 모판에서 볍씨의 싹을 키우는 동안 보리를 재배하여 수확할 수 있었던 거야. 그 결과 곡식 생산량이 크게 증가해서 부유한 농민들이 나타나기 시작했지.

▲ 모내기를 하는 모습(「경직도」의 일부)

이앙법(移 옮길 이, 秧 모 앙, 法 법 법)은 글자 그대로 모판에서 키운 모를 논에 옮겨 심는 농사법이야.

한편 밭농사도 크게 변화하게 되었는데 밭을 쟁기로 갈아 움푹 들어간 부분인 밭고랑에 씨를 뿌리는 '견종법'이 널리 보급되었어. 또한 인삼이나 담배, 감자, 고구마 등과 같이 돈을 벌기 좋은 작물인 상품 작물을 키우기 시작했단다. 백성들은 밭에서 키운 작물들을 장에 내다 팔게 되었고 이익을 보는 사람들이 많이 생겨나게 되었어.

조선 후기에는 담배와 같은 상품 작물을 키워서 팔았어.

▲ 「담배 썰기」(김홍도)

- **이모작**(**二** 둘 **이**, **毛** 터럭 **모**, **作** 지을 **작**) 같은 땅에서 1년에 종류가 다른 농작물을 두 번 심어서 거두는 것.
- **상품 작물** 시장에 내다 팔기 위하여 재배하는 농작물.

참쌤이 들려주는

역사 이야기 조선에 들어온 담배

담배는 임진왜란 때 일본에서 전해졌는데 당시에는 남쪽에서 온 신령한 풀이라고 해서 남령초(南 남녘 남, 靈 신령 령, 草 풀 초)라고 불리기도 했어요. 1614년에 이수광이 펴낸 『지봉유설』이라는 책을 보면 담배를 약초로 소개하기도 했어요. 지금은 금연 운동을 많이 하고 있는데 특이하죠? 이렇게 담배는 당시 조선에서 인기가 좋았기 때문에 조금만 수확해도 돈을 많이 벌 수 있었어요. 그래서 밭에 담배를 키우는 사람들이 늘어났답니다.

비주얼 씽킹 농업의 발달

정답 197쪽

논농사의 발달

모내기법인 이앙법으로 벼와 보리를 번갈아 재배하는 (❶)이 가능해졌어요.

밭농사의 발달

밭고랑에 씨를 뿌리는 (❷)이 널리 보급되고 상품 작물을 키우기 시작했어요.

농업의 발달 결과

농업이 발달하면서 부유한 농민들이 나타나기 시작했어요.

1 모내기법인 (ㅇㅇㅂ)이 실시되면서 곡식 생산량이 크게 증가하였다.
□이앙법 □여왕벌

2 인삼, 담배, 감자 등 (ㅅㅍ ㅈㅁ)을 기르면서 부유한 농민들이 생겨났다.
□상품 작물 □스팸 자몽

05 조선 후기 시장의 모습은 어떠했을까요?

▲ 보부상

조선 시대에는 두 가지 종류의 시장이 있었어. 하나는 한양에서 궁궐이나 관아에 필요한 물품들을 공급하는 시전이 있었어. 다른 하나는 지방에서 열리는 장시로 일정한 장소, 일정한 날짜에(보통 5일마다 열렸어.) 근처의 농민, 수공업자, 상인들이 모여서 필요한 물건들을 사고파는 곳이 있었어. 조선 후기에는 인삼, 담배, 채소 등과 같은 상품 작물들을 길러서 장시에 물건을 내다 파는 백성들이 많아지면서 장시가 발달하게 되었어. 또한 물건을 등에 지고 전국의 장시를 돌아다니면서 물건을 사고파는 보부상들도 생겨났지.

전국 곳곳에 자리잡은 장시는 5일마다 열리는 5일장이 가장 많았어.

이렇게 물건을 사고파는 상업이 발달하게 되자 쌀이나 비단으로 물건을 교환하는 것이 불편하게 되었어. 그래서 만들어진 것이 금속 화폐인 상평통보야. 상평통보를 사용하면서 더 많은 물건들을 쉽게 사고팔 수 있게 되었어.

한편 도시가 발달하고 대동법(대동법 실시 이후 특산물 대신에 쌀, 동전 등으로 세금을 납부하게 되자 정부는 수공업자를 통해서 필요한 물품을 구입하게 되었어.)이 시행되면서 물건을 만드는 수공업도 크게 발전하였어. 그리고 철광석, 금, 은을 캐는 광업도 발달하였는데 전문 광산업자인 덕대가 광산을 개발할 수 있게 되었단다.

▲ 「대장간」(김홍도) 광업이 발달한 조선 후기의 모습을 보여 줌.

- **광업**(**鑛** 쇳돌 **광**, **業** 일 **업**) 광물을 캐거나 다듬는 일을 하는 것을 일컫는 말.
- **덕대** 광부들을 데리고 광물을 캐는 사람.

역사 이야기 조선의 화폐, 상평통보

우리가 흔히 엽전으로 알고 있는 동전의 시작은 상평통보에서 시작되었어요. 고려부터 나라에서 화폐를 만들었지만 일반 백성들은 거의 사용하지 않았어요. 그러다가 숙종 때(1678년) 상평통보가 널리 보급되면서 조선 후기 상공업이 발달하는 데 큰 역할을 하였답니다. 상평통보의 단위는 1문(푼)이었는데, 10문이 1전, 10전이 1냥, 10냥이 1관이었어요. 1냥이 어림잡아 2만 원 정도의 가치를 지녔다고 해요. 흔히 구걸을 할 때 쓰는 말인 '한 푼 줍쇼.'라는 말에서 1푼은 약 200원인 것이죠.

▲ 상평통보

상공업의 발달

정답 197쪽

상업의 발달

조선 후기 전국적으로 (❶) 가 등장하고 보부상이 생겨났어요.

상평통보의 보급

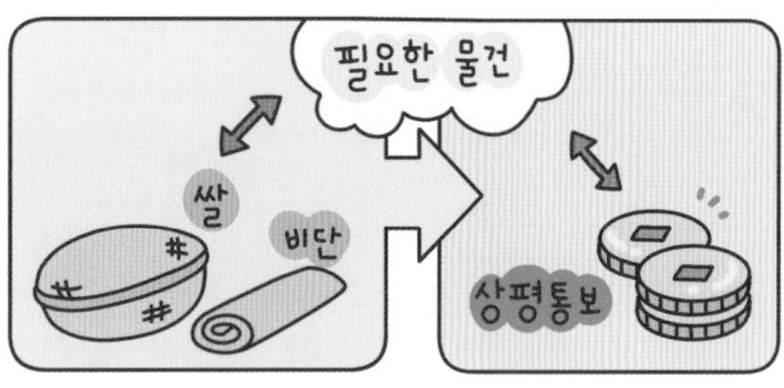

금속 화폐인 상평통보가 널리 보급되어 더 많은 물건들을 사고팔 수 있게 되었어요.

수공업의 발달

대동법의 시행으로 물건을 만드는 (❷)이 발달하였어요.

광업의 발달

철광석, 금, 은을 캐는 광업도 발달하였어요.

1 (ㅂㅂㅅ)은 전국의 장시를 돌아다니면서 물건을 사고팔았던 상인이다.
□보부상 □비봉산

2 조선 후기 널리 사용되었던 화폐는 (ㅅㅍㅌㅂ)이다.
□소프트볼 □상평통보

06 조선 후기 양반의 수는 왜 증가했을까요?

농업 기술의 발달로 모내기법이 등장하면서 일부 농민들은 부유한 농민이 되었지만 대다수의 농민들은 오히려 소작하던 땅을 빼앗겼어. 그래서 많은 수의 농민들은 도시로 가서 허드렛일을 하게 되었단다. 양반들 역시 조정에서 관직을 얻은 일부 양반들을 제외하고 지방에서 가난한 생활을 하였어. 가난한 양반은 먹고 살기 위해서 양반의 신분을 적어 놓은 족보를 팔았고, 부유한 농민은 족보를 사서 양반이 될 수 있었어. 그리고 부유한 농민은 공명첩을 사서 양반이 되기도 했어. 공명첩은 벼슬을 받는 사람의 이름을 비워 둔 문서인데 공명첩을 산 뒤에 빈칸에 이름을 써넣으면 양반이 될 수 있었어.

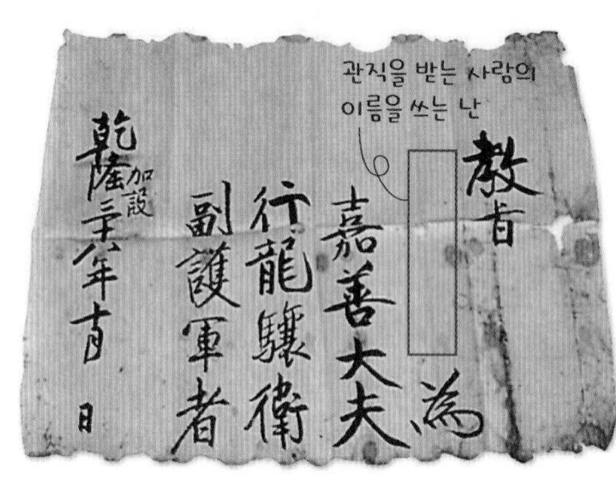

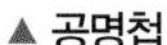
▲ 공명첩

의술을 행하는 의관이나 다른 나라와 교류를 할 때 통역을 하는 역관들이 속해 있던 중인들 역시 신분 상승을 위해 노력했어. 이들은 전문적인 지식과 많은 돈을 가지고 있었기 때문에 양반 신분을 돈으로 사거나 나라에 신분 상승을 주장하기도 하였단다. 한편 순조 때 궁궐과 관청에 속한 노비들이 해방되면서 노비라는 신분은 점차 사라지게 되었지. 결과적으로 조선 후기로 갈수록 양반의 숫자는 크게 증가하고 일반 백성들과 노비의 숫자는 크게 줄어들었단다.

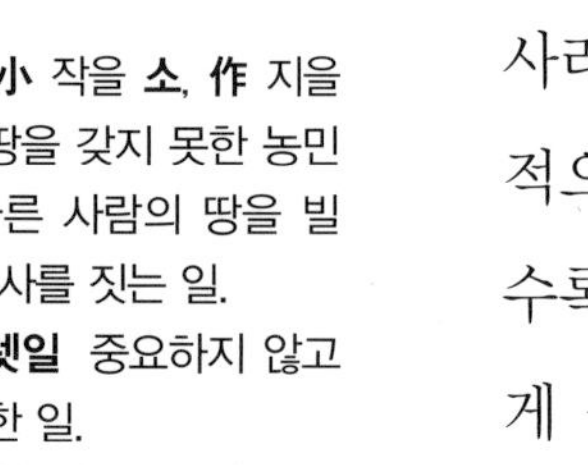

- **소작**(小 작을 **소**, 作 지을 **작**) 땅을 갖지 못한 농민이 다른 사람의 땅을 빌려 농사를 짓는 일.
- **허드렛일** 중요하지 않고 허름한 일.
- **족보**(族 가족 **족**, 譜 족보 **보**) 한 가문의 혈통 관계를 적어 기록한 책.

역사 이야기 조선 시대 양반층의 변화

숙종 때까지만 해도 양반은 전체 인구의 10%가 안됐기 때문에 매우 적은 숫자였어요. 하지만 조선 후기로 가면서 공명첩이나 돈을 주고 양반 신분을 얻는 사람이 많아지면서 급기야 70%가 넘어가게 돼요. 양반은 각종 세금과 군역에서 면제되는 특권을 누리던 계층이었기 때문에 이들의 숫자가 많아지면서 나라의 살림이 매우 어려워졌지요. 또한 나라를 유지하는 데 가장 핵심 신분이었던 일반 백성들은 50~60%에서 20%대로 급격하게 떨어지게 되었답니다.

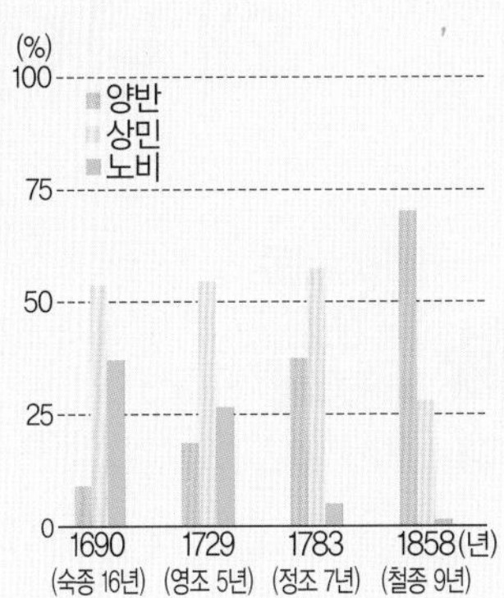

조선 후기 신분별 구성(대구 지방) ▶

신분제의 변화

정답 197쪽

농민

일부 농민들은 (❶) 신분을 얻었지만 대다수는 도시로 가서 허드렛일을 하였어요.

양반

가난한 생활을 하는 몰락 양반이 등장하면서 (❷)를 사고팔게 되었어요.

중인

중인들은 양반 신분을 돈으로 사거나 나라에 신분 상승을 요구했어요.

노비

순조 때 궁궐과 관청에 속한 노비들이 해방되었어요.

1 (ㅈㅇ)은 전문적 지식과 많은 돈을 바탕으로 신분 상승을 위해 노력했다.
□직업 □중인

2 (ㄴㅂ)들은 순조 때 관청과 궁궐에 속한 사람들이 해방되면서 점차 없어졌다.
□노비 □나비

07 가족 안에서 남자와 여자의 차별은 왜 나타났을까요?

조선 초기부터 중기까지는 가족 내에서 남자와 여자의 구분이나 차별이 심하지 않았어. 그래서 모든 아들과 딸에게 공평하게 재산을 나누어 주었고 제사도 아들, 딸 구분 없이 모든 자식들이 돌아가면서 지내도록 하였지. 심지어 남자와 여자가 결혼을 한 뒤에는 남자가 여자의 집에 들어가서 살기도 했고 남편이 먼저 죽으면 재혼도 할 수 있었어.

하지만 조선 후기에 접어들면서 유교의 영향으로 '남녀칠세부동석'이라는 말처럼 남녀의 구별을 엄격히 하고 남성 중심의 가족 제도를 확립하게 돼. 그래서 남자와 여자가 결혼한 뒤에는 신혼살림을 남자의 집에서 시작하게 되었단다. 제사도 반드시 가족 중에서 장남이 지내도록 하였고 재산을 나눠줄 때도 장남에게 가장 많이 주었어.

일곱 살이 넘으면 남자와 여자는 함께 앉지 않는다는 뜻이야.

이처럼 집안의 남자인 아버지를 중심으로 가족 제도가 바뀌면서 아들이 없으면 양자를 들이기도 했어. 그리고 같은 성씨를 가진 사람들끼리 모여서 동성 마을을 만들기도 하였단다. 이때부터 남편을 잃은 부인들은 다시 결혼하지 못하도록 하고 효와 정절을 지키며 열녀가 되도록 권장하게 되었지.

조선 후기에 여성은 남성을 따르는 존재로 여겨졌어.

- **양자**(養 기를 **양**, 子 아들 **자**) 아들이 없는 집에서 대를 잇기 위하여 데려다 기르는 같은 성씨의 남자아이.
- **정절** 한 남자만을 섬기는 여자의 곧은 마음.
- **열녀**(烈 대단할 **열**, 女 여자 **녀**) 절개를 굳게 지키어 다시 결혼하지 않은 과부.

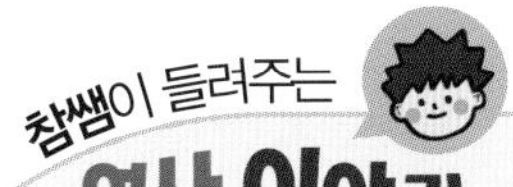

역사 이야기 조선 초기와 후기의 결혼 모습의 변화

조선 초기에는 결혼을 하면 남자가 여자 집에 들어가서 살았다고 해요. 그래서 '장가간다.'라는 말이 있었죠. 그런데 조선 후기에는 유교의 영향으로 결혼을 하면 여자가 남자의 집에 들어가서 살게 되었어요. 그래서 여자가 '시집간다.'라는 말이 생기게 되었답니다.

▲ 김준근의 「장가가는 모양」

▲ 김준근의 「시집가는 모양」

가족 제도의 변화

정답 197쪽

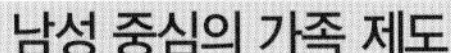

조선 초기와 후기의 가족 제도

조선 초기에는 아들, 딸에게 재산을 똑같이 나누어 주고 제사도 돌아가면서 지냈어요. 또한 남녀가 결혼한 뒤 여자 집에서 살기도 했어요. 조선 후기에는 재산 상속과 제사를 지낼 수 있는 권리가 장남에게만 집중되었고, 결혼 후에도 (❶   ) 집에서 살았어요.

남성 중심의 가족 제도

아들이 없으면 대를 이을 (❷   )를 들였고 성이 같은 사람들이 모여 사는 동성 마을이 만들어졌어요.

여성의 삶

남편을 잃은 여성은 다시 결혼하지 못하였고, 효와 정절을 지키며 열녀가 되도록 노력했어요.

1 조선 후기가 되면서 (ㅈㄴ)이 제사를 지내도록 하였다.
□저녁 □장남

2 조선 후기가 되면서 (ㄴㅅ ㅈㅅ)으로 가족 제도가 바뀌었다.
□남성 중심 □농사 직설

08 실학은 어떻게 발전했을까요?

조선 시대에는 유교의 한 갈래인 성리학을 나라를 다스리는 근본 사상으로 삼았어. 그러나 성리학은 명분과 형식만을 추구하여 백성들의 삶에 직접적으로 도움이 되지 않았어. 이에 백성들의 삶에 직접적으로 도움이 되면서 현실에서의 문제를 해결할 수 있는 학문인 '실학'이 나타나게 되었지.

실학은 크게 세 가지 갈래로 발전하였어.

먼저 정약용, 이익 등이 주장한 농업을 개혁하자는 의견이 있었어. 이들은 토지 제도를 바꿔서 농민들에게 땅을 골고루 나누어 주고, 새로운 농사 기술을 보급해야 한다고 주장하였어.

다음으로는 상공업의 발달을 주장했던 사람들이 있었어. 박지원, 박제가 등이었는데 이들은 청의 발전된 문물을 받아들여야 한다고 주장하면서 상공업을 장려했어. 박지원과 박제가는 청에 다녀와서 각각 『열하일기』, 『북학의』를 써서 청의 발전된 문물을 소개하기도 했어.

마지막으로 우리의 역사와 문화를 연구해야 한다고 주장한 사람들이 있었어. 안정복은 『동사강목』이라는 책에서 고구려의 역사에 대해서 썼고, 유득공은 『발해고』라는 책에서 발해가 우리나라 역사임을 확인하였어. 김정호는 우리의 지리를 연구하여 「대동여지도」를 만들었어. 「대동여지도」는 오늘날 지도와 비교해 보아도 자세하고 정확하다고 하니 참으로 대단하지?

◀ 김정호의 「대동여지도」

- **명분**(**名** 이름 **명**, **分** 나눌 **분**) 일을 할 때 내세우는 구실이나 이유.
- **문물**(**文** 글월 **문**, **物** 물건 **물**) 문화에 관한 모든 것. 정치, 경제, 종교, 예술, 법률을 모두 이르는 말.

참쌤이 들려주는

역사 이야기 박지원의 『열하일기』

오른쪽은 박지원이 청에 다녀와서 쓴 『열하일기』의 일부예요. 이렇게 박지원은 조선에 이동 수단이 없으니 생산물이 전국으로 팔려 나가기 어려워서 물건 값이 비싸고 생활이 발전하기 힘들다고 생각했어요. 그래서 수레를 사용하여 물건을 쉽게 옮기고 상공업을 발전시켜서 서로 필요한 물품을 얻을 수 있도록 하자고 주장했지요.

"서북 사람들은 감과 귤을 구분하지 못하며, 바닷가 사람들은 생선 창자를 밭의 거름으로 쓰고 있지만 서울에서는 한 웅큼에 한 푼을 하니……. 백성의 살림살이가 이렇게 가난한 것은 국내에 수레가 다니지 못하는 까닭이다."

비주얼 씽킹 실학의 발달

정답 197쪽

실학의 등장

(❶)이 한계를 드러내면서 실학이 등장하였어요.

농업의 개혁

정약용, 이익 등은 토지 분배와 농업 기술의 발전을 주장했어요.

상공업의 발전

박지원, 박제가 등은 청의 문물을 받아들이고 (❷)을 발전시키자고 주장했어요.

우리의 역사와 문화 연구

안정복, 유득공, 김정호 등은 우리의 것을 연구하였어요.

초성 Quiz

1 (ㅅㅎ)은 성리학의 한계를 극복하고 현실 문제를 해결하는 학문이다.
□시험 □실학

2 (ㅈㅇㅇ)은 농업을 발전시켜야 한다고 주장하였다.
□정약용 □종업원

09 수원 화성은 어떻게 만들어졌을까요?

정조는 아버지인 사도 세자의 무덤을 수원의 화산으로 옮겼는데 그 때문에 원래 그곳에 살던 백성들은 삶의 터전을 옮겨야 했어. 그래서 백성들이 옮겨 갈 곳을 만든 것이 계획도시인 수원 화성이야. 정조는 수원 화성을 세우는 것을 신하인 정약용에게 맡겼어. 정약용은 백성들이 수원 화성을 효율적으로 지을 수 있도록 거중기를 만들었어. 거중기는 도르래의 원리를 이용한 기구로 작은 힘을 가지고도 무거운 물체를 손쉽게 들어 올릴 수 있었단다.

정조는 화성의 농토를 백성들에게 나누어 주었을 뿐만 아니라 상인들이 그 안에서 자유롭게 장사할 수 있도록 해 주었어. 또한 수원 화성은 군사적으로 요새의 역할도 하였어. 화성의 성곽에 있는 장안문과 팔달문에는 총을 쏠 수 있는 구멍과 대포를 쏠 수 있는 곳을 만들었고, 문 바깥으로 반원형의 옹성을 쌓아서 적의 침입을 막을 수 있도록 했지. 서북공심돈은 벽돌을 쌓아서 올린 원통 모양의 건물인데 여러 층으로 나누어 층마다 사방으로 총을 쏠 수 있는 구멍과 계단을 만들었어. 그리고 봉돈이라는 봉수대를 설치하여 밤에는 불을 피우고 낮에는 연기를 피워서 위급한 소식을 알릴 수 있었어.

이처럼 치밀한 사전 계획과 과학 기술을 바탕으로 만들어진 수원 화성은 유네스코 세계 유산에 등록되었단다.

- **요새**(**要** 요긴할 **요**, **塞** 변방 **새**) 군사적으로 중요한 곳에 튼튼하게 만들어 놓은 방어 시설.
- **옹성**(**甕** 독 **옹**, **城** 성 **성**) 성문을 보호하고 성을 튼튼히 지키기 위해 성문 밖으로 쌓은 작은 성.

△ 팔달문

△ 봉돈

△ 서북공심돈

참쌤이 들려주는

역사 이야기 화성의 건설 과정을 기록한 『화성성역의궤』

수원 화성은 일제 강점기와 6·25 전쟁을 겪으면서 성곽 일부가 파손되었는데 대부분 복원할 수 있었어요. 어떻게 복원을 할 수 있었을까요? 바로 화성의 건설 과정을 기록한 『화성성역의궤』라는 책이 있었기 때문이에요. 이 책에는 화성 건설 계획부터 공사 기간, 공사에 동원된 인원, 건설 방법 등이 글과 그림으로 자세히 기록되어 있어요. 『화성성역의궤』는 세계적으로 그 가치를 인정받아 세계 기록 유산으로 등재되기도 했답니다.

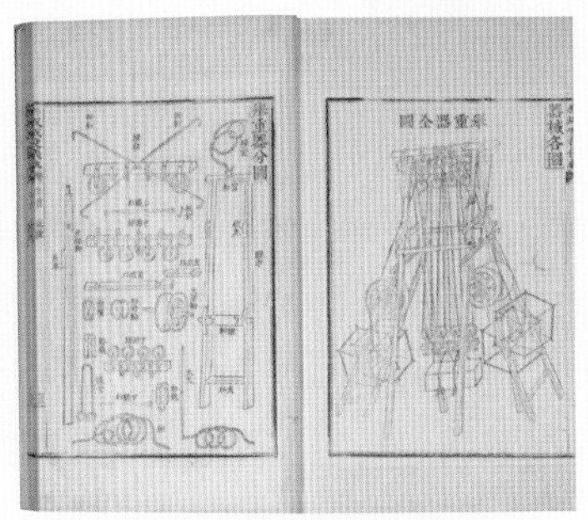

▲『화성성역의궤』

비주얼 씽킹 수원 화성의 군사적인 기능

정답 197쪽

(❶)은 층마다 총을 쏠 수 있는 곳이 있어서 이동을 하며 적군을 막을 수 있었어요.

봉돈이라는 (❷)를 설치하여 위급한 상황에서 소식을 알릴 수 있었어요.

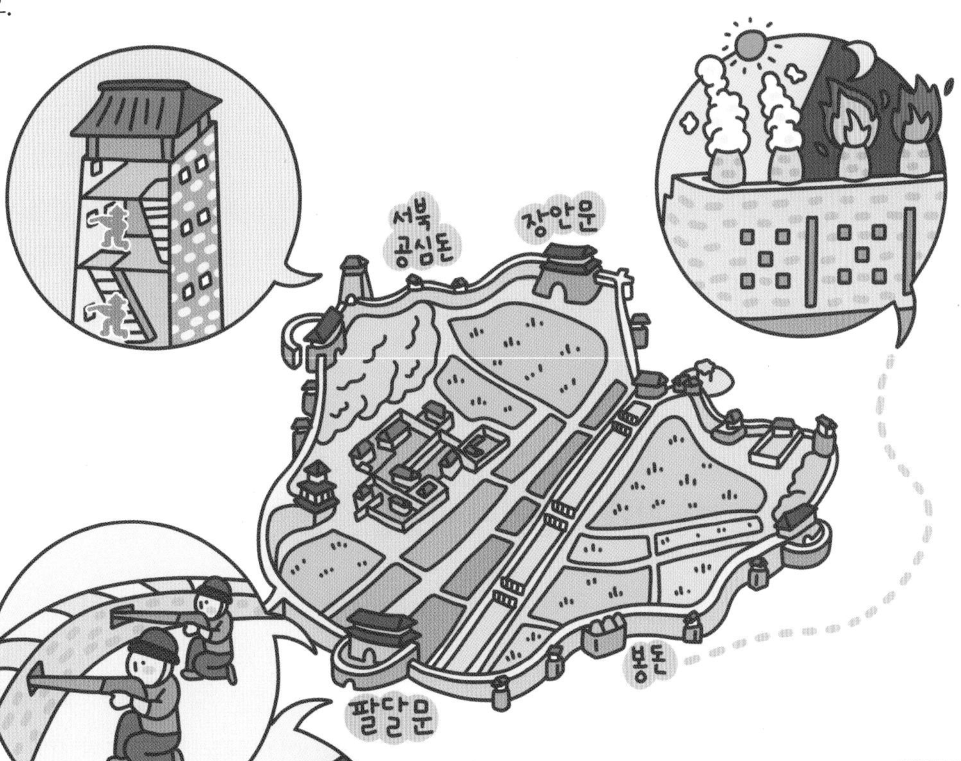

장안문, 팔달문에는 총을 쏠 수 있는 구멍과 성 밖에 (❸)을 만들어서 적을 방어하였어요.

초성 Quiz

1 수원 (ㅎㅅ)은 정조 때 만들어진 계획도시이다.
□화성 □학습

2 정약용은 화성을 만들 때 (ㄱㅈㄱ)를 사용하였다.
□간절기 □거중기

역사 논술

영조 - 조선의 성군 vs 아들을 죽인 미치광이

인물 알기

- 살았던 때: 1694년~1776년
- 직업: 조선 제21대 임금(1724년~1776년)
- 가족 관계: 숙종과 숙빈 최씨와의 둘째 아들로 태어남. 배다른 형인 경종(조선의 제20대 임금)이 건강이 좋지 않고 아들이 없어 경종의 후계자로 왕의 자리에 오름.

관련 키워드

탕평책 # 균역법 # 사도 세자 # 뒤주

인물 평가하기

영조는 살기 좋은 나라를 만들기 위해 노력한 성군이다

영조는 붕당 정치로 혼란스러운 나라를 안정시키기 위해 여러 당의 인재를 고르게 등용하는 탕평책을 실시하였다. 그는 탕평책을 바탕으로 왕권을 강화하여 백성들의 삶을 위한 여러 정책을 실시하였다. 먼저 그는 정해진 군포보다 많이 걷거나 이미 죽은 사람의 것까지 거두어들이는 문제를 해결하기 위해 내야 할 군포를 줄이는 균역법을 실시하였다. 이외에도 백성들의 억울함을 들어줄 신문고 제도를 부활시키고 형벌 제도를 개선하는 등 억울하고 힘든 백성이 생기지 않도록 노력했다. 또한 법을 정리하여 법전인 『속대전』을 편찬하였고 이외에도 여러 학문과 제도를 정비하여 조선의 중흥기를 이끌었다.

영조는 열등감에 시달리다 아들을 죽인 미치광이다

영조의 어머니인 숙빈 최씨는 궁중의 잔심부름을 하던 무수리 출신인데, 영조는 왕이 된 후 천민 출신 어머니에게서 태어난 왕이라는 열등감에 시달렸다고 한다. 그리고 영조의 이전 왕인 경종은 음식을 먹은 뒤 건강이 나빠져 사망하였는데, 이를 두고 영조가 경종을 독살한 것이 아니냐는 의문이 생기기도 하였다. 그러던 중 영조의 아들인 사도 세자가 소론의 영향을 받자 노론은 영조가 사도 세자를 의심하게끔 이간질을 했다. 결국 영조는 사도 세자를 뒤주에 가두어 죽음에 이르게 한다. 이렇듯 영조는 즉위 내내 왕위의 정통성에 대한 열등감에 시달렸고, 결국 아들을 비참하게 죽인 미치광이였다.

- **중흥기**(**中** 가운데 **중**, **興** 일으킬 **흥**, **期** 기약할 **기**) 힘이나 세력이 다시 번성하여 일어나는 시기.
- **무수리** 고려 · 조선 시대에 궁중에서 청소 등의 심부름을 담당하던 노비.
- **정통성** 어떤 사회의 정치 체제나 정치권력이 정당하다고 생각하는 것.

생각정리

다음 자료를 보고, 빈칸에 들어갈 알맞은 내용을 쓰세요.

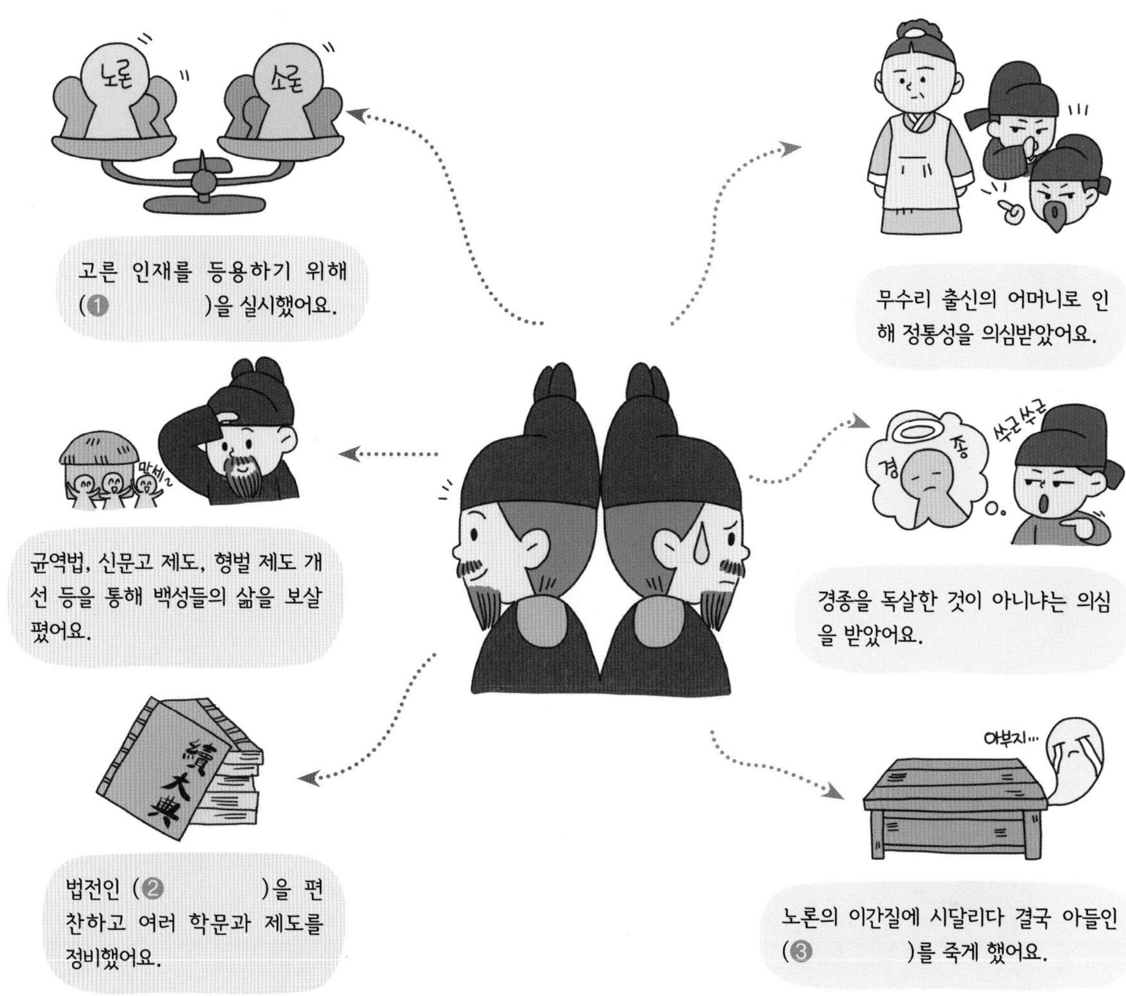

생각쓰기

영조를 어떻게 평가해야 하는지 자신의 의견을 자유롭게 써 보세요.

10 서양에서 들어온 문물들은 어떤 영향을 끼쳤을까요?

조선 후기 청에 간 사신들이 서양 문물을 조금씩 조선으로 들여오기 시작했어. 이때 천리경, 화포, 자명종, 유리 거울, 안경 등의 물건과 세계 지도, 과학 기술에 관한 서적들도 들여왔어. 서양 문물을 접하면서 중국을 세계의 중심으로 여겼던 조선 사람들의 생각에 변화가 조금씩 생겼어. 1402년에 조선에서 제작된 세계 지도인 「혼일강리역대국도지도」에서는 중국을 중심으로 세계를 사각형 형태로 그렸어. 그런데 중국에서 가져온 세계 지도인 「곤여만국전도」를 보고 1708년에 조선 사람들이 다시 그린 「곤여만국전도」는 세계가 원모양으로 되어 있고 중국과 조선 외에도 더 넓은 세상을 잘 표현했어.

▲ 천리경과 자명종

▲ 「혼일강리역대국도지도」

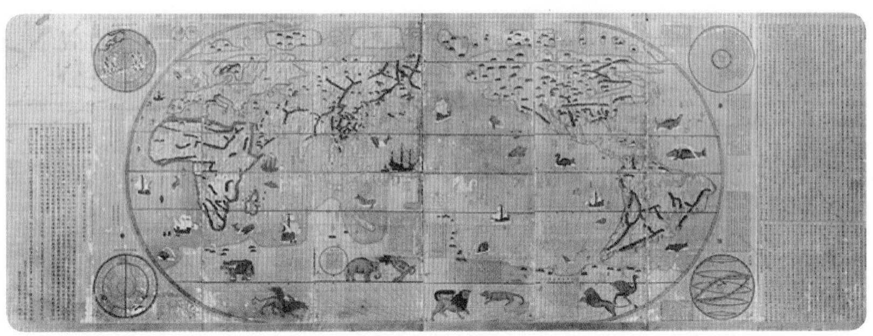
▲ 「곤여만국전도」

청에서 천문 기구를 살펴보고 온 홍대용은 지구가 둥글다는 것과 중력, 지구가 하루 한 번 스스로 돌아 낮과 밤이 생긴다는 지전설을 설명하기도 했어. 또한 이때 천주교가 조선에 들어오게 돼. 천주교는 일부 실학자, 중인, 상민과 부녀자들에게 널리 퍼졌으나 천주교의 인간 평등 사상 때문에 조선에서는 천주교를 금지했어.

- **천리경**(**千** 일천 **천**, **里** 마을 **리**, **鏡** 거울 **경**) 멀리 있는 물체를 크고 정확하게 볼 수 있는 도구로 지금의 망원경과 같은 물건.
- **천문 기구** 우주와 우주에 있는 물체를 관찰할 수 있는 기기.

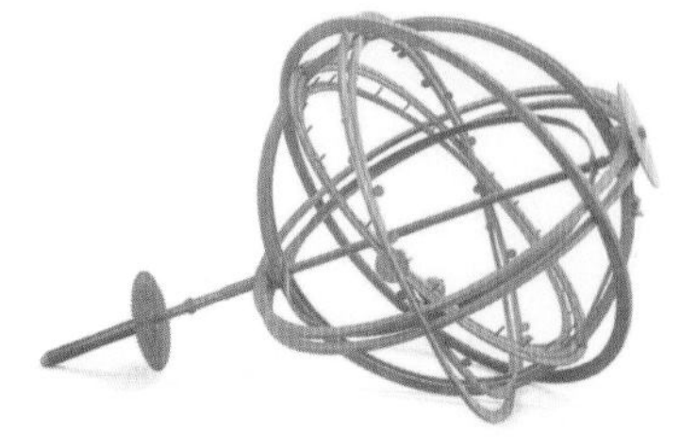
▲ 홍대용이 만든 천문 관측 기구인 혼천의

서양의 문물은 과학 기술을 발전시키는 동시에 조선 사람들의 생각을 변화시켰어요.

역사 이야기 안경을 쓰는 것에도 예법이 있었던 조선

조선에 들어온 서양 문물 중 '안경(애체)'은 특히 인기가 많았는데 독서를 하는 사람들이 많았기 때문이에요. 하지만 안경을 쓰는 것에도 엄격한 예법이 있었어요. 자신보다 나이나 지위가 높은 사람 앞에서는 안경을 쓰면 안 되고, 사람들이 모인 자리나 공식적인 자리에서도 쓸 수가 없었어요. 그래서 정조는 대신들이 모인 자리에 나갈 때 안경을 쓸까 말까 고민했고, 지독한 근시였던 순종도 아버지인 고종을 만날 때는 꼭 안경을 벗어야 했죠.

▲ **김득신의 「밀희투전」** 안경을 쓴 조선 사람이 나타나 있음.

새로운 문물의 수용

정답 197쪽

서양 문물의 수용

조선 후기 (❶)에 간 사신들이 조금씩 서양의 문물을 조선으로 들여오기 시작했어요.

과학 기술의 발전

청나라에서 천문 기구를 살펴보고 온 홍대용은 지구가 둥글다는 것과 지전설을 설명했어요.

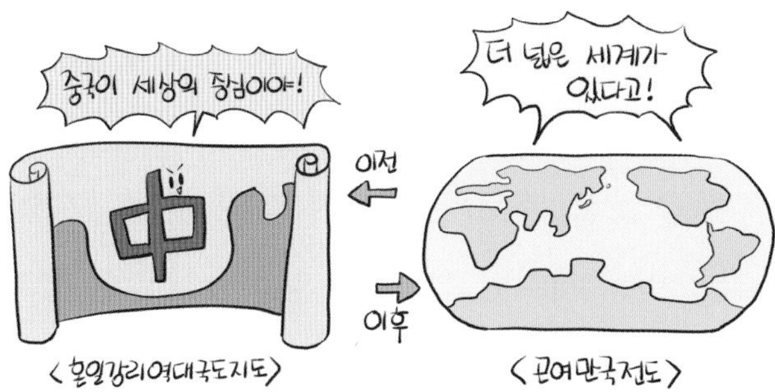

세계 지도의 변화

세계 지도인 (❷)가 전해지면서 기존 중국 중심의 세계관에서 더 넓은 세상을 바라보는 세계관으로 변화했어요.

천주교의 전래

천주교는 널리 퍼지게 되지만 법으로 금지되었어요.

1 조선 후기 중국에 다녀온 사신들이 천리경, (ㅈㅁㅈ) 등을 들여왔다.
□제모제 □자명종

2 (ㅊㅈㄱ)는 일부 실학자, 중인, 상인들에게 널리 퍼졌다.
□천주교 □청진기

11 서민 문화는 어떻게 발달했을까요?

조선 후기에는 농업과 상업이 발달하게 되면서 경제적으로 여유가 생긴 서민들이 늘어나게 되었어. 이로 인해 문화, 예술 등에 서민들이 관심을 갖게 되었고 그들만의 문화가 생겨났는데, 이것을 서민 문화라고 불러.

그림에서는 서민들의 생활 모습을 표현한 풍속화와 서민들의 소망을 담은 민화가 유행했어. 김홍도와 신윤복이 풍속화의 대표적인 화가인데 생활 속 사람들의 모습을 소탈하고 익살스럽게 나타냈어. 민화는 좋은 소식을 전해 주길 바라며 집에 걸어 둔 까치 그림, 나쁜 기운을 막아 주길 바라며 집에 걸어 놓은 호랑이 그림 등이 있단다.

▲ 김홍도의 「씨름도」

▲ 민화의 하나인 「작호도」

▲ 탈춤

한글 소설, 판소리, 탈춤도 대표적인 서민 문화야. 우리가 잘 알고 있는 홍길동전, 춘향전, 심청전 같은 한글 소설, 흥보가, 적벽가 같은 판소리, 그리고 양반들을 비꼬는 탈춤까지! 지금 보아도 재미있고 신나는 문화들이 많이 생겨났어.

공예품은 백자에 푸른색으로 그림을 그린 청화 백자, 곡식을 저장하는 옹기가 많이 만들어졌어. 그리고 전복, 소라 껍데기로 장식한 나전 칠기도 많이 만들어졌어.

- **판소리** 하나의 이야기를 노래와 설명, 몸짓으로 표현한 것.
- **공예품(工** 장인 **공**, **藝** 재주 **예**, **品** 물건 **품**) 실용적이면서 예술적 가치가 있게 만든 물품.

청화 백자 ▶

옹기 ▶

▼ 나전 칠기

역사 이야기 조선 시대에도 댓글 문화가 있었다고?

조선 후기 서민 문화의 발달로 만들어진 장소 중 하나가 '세책점'이에요. 이곳은 돈을 받고 책을 빌려주는 도서 대여점이었어요. 세책점의 책에는 특별한 것이 있었는데 마치 지금의 인터넷 소설, 웹툰처럼 작가의 말이 마지막에 담겨 있었고, 책의 여백에는 후기나 댓글을 달기도 했다고 해요. 주로 작가들은 '책을 찢지 마시오.'와 같은 부탁의 말을, 댓글에는 '재미없다.'는 말부터 '낙서가 많다.'는 말까지 다양한 반응이 있었답니다.

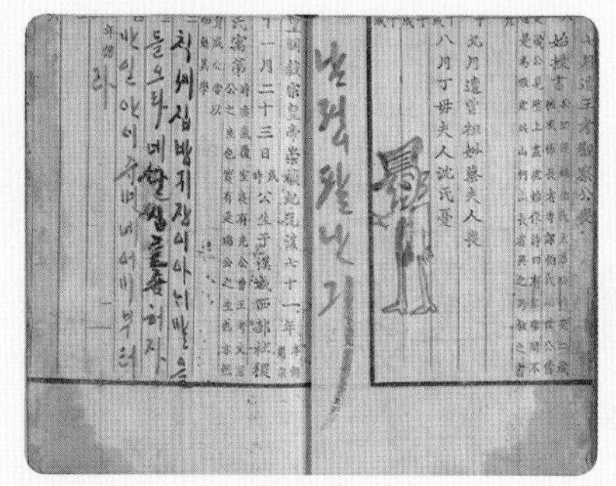

▲ 책에 적힌 낙서

서민 문화의 발달

정답 197쪽

서민 문화의 등장

조선 후기 경제적인 여유가 생긴 서민들로 인해 (❶)가 생겨났어요.

풍속화와 민화

서민들의 생활 모습을 담은 풍속화, 서민들의 소망을 담은 (❷)가 유행했어요.

한글 소설, 판소리, 탈춤

다양한 한글 소설과 판소리, 탈춤 등이 생겨났어요.

공예품

청화 백자, 옹기, 나전 칠기 등이 대표적인 조선 후기의 공예품이에요.

1 조선 후기에는 생활 모습을 재미있게 표현한 (ㅍㅅㅎ)가 유행했다.

□풍속화 □풍수해

2 홍길동전, 춘향전 등 (ㅎㄱ ㅅㅅ)이 많이 만들어져 널리 읽혔다.

□학교 시설 □한글 소설

12 세도 정치가 그렇게 문제가 많았나요?

1800년 6월 정조가 죽고 순조가 11살의 어린 나이로 왕위에 오르게 돼. 보통 왕이 너무 어린 경우 왕이 혼자 나라를 다스릴 수 있을 때까지 왕실의 가장 큰 어른이 수렴청정을 했어. 순조 때는 대왕대비(왕의 할머니를 말해요.) 정순 왕후 김씨가 수렴청정을 하게 된단다. 이후 정순 왕후가 병으로 물러나고 얼마 안 되어 사망하자 이어서 권력을 잡게 된 것은 바로 순조의 장인이었던 김조순이야. 김조순은 여전히 15살의 어린 나이였던 순조를 앞세워 자신의 가문 사람들을 정치로 불러들이고 마음대로 권력을 휘둘렀어. 이때부터 안동 김씨의 세도 정치가 시작 돼. 세도 정치는 왕실의 외척 등 특정한 가문이 권력을 독점하여 나라를 다스리는 정치를 말하는데, 순조부터 헌종, 철종까지 3대에 걸쳐 무려 60여 년 동안이나 계속 되었단다.

힘이 있는 가문이 왕을 도와 정치를 잘 했으면 좋았을 텐데, 왕보다 더 큰 권력을 갖게 된 세도 가문들은 권력을 오직 자신들의 이익을 위해서만 사용했어. 당연히 조선은 병들어 갔지. 뇌물을 주고 관직을 사고파는 일은 흔했고, 관리를 뽑는 과거 시험에서 부정을 저질러 가까운 사람들을 합격시키는 등 정치가 썩게 되었어. 백성들에게는 법에서 정한 것과 상관없이 마음대로 세금을 걷었고, 그로 인해 백성들의 삶은 점점 힘들어졌어.

- **수렴청정** 어린 왕이 즉위했을 때 성인이 될 때까지 일정 기간 동안 왕대비나 대왕대비가 나랏일을 대신 처리하던 일.
- **외척(外 바깥 외, 戚 친척 척)** 어머니 쪽의 친척.

역사 이야기 농사꾼 출신의 왕, 철종

헌종이 자식이 없이 사망한 후 꼭두각시 왕이 필요했던 안동 김씨 가문은 강화도에서 살고 있던 철종을 다음 왕으로 만들었어요. 철종은 정조의 이복동생인 은언군의 손자인데, 가문이 역모에 휘말리면서 왕족의 지위를 누리지 못하고 강화도에서 농사를 지으며 살고 있었어요. 실제로 철종은 자신을 찾아 온 신하들을 보고 혹시 자신을 죽이러 온 사람들이 아닌가 싶어 놀랐다는 이야기도 전해져요. 이렇게 조선 후기 세도 정치의 권력은 왕이 될 수 없었던 사람을 데려다 왕을 만들 정도로 대단했어요.

세도 정치의 전개

정답 197쪽

순조 즉위와 수렴청정

어린 나이로 왕이 된 순조를 대신해 정순 왕후 김씨가 (❶   )을 하게 되었어요.

세도 정치의 시작

정순 왕후 김씨가 죽고 난 후 김조순의 가문인 (❷   )와 몇몇 가문의 세도 정치가 시작되었어요.

세도 정치로 인한 문제점

세도 정치 시기 동안 뇌물을 주고 관직을 사고파는 일은 흔했으며, 과거 시험에서 부정 행위를 통해 세도 가문의 사람들로 관리를 가득 채웠어요. 농민들에게 세금을 마음대로 뺏어 가기도 했어요.

초성 Quiz

1 순조의 장인인 (ㄱㅈㅅ)이 권력을 잡은 후, 몇몇 가문이 권력을 독점했다.
□구조선 □김조순

2 특정한 가문이 권력을 독점하여 나라를 다스리는 정치를 (ㅅㄷ) 정치라고 한다.
□세도 □순대

13 세도 정치 아래 백성들은 어떤 고통을 겪었을까요?

조선 시대에는 나라의 재정을 마련하기 위한 세 가지 세금 제도가 있었어. 토지에 매기는 세금인 전세를 거두어들이는 전정, 군대를 가는 대신에 내는 세금인 군포를 거두어들이는 군정, 환곡 제도를 실행하는 환정을 합쳐서 삼정이라고 불렀어. 그런데 세도 정치 아래에서는 이러한 제도들이 혼란스럽게 변해서 백성들을 힘들게 했어. 이것을 '삼정의 문란'이라고 해.

먼저 전정은 법으로 정해진 것보다 더 많은 세금을 걷는 일이 많았어. 그뿐만 아니라 농사를 지을 수 없는 땅이나 실제로는 토지가 없는데도 가짜 장부를 만들어 세금을 내도록 했어. 군정은 군포를 거두어들이는 일인데 군포는 16세 이상 60세 이하의 남자들이 내는 세금이었어. 그런데 16세 미만의 어린아이나 이미 죽은 사람에 대해서도 세금을 걷기도 했어. 또한 세금을 내지 않고 도망을 간 사람이 있다면 밀린 세금을 친척이나 이웃에게 대신 내도록 강요하기도 했단다. 마지막으로 환정은 원래 먹을 것이 부족한 봄에 나라에서 곡식을 빌려주고 추수를 한 후에 이자를 덧붙여서 받는 것이었어. 그런데 세도 정치 시기에는 필요 없는 사람들에게까지 억지로 곡식을 빌리게 한 다음 아주 높은 이자를 매겨 갚게 했어. 게다가 봄에 곡식을 주지도 않았으면서 가을에 이자만 내도록 강요하는 경우도 있었지.

- **재정**(**財** 재물 **재**, **政** 정사 **정**) 돈에 관한 여러 가지 일. 국가나 공공 단체가 필요한 돈을 얻고 관리하고 사용하는 활동.
- **환곡 제도** 봄에 곡식을 빌린 후 가을에 갚게 했던 제도.
- **문란**(**紊** 어지러울 **문**, **亂** 어지러울 **란**) 도덕, 질서, 규범 등이 어지러움을 말함.

이런 상황에서 백성들은 세금을 내지 못해 집을 잃거나 떠돌이 생활을 하는 등 비참한 생활을 하였으며 결국 살기 위해 민란을 일으키게 되었어요.

참쌤이 들려주는

역사 이야기 정약용도 한탄한 삼정의 문란

오른쪽은 정약용이 전라도 강진에서 한 부녀자의 이야기를 듣고 지었다고 하는 '애절양'이라는 시의 일부예요.
죽은 시아버지와 갓난 아들이 군역 대상자가 아닌데 군포를 내라고 하자 관아에 가서 호소하였지만 오히려 소만 빼앗기게 되었죠. 그래서 아들을 낳은 것을 원망하는 내용이에요.

> 시아버지 삼년상 벌써 지났고, 갓난아인 배냇물도 안 말랐는데
> 이 집 삼대 이름 군적에 모두 실렸네.
> 억울한 하소연하려 해도 관가 문지기는 호랑이같고,
> 이정은 으르렁대며 외양간 소마저 끌고 갔다네.
> 남편이 칼 들고 들어가더니 피가 방에 흥건하네.
> 스스로 부르짖길, "아이 낳은 죄로구나!"
>
> – 정약용의 '애절양'의 일부

삼정의 문란

정답 197쪽

전정

(❶)이 문란해져 못 쓰는 땅이나 갖고 있지 않은 땅에 대한 세금을 내야만 했어요.

군정

군정이 문란해져 군역의 대상자가 아닌 사람들에게도 (❷)를 대신 내게 하였어요.

환정

(❸)이 문란해져서 곡식을 억지로 빌려주고 엄청난 이자로 돌려받는 일이 늘어났어요.

결국에 세금을 피해 도망가는 백성들이 늘었어요.

초성 Quiz

1 세도 정치 아래에 세금 제도가 혼란스럽게 변한 것을 (ㅅㅈ)의 문란이라고 한다.
□시장 □삼정

2 세도 정치 시기에는 농사를 지을 수 없는 (ㅌㅈ)에도 세금을 매겼다.
□토지 □통장

14 세도 정치 아래 백성들은 어떤 저항을 했을까요?

세도 정치 아래 힘들어 하던 백성들은 살기 위해 곳곳에서 봉기를 일으키게 돼.

먼저 1811년 평안도에서 일어난 홍경래의 난을 살펴볼까? 몰락한 양반이었던 홍경래는 세도 정치 때문에 백성들이 힘들어 하는 모습을 보며 무려 10년 동안이나 봉기를 준비해. 세도 정치와 지역 차별을 비판하며 평안도 사람들과 함께 난을 일으켰지만 결국 관군에 의해 진압되었지. 홍경래의 난은 이후에 일어난 다른 농민 봉기에 큰 영향을 끼쳤어.

홍경래의 난 이후에도 계속된 삼정의 문란으로 결국 1862년 진주에서 백성들의 재물을 빼앗는 탐관오리를 처벌하고 부당한 세금 제도를 고쳐 달라고 주장하며 농민 봉기가 일어나. 참을 만큼 참은 백성들이 관아로 달려가 탐관오리를 그들의 손으로 처벌했지. 그 후, 진주 농민 봉기를 시작으로 경상도, 전라도, 충청도, 제주도까지 전국 곳곳에서 농민 봉기가 일어났어. 봉기의 규모가 커지고서야 나라에서는 사태의 심각성을 느끼고 중앙 관리를 파견하여 농민의 요구 조건을 받아들이기로 약속했어. 부정한 관리를 처벌하고 세금 문제를 해결하기 위한 개선안을 마련하였지만, 실제로 큰 성과를 거두지는 못했단다.

▲ 조선 후기의 농민 봉기

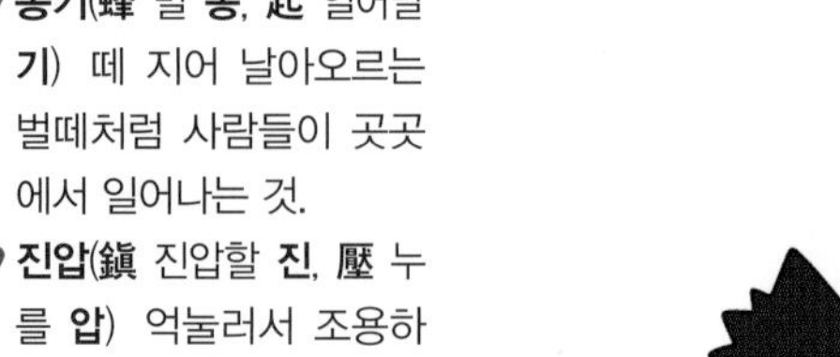

오른쪽 지도를 보면 농민 봉기가 북쪽의 함흥에서 남쪽의 제주에 이르기까지 전국으로 퍼져 나간 것을 알 수 있어요.

- **봉기**(**蜂** 벌 **봉**, **起** 일어날 **기**) 떼 지어 날아오르는 벌떼처럼 사람들이 곳곳에서 일어나는 것.
- **진압**(**鎭** 진압할 **진**, **壓** 누를 **압**) 억눌러서 조용하게 함.
- **탐관오리** 백성들의 재물을 탐내어 빼앗는 행실이 깨끗하지 못한 관리.

역사 이야기 삼정의 개혁을 위한 노력

농민들이 원한 것은 대부분 세금 제도의 개혁이었어요. 그래서 이를 해결하기 위해 나라에서도 노력을 했어요. 세금을 마음대로 거두는 관리를 감시하기 위해 암행어사를 지방으로 보내고 전국에서 삼정을 개혁할 수 있는 좋은 방법을 모으기도 했어요. 1862년에는 지방으로 암행어사를 다녀왔던 박규수의 건의로 '삼정이정청'이라는 관청을 만들어 삼정의 문제를 연구하고 개혁안을 만들기도 했어요. 하지만 삼정이청정에서 만든 개혁안은 지방 관리와 양반들의 반발 등으로 실시되지 못했고 백성들의 고통은 크게 줄어들지 않았어요.

▲ '삼정이정청'을 제안한 박규수

농민 봉기

정답 197쪽

농민 봉기의 시작

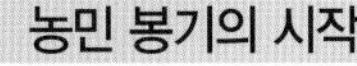

(❶)의 문란으로 힘들어하던 백성들은 곳곳에서 봉기를 일으켜요.

홍경래의 난

1811년 세도 정치와 지역 차별을 없애자며 홍경래가 (❷)에서 난을 일으켜요.

진주 농민 봉기

1862년 진주의 농민들은 관아로 몰려가 곡식을 빼돌린 탐관오리를 처벌했어요. 이를 시작으로 전국 곳곳에서 농민들이 봉기를 하게 돼요.

1 삼정의 문란으로 인해 참을 수 없었던 백성들은 농민 (ㅂㄱ)를 일으키게 된다.
□번개 □봉기

2 (ㅎㄱㄹ)는 세도 정치와 지역 차별을 비판하면서 난을 일으켰다.
□형가리 □홍경래

15 천주교와 동학은 어떻게 나타났을까요?

천주교는 청을 오가던 조선의 사신이나 상인들에 의해 조선에 소개되었어. 처음에는 학문의 하나로 받아들여져서 서학이라고 불리다가 점점 신앙으로 바뀌었어. 모든 사람이 평등하다는 생각과 죽음과 고통에서 구해 준다는 교리가 그 당시 백성들에게 큰 위로가 되어 빠르게 퍼져 나갔어. 그러나 제사를 지내지 않는 것, 모든 사람이 평등하다는 생각으로 인해 나라에서는 천주교를 반대했고 결국 순조 때는 법으로 금지하게 되었어.

▲ 천주교 교리를 한글로 쓴 책인 『천주실의』

유교 사회에서 고통받는 백성 사이에 서학이 퍼져 나가는 것을 지켜보던 최제우는 서학도 유교도 아닌 우리의 새로운 종교가 필요하다고 생각했어. 그래서 전통적인 민간 신앙, 유교, 불교뿐만 아니라 서학의 좋은 점도 함께 받아들여서 동학을 만들게 돼. 동학의 핵심 사상은 '인내천(人 사람 인, 乃 이에 내, 天 하늘 천)' 사상인데 '사람이 곧 하늘'이라는 뜻으로 모든 사람은 평등하다는 거야.

동학은 당시 삶이 절망적이었던 백성에게 희망이 되었지만, 천주교와 마찬가지로 신분제 사회였던 조선에서는 받아들이기 어려웠어. 결국 동학은 세상을 어지럽힌다는 이유로 법으로 금지되었어. 그렇지만 이미 백성들 사이에 퍼진 동학은 훗날 동학 농민 운동으로 이어지게 되었단다.

▲ 동학을 창시한 최제우

- **신앙(信** 믿을 **신**, **仰** 우러를 **앙)** 종교를 믿고 받드는 일.
- **교리(敎** 가르칠 **교**, **理** 다스릴 **리)** 종교적인 원리와 이치.

역사 이야기 동학의 창시자, 최제우

몰락한 양반의 아들로 태어난 최제우는 10살에 어머니를 잃고, 17살에 아버지마저 잃은 후, 10년 동안 전국을 떠돌게 되었어요. 이때 가난하고 어려운 백성들의 생활 모습, 삼정의 문란과 부정부패 등을 가까이에서 보게 되었어요. 그는 한때 서학이 희망이 되지 않을까 생각했지만, 서양이 조선을 침략하기 위한 학문이라 판단한 후 우리의 것을 지켜야겠다는 다짐을 하게 되었지요. 이러한 다양한 경험을 쌓았기 때문에 사람이 곧 하늘이라는 동학을 만들지 않았을까요?

천주교와 동학

정답 197쪽

천주교

서양 문물과 함께 학문으로 들어온 천주교는 점차 신앙으로 널리 퍼지게 되었어요.

동학

(❶)는 기존의 종교와 천주교의 좋은 점을 합쳐 동학을 만들었어요.

천주교와 동학의 공통점

모든 사람은 (❷)하다는 공통된 생각을 가졌던 두 종교는 백성들에게 큰 위로가 되었지만, 신분제 사회였던 조선에서는 금지되었어요.

1 천주교는 처음에 서양 학문의 하나로 받아들여져서 (ㅅㅎ)이라고 불렸다.
□시험 □서학

2 동학의 핵심 사상은 사람이 곧 하늘이라는 (ㅇㄴㅊ) 사상이다.
□인내천 □은닉처

역사 논술

김조순 – 정조를 도와 나라를 이끈 충신 vs 세도 정치의 막을 연 권력자

인물 알기

- 살았던 때: 1765년(영조 41년)~1832년(순조 32년)
- 직업: 조선 말기의 정치가
- 가족 관계: 안동 김씨 가문 출신으로, 딸 순원 왕후가 순조의 부인이 되어 순조의 장인이 됨.

관련 키워드

세도 정치 # 안동 김씨 # 정조 # 순조

인물 평가하기

김조순은 정조를 도와 나라를 이끈 충신이다

김조순은 정조의 총애를 받던 신하로 좋은 가문 출신에 뛰어난 문장력과 정치적 감각을 갖추었다. 정조는 김조순을 신뢰했고 아들인 순조를 특별히 부탁할 정도였다. 정조의 뒤를 이어 순조가 왕이 되고 김조순의 딸이 순조와 결혼해 순원 왕후가 되면서 김조순은 순조의 장인이 되었다. 이 시기에 김조순은 정치의 전면에 나서지 않는 신중한 모습을 보였다. 여러 차례 관직을 권유 받았지만 거절했다. 오히려 젊은 인재를 선발하는 길을 적극적으로 열고 백성들의 어려운 상황을 왕에게 알리는 일에 힘썼다. 김조순은 조선 최고의 권력을 쥐고 있으면서도 조심스럽고 신중했으며 구설수에 오르지 않도록 행동했다.

김조순은 세도 정치의 막을 연 권력자이다

김조순은 세도 정치의 막을 열었다. 김조순은 순조의 장인이자 정치적 조력자였기에 많은 것을 조정할 수 있었다. 김조순 스스로는 관직을 사양했지만, 아들들과 친척들은 중요한 관직에 올랐다. 군사와 관련된 중요한 업무를 결정하는 회의 기구인 비변사에 안동 김씨 가문을 앉히고는 이를 중심으로 나라를 운영했다. 안동 김씨의 영향력이 은근히 확대되는 것을 막지 않았다. 또한 세도 정치의 위험성을 알고 있으면서도 이를 막을 방법을 마련하지 않았다. 그 결과 세도 정치 초기에는 안동 김씨가 풍양 조씨, 반남 박씨와 권력을 적절히 나누었지만 점차 다른 가문이 넘볼 수 없을 정도로 큰 권력을 쥐게 되었다.

- **총애**(**寵** 사랑할 **총**, **愛** 사랑 **애**) 남달리 귀여워하고 사랑함.
- **구설수** 남과 시비하거나 남에게서 헐뜯는 말을 듣게 되는 것.
- **조력자**(**助** 도울 **조**, **力** 힘 **력**, **者** 사람 **자**) 도와주는 사람.

생각정리

다음 자료를 보고, 빈칸에 들어갈 알맞은 내용을 쓰세요.

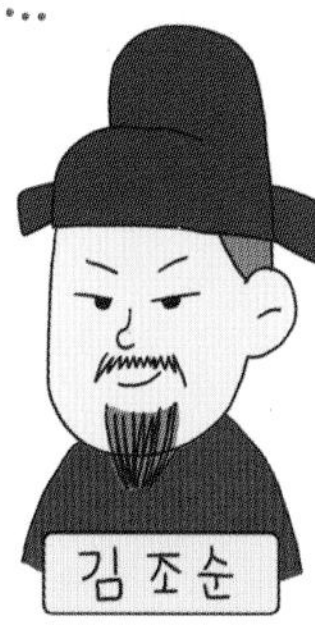

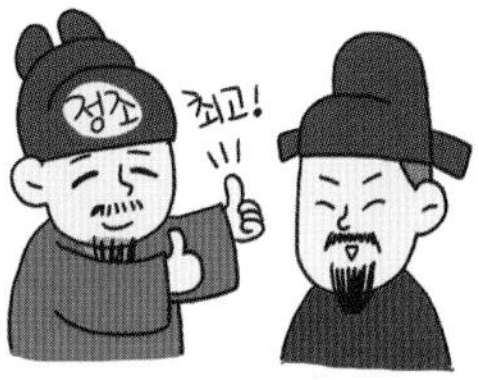

(❶)가 신뢰하던 능력 있는 신하였어요.

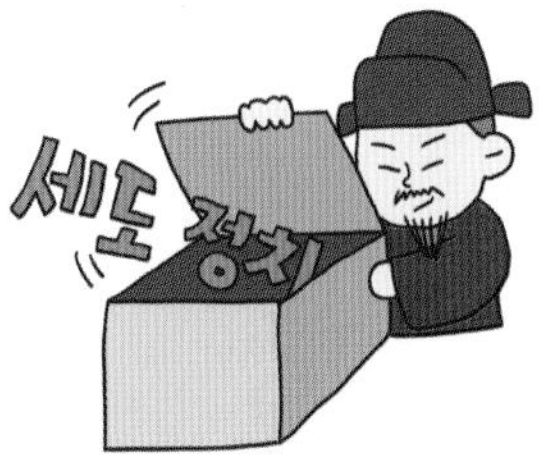

순조의 장인이자 정치적 조력자로 (❷)의 막을 열었어요.

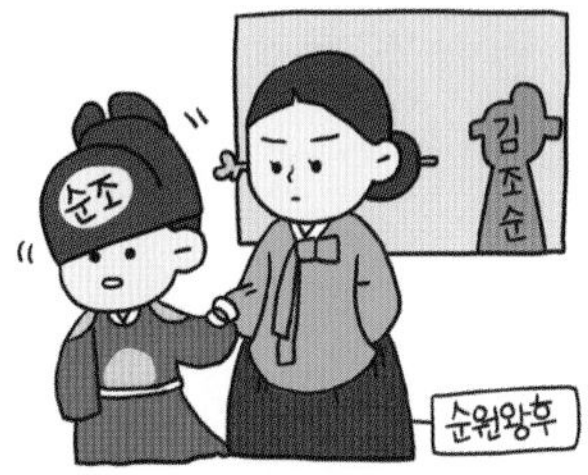

왕실의 외척이 되자 정치의 전면에 나서지 않았어요.

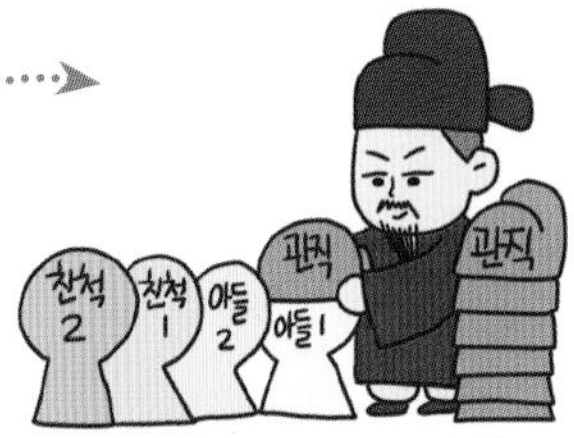

아들들과 친척들을 중요한 관직에 올렸어요.

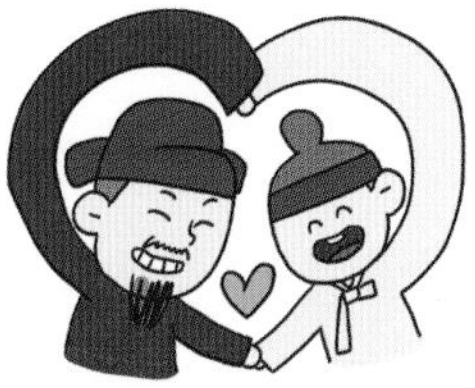

백성들의 삶을 살폈고 권력을 남용하지 않았어요.

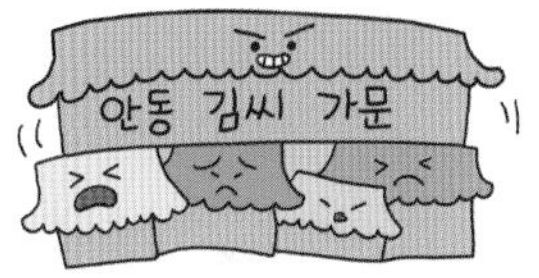

그 결과 (❸) 가문은 다른 가문이 넘볼 수 없을 정도의 권력을 쥐게 되었어요.

생각쓰기

김조순을 어떻게 평가해야 하는지 자신의 의견을 자유롭게 써 보세요.

16 흥선 대원군은 어떤 개혁을 했을까요?

조선 후기에 안으로는 세도 정치와 삼정의 문란, 밖으로는 서양 열강의 침략으로 백성들이 살기 힘들었어. 그러한 가운데 철종 다음으로 어린 고종이 왕위에 오르자, 고종의 아버지인 흥선 대원군은 나라를 개혁하기 시작했어.

먼저 흥선 대원군은 신분과 세력을 가리지 않고 오직 실력이 있는 인재만을 뽑았어. 그러다보니 자연스럽게 세도 정치로 권력을 독점하던 안동 김씨를 몰아내는 데 성공했어. 그리고 흥선 대원군은 서원을 없앴어. 당시 서원은 백성들에게 지나치게 많은 세금을 거두어들이는 등 많은 문제가 있었어. 그래서 흥선 대원군은 선비들의 엄청난 저항에도 불구하고 전국에서 47개의 서원만 남기고 모두 없앴어.

대원군은 임금의 친아버지에게 주던 벼슬이야.

그뿐만 아니라 문란했던 삼정을 개혁했어. 먼저 토지에 대해 내는 세금인 전세는 전국의 토지를 새로 조사하여 공평하게 거두었어. 그리고 가장 피해가 컸던 군정은 양반과 평민의 구분 없이 공평하게 군포를 내게 하는 호포제를 실시했어. 마지막으로 환곡 제도를 개편하여 마을 사람들이 공동으로 창고를 운영하여 관리들이 중간에서 이익을 챙기지 못하도록 사창제를 실시했어.

흥선 대원군의 개혁 정치는 백성들에게 큰 호응을 얻었지만, 임진왜란 때 불탄 경복궁을 재건하면서 백성들의 원망을 사기도 했어.

- **열강**(**列** 벌일 **열**, **强** 강할 **강**) 여러 강한 나라.
- **재건**(**再** 다시 **재**, **建** 세울 **건**) 허물어진 건물이나 조직 등을 다시 일으켜 세움.

참쌤이 들려주는

역사 이야기 대원군이란?

대원군이란 말을 들어보았나요? 대원군이란 왕위를 이어받은 새로운 왕의 살아 있는 아버지를 뜻하는 말이에요. 그럼 왕이 아들에게 왕위를 물려주면 이후 대원군이라고 부를까요? 그건 아니에요. 대부분 왕이 자신의 아들에게 왕위를 물려주었기 때문에 이런 벼슬이 필요 없었어요. 그런데 고종은 철종의 아들이 아니라 친척이었기 때문에 고종의 아버지인 흥선 대원군은 왕을 하지 않았어요. 그렇기 때문에 대원군이라는 호칭을 부르게 된 거예요. 이렇게 대원군이라는 벼슬을 얻은 것은 조선에서 흥선 대원군이 유일하답니다.

▲ 흥선 대원군

흥선 대원군의 개혁 정치

정답 198쪽

실력에 따른 인재 선발

신분과 세력을 가리지 않고 오직 실력만으로 인재를 선발하여 (❶) 정치를 없앴어요.

서원의 정리

선비들의 저항에도 불구하고 백성들에게 많은 세금을 거두어들이던 서원을 정리하였어요.

삼정의 개혁

토지를 새롭게 조사하였고 양반에게도 군포를 내게 하는 (❷)를 실시하였으며 환곡의 잘못된 점을 고쳐 사창제를 실시하였어요.

1 조선 후기 고종의 아버지로 조선의 개혁에 힘쓴 사람은 (ㅎㅅ ㄷㅇㄱ)이다.
□흥선 대원군 □한성 뒤안길

2 (ㅅㅊㅈ)는 마을 사람들이 창고를 공동으로 운영하는 제도로 환곡의 피해를 줄이고자 한 제도이다.
□살충제 □사창제

17 제너럴 셔먼호 사건과 오페르트 도굴 사건이 무엇인가요?

1866년에 미국의 무역선인 제너럴 셔먼호가 대동강에 나타났어. 그들은 대포와 총을 갖춘 채 조선과의 통상을 요구했지만 평양의 관리들이 요구를 거절했어. 하지만 손님들을 잘 대접해야 한다는 조선의 전통 예절에 따라 평양 사람들은 제너럴 셔먼호 선원들에게 음식을 가져다주면서 친절을 베풀었어. 그럼에도 불구하고 제너럴 셔먼호 선원들은 총과 대포를 쏘았고 평양의 관리들과 백성들은 힘을 합쳐 싸워 제너럴 셔먼호를 불태워 침몰시켰어.

▲ 제너럴 셔먼호

1868년에 또 다른 사건이 일어났어. 독일의 상인이던 오페르트가 조선에 통상을 요구했지만 조선은 이를 거절했어. 그러자 오페르트는 흥선 대원군의 아버지인 남연군의 묘를 도굴하려고 계획을 세워. 조선은 효를 중요하게 생각했기 때문에 아버지의 시신으로 흥선 대원군과 거래를 하려고 했던 거야. 그런데 밤새 도굴을 해도 별다른 결실이 없었어. 그러자 이들은 파낸 것을 그대로 버려두고 달아나 버렸지. 다행히 남연군의 시신은 무사했지만 왕의 아버지의 묘를 서양인들이 도굴하려고 했다는 소식에 온 백성이 분노했단다. 결국 이 두 가지 사건으로 조선에서는 서양 세력에 대한 거부감이 더 높아지게 되었지.

- **통상**(**通** 통할 **통**, **商** 장사 **상**) 나라들 사이에 서로 물품을 사고팖.
- **침몰**(**沈** 잠길 **침**, **沒** 빠질 **몰**) 물에 가라앉음.
- **도굴**(**盜** 도둑 **도**, **掘** 팔 **굴**) 법적인 절차나 관리자의 허락을 받지 않고 무덤 등을 파거나 광물을 캐냄.

▲ 남연군 묘

참쌤이 들려주는

역사 이야기 실학과 개화 사상을 이은 박규수

제너럴 셔먼호와 맞서 싸웠던 평양의 관찰사는 박규수였어요. 박규수는 『열하일기』를 쓴 실학자인 박지원의 손자로 삼정의 문란이 심각했을 때 농민 봉기의 원인이 된 탐관오리들의 처벌을 주장하기도 했어요. 제너럴 셔먼호 사건이 있고 난 후에는 개화를 주장했는데 그의 집에 젊은이들을 모아 놓고 자신의 할아버지인 박지원의 실학을 바탕으로 개화 사상을 가르치기도 했어요. 그때 개화 사상을 배운 제자가 갑신정변의 주역인 김옥균, 박영효, 서광범, 홍영식 등이에요.

제너럴 셔먼호 사건과 오페르트 도굴 사건

정답 198쪽

제너럴 셔먼호 사건

(❶)의 선원들이 통상을 요구하며 대동강에 나타났어요.

조선이 통상을 거절하자 제너럴 셔먼호 선원들이 공격해 왔어요.

평양의 관리들과 백성들은 제너럴 셔먼호의 공격을 막아 내고 배를 불태워 침몰시켰어요.

오페르트 도굴 사건

(❷)가 조선과의 통상을 목적으로 흥선 대원군의 아버지인 남연군의 묘를 도굴하려다 실패했어요.

두 사건으로 조선은 서양 세력에 대한 거부감이 더욱 높아지게 되었어요.

초성 Quiz

1 평양의 관리와 백성들은 통상을 요구하며 총과 대포를 쏜 (ㅁㄱ)의 제너럴 셔먼호를 불태웠다.

□미국 □몽골

2 오페르트는 흥선 대원군의 아버지인 남연군의 (ㅁ)를 파헤치려고 했다.

□묘 □무

18 병인양요와 신미양요는 어떻게 일어났을까요?

조선 후기 흥선 대원군은 서양 열강과의 통상을 거부하는 한편, 천주교를 금지하여 프랑스인 선교사와 천주교를 믿는 수천 명의 백성을 모두 처형했어. 이 사건을 듣고 화가 난 프랑스는 통상을 요구하며 1866년에 조선의 강화도를 침략하였어. 이를 병인양요라고 해. 양헌수 장군은 강화도에서 프랑스 군을 물리쳤어. 그런데 이때 후퇴하던 프랑스 군이 외규장각의 귀중한 책과 많은 보물을 훔쳐갔어.

한편 제네럴 셔먼호를 불태워 버린 것을 핑계로 미국이 조선을 침략하는 사건이 발생해. 1871년 미국은 프랑스처럼 강화도에 많은 배와 군인을 이끌고 와서 통상을 요구했어. 이 사건이 신미양요야. 광성보에서 미군에 맞서 어재연이 이끄는 조선군이 끝까지 저항했고 미군은 결국 스스로 돌아갔어.

병인양요와 신미양요 사건을 겪은 흥선 대원군은 서양과의 교류를 금지하는 쇄국 정책을 더욱 굳건히 하고, 이것을 알리기 위해 전국에 척화비를 세우게 돼. 그 결과 우리나라에 서양 문물이 늦게 들어오게 되어 근대화가 늦춰졌어. 하지만 우리나라의 전통문화를 지키려고 노력한 우리 민족의 자주정신을 볼 수 있기도 하단다.

▲ 흥선 대원군이 전국에 세운 척화비

척화비에는 '서양이 침략했는데도 싸우지 않는 것은 나라를 팔아 먹는 것이다.'라고 적혀 있어요.

- **쇄국** 다른 나라와의 무역이나 외교를 하지 않는 것.
- **자주정신** 남의 간섭이나 보호를 받지 아니하고 자기 스스로 일을 처리하려는 정신.

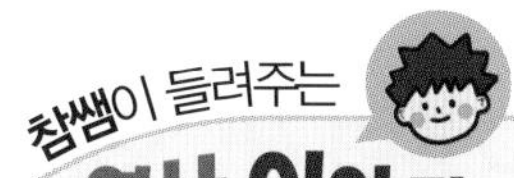

역사 이야기 외규장각 도서를 찾아서

외규장각은 정조가 왕실 관련 서적을 보관하려고 강화도에 지은 도서관으로 규장각의 부속 도서관이었어요. 이곳에는 국가의 주요 행사를 정리한 의궤를 비롯해서 많은 서적을 보관하고 있었어요. 하지만 병인양요 때 프랑스에서 서적들을 빼앗아 가면서 이 서적들을 긴 세월 동안 파리 국립 도서관에서 보관하게 되었어요. 우리의 서적을 되찾기 위한 많은 노력 끝에 2011년 6월 11일, 145년 만에 외규장각 서적은 우리나라로 돌아왔어요.

▲ 외규장각

병인양요와 신미양요

정답 198쪽

병인양요

1866년 강화도를 침략한 프랑스 군을 물리쳤지만, 프랑스 군이 물러나면서 (❶)의 책들을 훔쳐갔어요.

신미양요

1871년 통상을 요구하며 강화도를 침략한 미국에 맞서 치열하게 싸운 결과 미군은 스스로 물러났어요.

흥선 대원군의 쇄국 정책

흥선 대원군은 병인양요와 신미양요를 겪으면서 쇄국 정책을 더욱 굳건히 하고 전국에 (❷)를 세웠어요.

이러한 정책은 근대화를 늦추기도 했지만 우리 민족의 자주정신을 볼 수도 있어요.

초성 Quiz

1 (ㅂㅇㅇㅇ)는 1866년 프랑스가 통상을 요구하며 강화도를 침략한 사건이다.
□병인양요 □붉은여우

2 (ㅅㅁㅇㅇ)는 1871년 미국이 통상을 요구하며 강화도를 침략한 사건이다.
□사막여우 □신미양요

19 굳건히 닫혀 있던 조선의 문은 어떻게 열리게 되었을까요?

신미양요와 병인양요를 거치며 두 번이나 외국의 침략을 물리친 조선은 중국과만 좋은 관계를 유지하고, 다른 나라와는 교류하지 않았어. 그러던 중 1875년 강화도 앞바다에 일본 군함 운요호가 나타났어. 이들은 조선의 허락을 받지도 않고 바다의 깊이와 해안의 넓이를 측량했어. 이에 조선군은 일본이 돌아가도록 대포를 쏘며 경고했어. 그러자 운요호에서도 기다렸다는 듯 대포를 쏘며 공격했고, 일본의 신식 무기는 조선에 많은 피해를 입혔어.

▲ 운요호

그런데 이후 일본에서는 오히려 이 사건의 책임을 조선에게 돌리며 개항을 요구했어. 조선이 공격해서 어쩔 수 없이 방어를 한 것뿐이라는 거야. 오히려 자신들이 피해자라고 주장하며 이를 핑계로 통상을 요구했어. 일본의 무력적인 협박으로 조선은 결국 1876년 2월 일본과 강화도 조약을 맺으며 굳게 닫았던 문을 열게 되었어.

강화도 조약은 조선이 외국과 맺은 최초의 근대적 조약이면서 일본에게 유리한 불평등 조약이었어. 조약의 주요 내용을 한번 살펴볼까?

강화도 조약의 주요 내용

제1조 조선은 자주국이며, 일본과 평등한 권리를 가진다.

제4조 조선은 부산 이외에 두 곳의 항구를 개항하고 일본인이 와서 통상하는 것을 허가한다.

제7조 일본인이 조선의 해안을 자유롭게 측량하는 것을 허가한다.

제10조 조선의 항구에서 죄를 지은 일본인은 일본 관리가 심판한다.

- **측량** 기기를 써서 물건의 높이, 길이, 넓이, 방향 등을 잼.
- **개항**(**開** 열 **개**, **港** 항구 **항**) 항구를 열어 외국 선박의 출입을 허용하는 일. 일반적으로 외국과 통상하는 일을 말함.
- **근대**(**近** 가까울 **근**, **代** 시대 **대**) 얼마 지나지 않은 가까운 시대. 우리나라에서는 일반적으로 1876년 개항 이후부터 1919년 3·1 운동까지의 시기를 말함.

역사 이야기 '불평등 조약'인 강화도 조약

▲ 강화도 조약을 맺는 모습

강화도 조약은 최초의 근대적 조약이라고는 하지만 사실 조선에 불리한 '불평등 조약'이었어요. 조약 곳곳에는 일본의 숨은 의도가 있었죠. 제1조는 조선이 청의 간섭 없이 일을 결정한다는 것으로, 조선에 대한 청의 지배권을 약화시키기 위함이에요. 제4조는 일본이 조선의 경제를 장악하려는 것이고, 제7조는 조선을 쉽게 침략하려는 일본의 의도가 담겨 있었어요. 그리고 제10조 때문에 일본인이 조선에 들어와서 나쁜 일을 하거나 불법적인 일을 해도 우리가 처벌할 수 없었지요.

운요호 사건과 강화도 조약

정답 198쪽

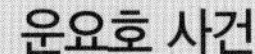

일본은 강화도 앞바다에 군함 (❶   )를 타고 나타나 바다의 깊이와 해안의 넓이를 측량했어요.

일본의 불법적인 행동에 조선군이 돌아가도록 대포를 쏘며 경고했어요.

일본은 신식 무기로 조선군을 공격하여 큰 피해를 입히고 돌아갔어요.

강화도 조약

일본이 운요호 사건을 핑계로 조선에 통상을 요구하여 일본과 (❷   ) 조약을 맺었어요.

초성 Quiz

1 일본은 (ㅇㅇㅎ) 사건을 핑계로 조선과 강화도 조약을 맺었다.

□음악회   □운요호

2 강화도 조약은 조선에게 불리한 (ㅂㅍㄷ) 조약이었다.

□불평등   □반포동

20 조선 후기 사람들은 통상에 대해 어떻게 생각했을까요?

조선 후기 서양 여러 나라가 조선에 통상을 요구하며 무력으로 위협해 올 때, 조선 내부에서는 통상을 긍정적으로 보는 쪽과 부정적으로 보는 쪽으로 의견이 나뉘었어.

먼저, 굳게 닫았던 문을 열고 서양과 교류하며 서양 문물을 받아들여야 한다고 주장한 세력을 '개화파'라고 해. 여기서 개화란 새로운 사상이나 문화를 받아들인다는 뜻이야.

개화파는 서양의 여러 나라들과 조약을 맺고 발전된 문물을 받아들여 개혁을 해야 한다고 주장했어. 그들은 서양과 교류를 통해 나라를 부강하게 만들 수 있다고 생각했어.

개화파와 위정척사파의 대표적 인물로 각각 박규수와 최익현이 있어요.

이와는 반대로 서양과의 통상에 반대하는 세력도 있었어. 이들을 '위정척사파'라고 하는데, '위정척사(衛 지킬 위, 正 바를 정, 斥 물리칠 척, 邪 사악할 사)'란 '바른 것은 지키고 사악한 것은 물리친다.'라는 뜻이야. 여기서 바른 것은 전통이고 사악한 것은 서양 문물이야. 즉, 전통을 지키고 서양 문물은 배척하자는 생각이지. 이들은 통상을 하기 시작하면 우리의 전통을 잃어버리고 나라가 혼란스러워질 것이라고 생각했어. 그래서 죽을 힘을 다해 여러 나라와의 통상을 반대하고 나섰지.

- **부강(富** 부유할 **부, 强** 강할 **강)** 부유하고 강함.
- **배척(排** 밀칠 **배, 斥** 물리칠 **척)** 싫어하여 끼워주지 않거나 밀어내는 것.

참쌤이 들려주는 역사 이야기 '도끼 상소'를 올린 최익현

최익현은 자신의 생각과 뜻을 지키기 위해 귀양도 마다하지 않고 끊임없이 상소문을 올리던 사람이었어요. 강화도 조약을 체결할 당시에도 그는 개항에 반대하며 일명 '도끼 상소'를 올렸어요.

"전하! 상소를 받아들이지 않으시겠다면 이 도끼로 제 목을 치시옵소서!"

광화문 앞에서 멍석 위에 도끼를 놓고는 일본과의 통상에 목숨을 걸고 반대하는 상소를 올렸던 것이에요. 그러나 그의 상소는 받아들여지지 않았어요. 이후 일본이 조선을 침략하였을 때 항일 의병 활동을 이끌기도 했답니다.

위정척사파 vs 개화파

정답 198쪽

서양의 통상 요구를 부정적으로 보는 세력을 위정척사파라고 해요.

서양의 통상 요구를 긍정적으로 보는 세력을 개화파라고 해요.

(❶   )는 서양의 근대 문물을 받아들여 나라를 부강하게 만들어야 한다고 주장했어요.

(❷   )는 우리의 전통문화를 지키고 서양 문물을 배척해야 한다고 주장했어요.

1 (ㄱㅎㅍ)는 서양의 통상 요구에 찬성하였다.

□개화파 □기후표

2 (ㅇㅈㅊㅅㅍ)는 서양의 통상 요구에 반대하였다.

□엄지척쉐프 □위정척사파

21 임오군란은 어떻게 일어난 사건일까요?

강화도 조약 이후 다양한 문물이 조선으로 들어오기 시작했고, 조선은 청과 일본으로 외교 사절을 보내기도 했어. 청으로 보낸 외교 사절은 영선사, 일본으로 보낸 외교 사절은 수신사라고 해. 각각 청과 일본의 근대적인 사회와 제도, 무기 제조 방법 등을 살펴보고 돌아왔지.

▲ 일본으로 보낸 수신사

▲ 신식 군대인 별기군

사절단을 통해 빠르게 새로운 문물이 들어오고 수많은 변화가 일어나게 되는데, 그중 하나가 별기군을 만든 것이었어. 우리나라 최초의 신식 군대인 별기군은 일본인 교관으로부터 근대적 군사 훈련을 받았고 좋은 대우를 받았단다. 이에 반해 원래 있던 구식 군대는 1년이 넘도록 월급을 받지 못할 정도로 별기군과 차별 대우를 받았어.

1882년 구식 군인들에게 밀린 월급을 지급했는데 그중 절반이 먹을 수 없는 모래와 겨였어. 이에 구식 군인들은 쌓였던 분노가 폭발하여 일본인 교관을 살해하고 일본 공사관에 쳐들어갔어. 이를 임오년에 일어난 사건이라서 임오군란이라고 해.

▲ 임오군란 때 일본 공사관원이 도망가는 모습

구식 군대는 흥선 대원군을 찾아가 나라를 다스려 줄 것을 부탁했어. 그리고 개화를 찬성하던 명성 황후를 처단하려고 했어. 명성 황후는 청에 도움을 요청했고, 결국 청이 보낸 군대에 의해 난은 진압되었어.

- **사절** 나라를 대표하여 외국으로 보내지는 사람.
- **별기군**(**別** 다를 **별**, **技** 재주 **기**, **軍** 군사 **군**) 특별한 기술을 배우는 군대라는 뜻의 신식 군인.
- **공사관** 국가를 대표하여 보내지는 외교 사절이 업무를 보는 곳.

역사 이야기 임오군란과 짜장면

임오군란을 진압하기 위해 청의 군대가 조선으로 올 때 따라서 들어온 청의 상인이 조선에 머무르기 시작했어요. 이후 항구를 통한 무역이 발달하면서 청의 노동자들도 들어오게 되었지요. 이들은 산동성에서 비교적 거리가 가까운 인천으로 와서 이곳에 화교 공동체를 만들었는데, 그곳이 현재의 차이나타운이에요. 당시 중국에서 온 노동자들을 상대로 원래 산동성에서 쉽게 먹을 수 있었던 '작장면(炸 터질 작, 醬 장 장, 麵 밀가루 면)'을 팔기 시작했어요. 이것이 지금 우리가 즐겨 먹는 음식 '짜장면'의 시작이랍니다.

▲ 짜장면

개화를 위한 노력과 임오군란

정답 198쪽

영선사와 수신사

청에는 (❶   ), 일본에는 수신사를 보냈어요. 각각 근대화된 제도와 무기들을 살펴보고 돌아왔어요.

임오군란

구식 군대는 신식 군대인 (❷   )과 차별 대우를 받았어요.

구식 군대는 밀린 월급도 제대로 못 받자 일본 공사관으로 쳐들어갔어요.

구식 군대는 명성 황후를 처단하려고 했지만 청의 군대에 의해 진압되었어요.

1 강화도 조약 이후 일본으로 간 사절단은 (ㅅㅅㅅ)이다.
□수사슴 □수신사

2 구식 군대가 일으킨 (ㅇㅇㄱㄹ)은 신식 군대인 별기군과의 차별 대우가 원인이었다.
□임오군란 □양은그릇

22 갑신정변은 왜 삼일천하로 끝났을까요?

개화파는 차근차근 개혁을 하자는 온건 개화파와 빠르게 개혁을 하자는 급진 개화파로 나뉘었어.

▲ 갑신정변의 주역들 (왼쪽부터 박영효, 서광범, 서재필, 김옥균)

이때 청과 프랑스 사이에 전쟁이 일어나면서 조선에 있던 청의 군대 중 절반이 철수했어. 이 틈을 타서 급진 개화파는 온건 개화파 등 급진 개혁을 반대하는 세력을 없애고 정권을 잡아 조선의 근대화를 이루려는 계획을 세우게 돼.

마침내 김옥균, 박영효, 서광범, 서재필 등 젊은 급진 개화파는 일본의 지원을 약속 받고, 1884년 12월 4일 우리나라 최초의 우체국인 우정총국이 만들어진 것을 축하하는 기념식에서 정변을 일으키게 돼. 이것을 '갑신정변'이라고 해.

그들은 청의 간섭에서 벗어나 조선의 근대화를 이루자는 개혁안을 발표했어. 하지만 일본이 약속을 어기고 싸우지도 않고 도망쳤고, 청의 군대가 개입하면서 갑신정변은 3일 만에 끝이 나게 돼. 그래서 갑신정변을 '삼일천하'라고도 해.

갑신정변은 조선을 개혁하여 근대화를 이루려고 했던 점에서 의미가 있어. 하지만 백성의 지지를 받지 못했고 일본에 의지했다는 점에서 한계를 가질 수밖에 없었어.

- **온건**(**穩** 편안할 **온**, **健** 굳셀 **건**) 행동이나 사상이 과격하지 않음.
- **급진**(**急** 급할 **급**, **進** 나아갈 **진**) 서둘러 급히 나아감. 목적을 급하게 실현하고자 함.
- **삼일천하**(**三** 석 **삼**, **日** 날 **일**, **天** 하늘 **천**, **下** 아래 **하**) 정권을 잡았다가 짧은 기간에 밀려나게 됨을 이르는 말.

역사 이야기 민영익과 알렌, 그리고 세브란스 병원

민영익은 명성 황후의 조카로 김옥균과 함께 일본을 다녀오는 등 개화에 적극적이었으나 시간이 지나면서 개화파와 반대의 입장을 보이기 시작했어요. 그래서 갑신정변이 일어나자 민영익은 공격의 대상이 되어 칼에 맞고 쓰러지게 되었어요. 이때 죽어가는 민영익을 서양인 의사 알렌이 살리게 돼요. 이로 인해 왕실과 조선 사람들은 서양 의술을 신뢰하게 되었어요. 훗날 알렌은 지금의 세브란스 병원의 모태가 되는 '제중원'을 세웠답니다.

▲ 알렌

갑신정변의 과정

갑신 정변의 배경

개화파는 차근차근 개혁을 해야 한다는 (❶) 개화파와 빠르게 개혁을 해야 한다는 급진 개화파로 나뉘었어요.

갑신정변

청이 프랑스와의 전쟁으로 인해 조선에서 군대를 철수하게 되자, 이때를 틈타 (❷) 개화파는 우정총국 기념식에서 갑신정변을 일으켰어요. 하지만 일본은 도망가고 청의 군대에 의해 진압되었어요.

초성 Quiz

1 조선을 빠르게 개혁하고 싶었던 개화파를 (ㄱㅈ) 개화파라고 한다.
□급진 □귀족

2 정권을 잡아 개혁을 통해 조선의 근대화를 이루려고 했던 사건은 (ㄱㅅㅈㅂ)이다.
□갈색제비 □갑신정변

23 동학 농민 운동은 어떻게 일어났을까요?

탐관오리의 수탈과 삼정의 문란은 계속되었고, 개항 이후 일본의 쌀 수입으로 인해 쌀값까지 올라갔어. 점점 힘들어지는 백성을 위로하며 불길처럼 번진 것이 바로 동학이었어. 1894년 전라도 지방에서 수탈이 심해지자 참고 참던 농민들은 전봉준을 중심으로 봉기를 일으켰는데 이것이 바로 동학 농민 운동이야.

이에 조선 조정은 청에 도움을 요청했어. 호시탐탐 조선에 간섭할 기회를 노리던 청은 바로 군대를 보냈고, 이에 질세라 일본도 군대를 보냈어. 동학 농민군은 일단 청과 일본의 간섭은 막아야겠다는 생각에 조정과 화해하고 해산을 하게 돼. 하지만 조선에 들어온 청과 일본의 군대는 돌아가지 않고 1894년 조선에서 전쟁을 일으켰어. 청과 일본의 청일 전쟁으로 조선은 큰 피해를 입게 돼.

청일 전쟁에서 일본이 승리하게 되고, 일본이 조선을 지배하려 하자 해산했던 농민군은 이번에는 일본과 싸우기 위해 다시 일어서게 돼. 그렇게 전국에서 몰려든 동학 농민군이 자신의 목숨을 내던지며 싸웠지만 신식 무기와 군대를 갖춘 일본에게 결국 패배하였어. 이렇게 동학 농민 운동은 끝이 났고, 당시 동학 농민군을 이끌던 전봉준은 사형을 당했단다.

- **수탈**(**收** 거둘 **수**, **奪** 빼앗을 **탈**) 강제로 빼앗음.
- **해산**(**解** 풀 **해**, **散** 흩을 **산**) 모였던 사람들이 흩어짐.

이 구슬픈 노래는 녹두 장군이라는 별명을 가졌던 전봉준에 대한 노래야. 전봉준이 승리하길 바랐던 백성들의 마음이 담겨 있어.

새야 새야 파랑새야,
녹두밭에 앉지 마라.
녹두꽃이 떨어지면,
청포 장수 울고 간다.

▲ 한양으로 체포되어 가던 전봉준

참쌤이 들려주는

역사 이야기 우금치 전투

공주 우금치라는 고개에서 동학 농민군은 일본군과 연합한 관군과 운명의 전투를 치르게 되었어요. 당시 농민군은 대다수가 죽창(긴 대나무 끝을 날카롭게 깎은 무기)을 들고 싸운 반면 관군과 일본군은 총과 대포를 사용해 당해 내기가 힘들었어요. 전봉준은 관군에게 '우리들은 외적을 없애자는 것이지 같은 조선 사람을 상대로 싸우자는 것이 아니다.'라며 편지를 보냈지만 소용이 없었어요. 결국 이 전투는 엄청난 사상자를 내며 동학 농민군의 패배로 끝났답니다. 지금도 공주 우금치에 가면 동학 농민군을 위한 위령탑이 세워져 있어요.

동학 농민 운동

정답 198쪽

1. 첫 번째 봉기

1894년 전라도 지방의 수탈이 심해지자 참지 못한 농민들이 봉기를 일으켰어요.

2. 청과 일본의 개입

조선 조정은 (❶) 에 군대를 요청하였어요. 이에 (❶)과 일본은 모두 군대를 보내왔어요.

3. 청일 전쟁

동학 농민군은 해산했지만 일본과 청은 (❷)을 일으켜 일본이 이기게 돼요.

4. 두 번째 봉기

일본군을 몰아내기 위해 해산했던 농민군은 다시 봉기를 일으키지만 패배하게 되었지요.

초성 Quiz

1 1894년 전라도에서 시작된 농민 봉기를 (ㄷㅎ) 농민 운동이라고 한다.

□동학 □동화

2 녹두 장군 (ㅈㅂㅈ)은 동학 농민군의 지도자였다.

□전봉준 □제비집

24 갑오개혁에는 어떤 내용이 담겨 있나요?

청일 전쟁 이후 일본은 조선에 개혁을 요구하였어. 이에 1894년 조선 조정은 군국기무처라는 기구를 설치하고 근대 국가로 나아가기 위해 갑오개혁을 실시했어. 개혁의 구체적인 내용을 살펴볼까?

먼저 정부의 조직을 개편했어. 의정부와 궁내부를 구별하여 왕실의 사무를 궁내부에서 보도록 하고 실질적으로 나라를 다스리는 일은 의정부에서 하도록 했어. 관리를 임명하는 인사권, 나라의 예산을 관리하는 재정권, 군대를 다스릴 수 있는 군사권 등을 왕에게서 강제로 빼앗거나 줄여 나가면서 국왕의 권한을 점차 축소시켰어. 그리고 과거 제도를 폐지해서 신분의 구별 없이 관리를 뽑을 수 있도록 하였어.

또한 세금 제도를 개편하여 세금을 물건이 아니라 화폐로 내도록 하였어. 그리고 물건의 양을 세거나 길이, 무게를 재는 단위를 일본식으로 통일했어.

다른 한편으로는 신분제를 폐지하고, 노비를 사고파는 것을 금지시켰어. 오랫동안 계속되었던 신분제 사회가 드디어 공식적으로 없어진 거지. 그리고 남편을 잃은 과부의 재혼을 허락하고, 백성들을 괴롭혔던 형벌과 범죄자의 가족이나 친척까지 처벌하는 연좌제와 같은 여러 관습들도 없앴어.

- **예산**(**豫** 미리 **예**, **算** 계산 **산**) 필요한 비용을 미리 헤아려 계산함.
- **연좌제** 범죄자의 친인척에게 범죄의 책임을 지우는 제도.

역사 이야기 조선 시대의 도량형

도량형은 길이, 부피, 무게 등을 재는 단위를 말해요. 이런 도량형의 기준이 같아야 물건을 사고팔 때나 물건을 만들 때 혼란을 피할 수 있어요. 지금은 cm, kg 등의 단위를 주로 사용하지만 조선 시대에는 전통적인 도량형을 사용했어요. 조선 시대의 길이의 단위는 척, 촌 등이 있었고, 부피의 단위는 홉, 되, 말 등이 있었어요. 무게의 단위에는 량, 근 등이 있었고요. 지역마다 도량형의 기준이 조금씩 달랐는데 갑오개혁을 통해 나라에서 길이의 기준이 되는 자와 부피의 기준이 되는 용기를 만들어서 도량형을 통일시켰어요.

갑오개혁

정답 198쪽

정치

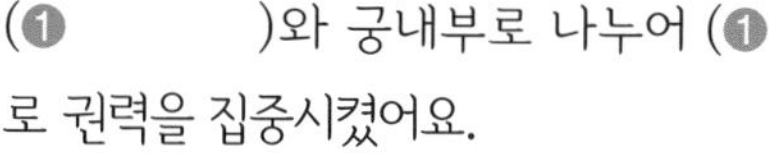
(❶　　　　)와 궁내부로 나누어 (❶　　　　)로 권력을 집중시켰어요.

(❷　　　　) 제도를 폐지하고 신분에 관계없이 인재를 뽑고자 했어요.

경제

세금 제도를 개편하여 세금을 물건이 아니라 화폐로 내도록 했어요.

사회

신분제를 폐지하고 (❸　　　　)들을 해방시켰어요.

초성 Quiz

1 조선은 (ㄱㅇㄱㅎ)을 통해 근대화로 나아가기 위해 노력했다.
□게임기획　□갑오개혁

2 갑오개혁을 통해 오랫동안 계속되었던 (ㅅㅂㅈ)를 폐지하였다.
□신분제　□소비자

25 을미사변과 아관파천은 어떤 사건일까요?

청일 전쟁에서 승리한 일본은 조선을 지배하려는 욕심을 드러냈고, 조선 조정은 조선에서 일본의 영향력이 커지는 것을 막기 위해서 러시아와 친하게 지냈어. 고종의 부인이였던 명성 황후는 앞장서서 친일 세력을 없애려고 했지. 일본은 불리해진 상황을 되돌리기 위해 눈엣가시였던 명성 황후를 시해하려는 계획을 세웠어. 1895년 일본은 자객들을 경복궁에 침입시켜 명성 황후를 습격하고 시해하는 만행을 저질렀어. 이 사건을 을미사변이라고 해.

당시 조정에서는 긴 머리를 서양식으로 자르라는 단발령을 내렸는데, 선비들은 부모님께 물려받은 소중한 머리카락을 자를 수 없다며 크게 반발하고 있었어. 여기에 을미사변의 소식까지 전해지자 일본의 만행을 참을 수 없었던 민중들은 왕을 대신해서 일본을 몰아내자며 항일 의병 운동을 일으켰어.

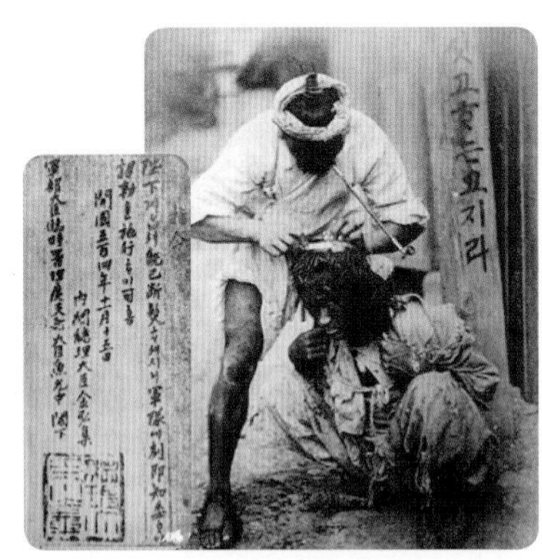
▲ 단발령 통지서와 상투를 자르는 모습

이러한 상황에서 고종은 일본의 위협과 성난 민중들을 피해 러시아 공사관으로 피신했어. 이것을 아관파천이라고 해. 고종은 러시아 공사관에 머물다가 경복궁으로 돌아오라는 백성들의 끊임없는 요구에 1년 만에 궁으로 돌아오게 되었어.

- **눈엣가시** 몹시 밉거나 싫어 늘 눈에 거슬리는 사람.
- **시해**(**弑** 죽일 **시**, **害** 해할 **해**) 부모나 임금을 죽이는 것.
- **자객** 사람을 몰래 죽이는 일을 하는 사람.
- **만행**(**蠻** 오랑캐 **만**, **行** 행할 **행**) 야만스러운 행위.

▼ 고종이 피신했던 러시아 공사관의 모습

역사 이야기 일본이 주도한 을미개혁

을미사변 이후 친일 세력이 중심이 되어 조선의 개혁을 시도했는데 이를 을미개혁이라고 해요. 을미개혁의 내용을 살펴보면 태양력 사용, 단발령 실시, 서양식 의복 착용 등이 있었어요. 주로 근대 문물을 수용하는 데 초점이 맞추어져 있었지만 오랫동안 사용한 음력을 금지하거나 서양식 의복을 입으라는 내용은 백성들의 생활에 큰 불편을 주었어요. 또한 단발령은 조선의 효 사상과 반대되는 내용이었기에 양반들이 크게 분노하였답니다.

을미사변과 아관파천

정답 198쪽

을미사변

조선은 (❶) 의 힘을 빌려 일본의 영향력을 막으려고 하였어요.

일본은 자신들을 견제하는 명성 황후를 시해하였어요.

항일 의병 운동

(❷)과 을미사변으로 인해 성난 민중들은 의병 운동을 일으켰어요.

아관파천

(❸)은 성난 민중과 일본의 위협을 피해 러시아 공사관으로 피신했어요.

초성 Quiz

1 을미사변은 일본이 자객들을 보내 (ㅁㅅ) 황후를 시해한 사건이다.
□명성 □목성

2 (ㅇㄱㅍㅊ)은 고종이 러시아 공사관으로 피신한 사건이다.
□일구팔칠 □아관파천

역사 논술

김옥균 - 근대화를 이루고자 했던 혁명가 vs 일본과 손잡은 대역죄인

인물 알기

- 살았던 때: 1851년~1894년
- 직업: 조선 말기의 정치가, 개화 운동가
- 가족 관계: 안동 김씨 가문 김병태의 장남으로 태어나 아버지의 사촌 형제인 김병기의 양자가 됨.

관련 키워드

갑신정변 # 삼일천하 # 개화파 # 대역죄인 # 혁명가

인물 평가하기

김옥균은 조선의 자주독립과 근대화를 이루고자 했던 혁명가이다

조선 수신사로 일본을 다녀와서 개화를 통해 발전한 일본의 모습을 본 김옥균은 조선도 자주적으로 개혁을 통한 근대화를 이루어야 독립을 이룰 수 있을 것이라 생각했다. 양반 제도의 폐지, 신분에 관계없는 인재의 선발, 선진 과학 기술의 도입 등 여러 분야에서의 개혁을 시도했으나 청의 방해로 실패하게 되었다. 이에 김옥균은 근대화를 늦추게 하는 청과 온건 개화파를 물리치기 위해 어쩔 수 없이 청을 견제하는 일본 세력과 손잡을 수밖에 없었다. 김옥균이 주도한 갑신정변은 나라의 자주독립과 근대화를 이루고자 하였던 혁명적 시도였다.

김옥균은 일본과 손잡고 나라를 혼란하게 한 대역죄인이다

임오군란 이후에 조선 정부에 대한 청의 간섭이 심해지자 김옥균은 급진 개화파 관리들과 함께 청을 몰아내고 나라의 독립을 이루기 위한 개혁을 실시하고자 했다. 하지만 그 개혁을 이루기 위해 정변을 일으켜 위로부터의 개혁을 하는 방법을 선택했고, 부족한 힘을 보충하기 위해 일본의 군대를 끌어들였다. 결국 갑신정변을 통해 온건 개화파를 없애고 정권을 잡는 데에는 성공했으나 급진 개화파의 독단적인 개혁이었기 때문에 다른 관리와 백성들의 지지를 얻지 못했다. 결국 갑신정변은 청나라 군대의 진압과 일본군의 갑작스러운 철수로 인해 삼일천하로 끝이 났다.

- **정변** 혁명이나 쿠데타 등으로 생긴 정치상의 큰 변동.
- **독단적** 남과 상의하지 않고 혼자서 판단하거나 결정하는.

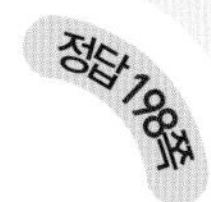

생각정리

다음 자료를 보고, 빈칸에 들어갈 알맞은 내용을 쓰세요.

정답 198쪽

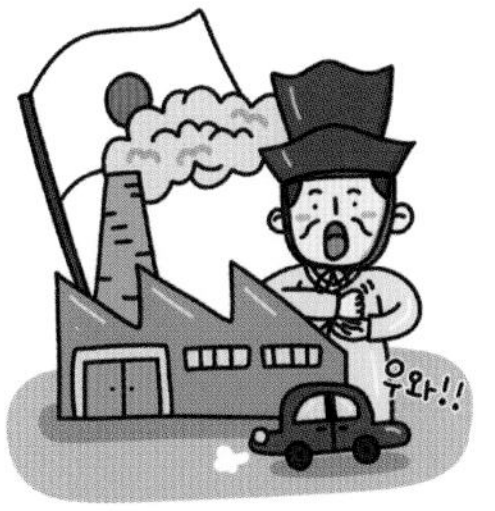

일본에 가서 근대화된 모습에 감명을 받았어요.

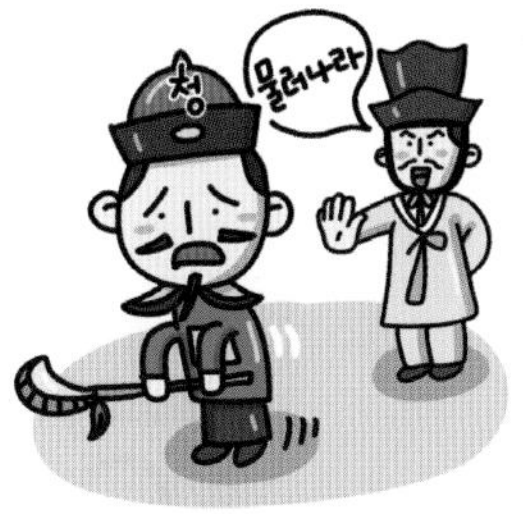

(❷)을 몰아내고 개혁을 이루고자 했어요.

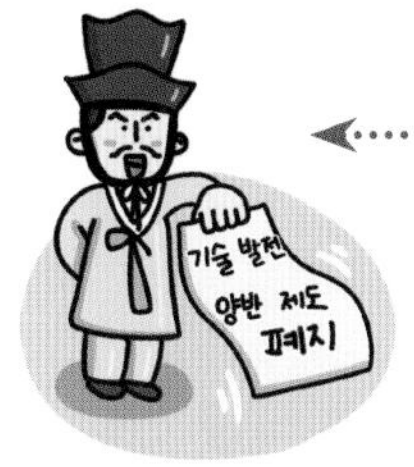

사회 전반에 걸친 (❶)을 주장했어요.

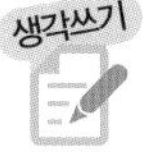

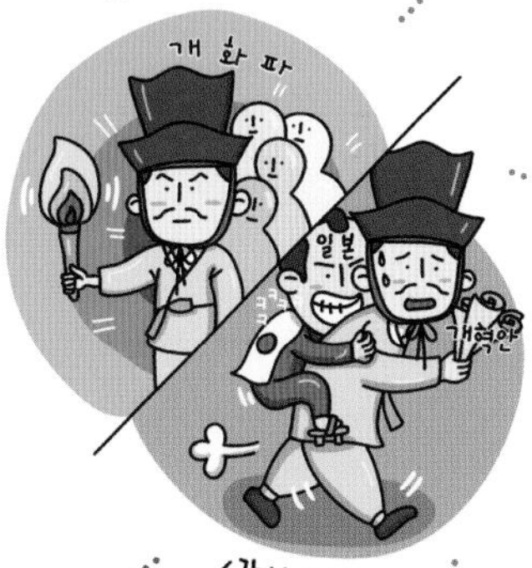

<갑신 정변>

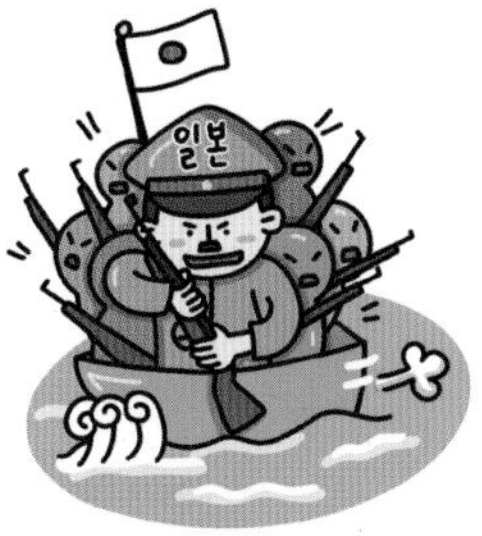

부족한 힘을 보충하기 위해 (❸)과 손잡았어요.

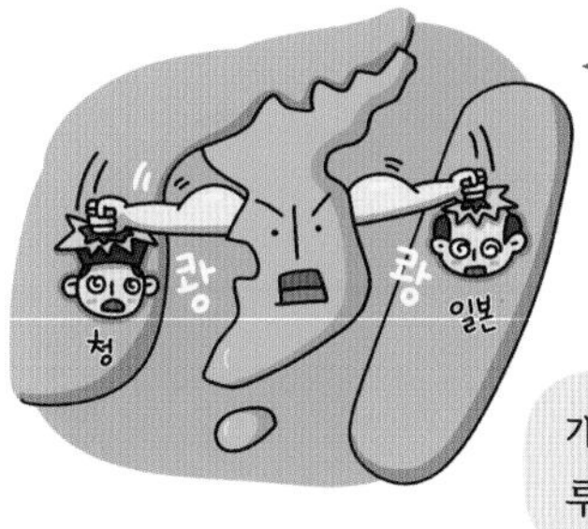

개혁을 통해 자주독립을 이루어야 한다고 주장했어요.

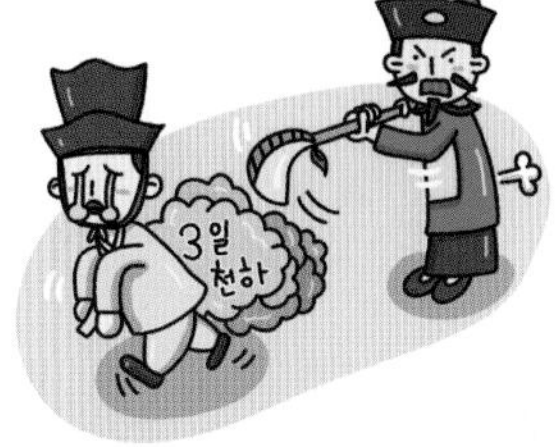

청군에 진압되어 삼일천하로 끝이 났어요.

생각쓰기

김옥균을 어떻게 평가해야 하는지 자신의 의견을 자유롭게 써 보세요.

3. 일제의 침략과 광복을 위한 노력

"일제의 지배로부터 벗어나기 위해 어떤 노력을 했을까요?

우리나라는 1910년에 일본에 국권을 빼앗긴 후 35년간 일제의 식민 통치를 받았어요. 일제는 조선 총독부를 설치하고, 우리 민족을 잔인하게 탄압했어요. 하지만 우리 민족은 일제에 맞서 독립운동을 벌이며 나라를 되찾기 위해 노력했어요.

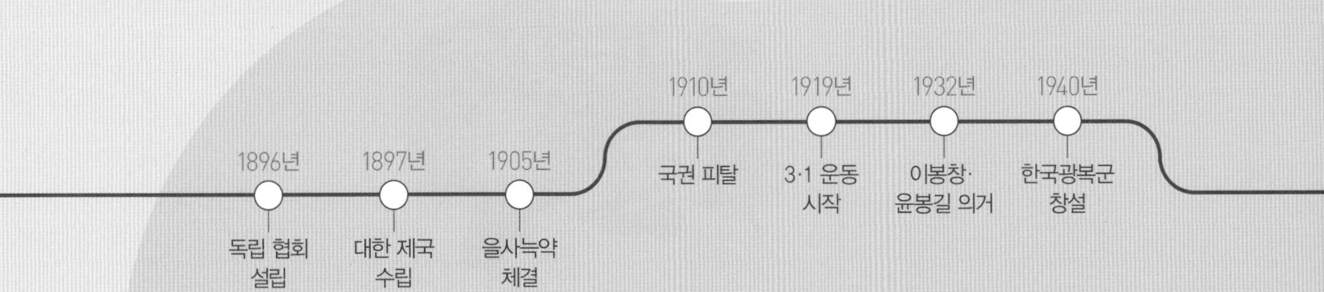

그림 연표로 한눈에 보는

한국사

3. 일제의 침략과 광복을 위한 노력

대한 제국

1896년

독립 협회 설립,
『독립신문』 발간

1897년

대한 제국
수립

1898년

만민 공동회
개최

고종은 황제 즉위식을 올리고 대한 제국을 선포했어.

1920년

봉오동 전투,
청산리 대첩

1919년

3·1 운동 시작,
대한민국 임시 정부 수립

1932년

이봉창·윤봉길 의거

1934년

조선어학회 한글 맞춤법
통일안 제정·발표

우리 민족이 일제에
어떻게 저항했는지
함께 살펴볼까?

1905년
을사늑약 체결, 을사의병

1907년
헤이그 특사 파견,
국채 보상 운동

일제 강점기

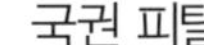

1910년
국권 피탈

1912년
토지 조사 사업 시작

1940년
한국광복군 창설,
창씨개명 실시

1942년
조선어학회
사건

한국광복군은
자주적인 무장 독립을
위해 노력했어.

01 독립 협회에서 한 일은 무엇일까요?

▲『독립신문』

고종이 러시아 공사관으로 거처를 옮기는 등 여러 가지로 혼란스러운 상황에서 조선 정부는 백성들에게 나라 안팎의 소식을 전할 필요성을 느꼈어. 이에 미국에서 돌아온 서재필이 정부의 지원을 받아 한국 최초의 민간 신문인『독립신문』을 창간했어.

백성들이 읽기 쉽도록 한글을 사용했어.

『독립신문』은 정부가 하는 일을 백성에게 전하고 백성의 뜻을 정부에 전하며, 부정부패를 일삼는 탐관오리를 고발했어. 『독립신문』은 민중을 위해 한글을 사용하여 신문을 만들었다는 점과 그 당시 민중들에게 새로운 소식을 알리고 민중을 계몽하는 데 큰 역할을 했다는 점에서 의의가 있어.

『독립신문』은 영어로도 만들어서 해외에 조선의 소식을 알렸어.

서재필은 개화에 찬성하는 지식인들을 중심으로 독립 협회를 만들었어. 독립 협회는 민중을 계몽하기 위해 토론회나 연설회 등을 열어 젊은이들을 가르쳤어. 또, 청의 사신을 맞이하던 영은문을 헐고 그 자리에 자주독립을 상징하는 독립문을 세웠어. 러시아와 일본의 간섭이 심해진 이후에는 만민 공동회를 개최해서 자주독립을 주장하기도 했어. 만 명이나 되는 시민들이 스스로 모여 외국의 정치 간섭을 규탄하는 목소리를 내자 러시아와 일본도 한 걸음 물러날 수밖에 없었어. 나라를 사랑하고 지키려는 민중의 힘을 보여준 거야.

- **탐관오리**(**貪** 탐낼 **탐**, **官** 벼슬 **관**, **汚** 더러울 **오**, **吏** 관리 **리**) 백성의 재물을 탐내어 빼앗는, 행실이 깨끗하지 못한 관리.
- **계몽**(**啓** 열 **계**, **蒙** 어두울 **몽**) 지식 수준이 낮거나 옛날 풍습을 그대로 따르는 사람을 가르쳐서 깨우침.
- **규탄** 잘못이나 옳지 못한 일을 잡아내어 따지고 나무람.

역사 이야기 만민 공동회와 헌의 6조

만민 공동회는 처음에는 독립 협회의 주도로 개최되었지만 나중에는 필요할 때마다 민중들이 자발적으로 모여서 개최하였어요. 1898년 10월, 만민 공동회에서는 고종에게 전달할 '헌의 6조'를 만들었어요. '헌의'란 신하들이 정치에 대한 의견을 논의해서 왕에게 올린다는 뜻이에요. 헌의 6조에는 외국에게 의지하지 않고 자주적으로 왕권을 강화할 것, 외국과 계약을 할 때에는 조정 각 부서의 대신들이 협의해서 결정할 것, 헌의 6조를 반드시 지킬 것 등의 내용이 담겨 있어요. 고종은 백성들의 뜻이 담긴 헌의 6조의 내용을 수정 없이 전부 받아들이기로 했다고 해요.

『독립신문』과 독립 협회

정답 199쪽

『독립신문』

서재필이 정부의 지원을 받아 창간한『독립신문』은 백성들에게 나라의 (❶)을 알리고 백성을 계몽하는 데 큰 역할을 했어요.

독립 협회

서재필을 비롯한 개화파 지식인들은 독립 협회를 만들어서 연설회를 열거나 (❷)을 세우는 등 자주독립을 위한 활동을 했어요.

만민 공동회

독립 협회를 중심으로 자주독립을 주장하는 (❶)를 개최하여 나라를 지키려는 민중의 힘을 보여주었어요.

1 (ㅅㅈㅍ)은 정부의 지원을 받아『독립신문』을 창간했다.

□성장판 □서재필

2 독립 협회는 (ㅁㅁ) 공동회를 열어 자주독립을 주장했다.

□만민 □문명

02 고종은 경운궁으로 돌아와 어떤 일을 했을까요?

1897년 2월, 고종은 아관파천 이후 약 1년 만에 백성들의 요구를 받아들여 경운궁(덕수궁)으로 돌아왔어. 그리고 약해진 왕권을 강화하고 외세로부터의 독립 의지를 높이기 위해 왕의 칭호를 황제로 높이자는 신하들의 주장을 받아들였어.

▲ **황색 곤룡포를 입은 고종** 황색은 황제만 사용할 수 있는 색상이었음.

1897년 10월, 고종은 하늘에 제사를 지내는 환구단을 쌓고 이곳에서 황제 즉위식을 올렸어. 나라의 이름은 대한 제국으로 하고 '광무'라는 연호를 사용했지. 또 대한 제국 수립을 여러 나라에 알려서 승인을 받았어.

경복궁은 을미사변이 일어난 곳이기도 했고, 경운궁 가까이에 미국과 러시아 공사관이 있어서 더 안전했기 때문에 경운궁으로 돌아왔어.

고종은 대한 제국이라는 이름에 맞는 새로운 나라를 만들기 위해서 여러 분야에서 근대화를 위해 노력했어. 이것을 광무개혁이라고 해. 광무개혁은 옛 것을 기본으로 새로운 것을 받아들인다는 '구본 신참'을 기본 정신으로 했어. 그동안의 개혁들이 우리의 전통과 크게 달라 백성들이 반발했던 것을 참고해서 옛 것을 유지하되 천천히 개혁을 추진하고자 한 것이지. 대한 제국은 광무개혁을 통해 공장과 회사 설립을 지원하고 전화와 철도 등 근대 시설을 마련했어. 외국에 유학생들을 보내 기술을 습득하게 했고 학교를 세워 인재를 양성하였지.

- **즉위**(**卽** 곧 **즉**, **位** 자리 **위**) 임금이 될 사람이 예식을 치른 뒤 임금의 자리에 오름.
- **연호** 해의 차례를 나타내기 위하여 붙이는 이름.
- **수립**(**樹** 나무 **수**, **立** 설 **립**) 국가나 정부, 제도, 계획 따위를 이룩하여 세움.

환구단과 황궁우

▲ 환구단

고종은 청의 사신을 맞이하던 남별궁을 철거하고 그 위에 환구단을 지었어요. 그리고 8각 지붕을 가진 3층짜리 정자인 황궁우도 건설하고, 1902년에는 고종 즉위 40년을 기념해서 석고단도 세웠지요. 그러나 일제는 국권을 빼앗은 이후 환구단을 허물고 그 자리에 조선 철도 호텔을 세워 황궁우와 석고단 만이 외로이 남게 되었어요. 2007년, 환구단의 정문이 우이동에 있는 버스 차고지 정문으로 쓰이고 있다는 사실을 알게 되었고 지금은 정문을 옮겨와서 복원하였어요. 우리의 소중한 문화재가 일제에 의해 훼손되고, 해방 이후에도 제대로 보존되지 못했던 거예요.

대한 제국 수립과 근대화를 위한 노력

정답 199쪽

1. 대한 제국 수립

1897년, 고종은 외세로부터 독립 의지를 높이기 위해 환구단에서 (❶   ) 즉위식을 올리고 대한 제국 수립을 선포했어요.

2. 근대화를 위한 노력

대한 제국은 (❷   )을 통해 공장과 회사 설립 지원, 근대 시설 마련, 학교 설립 등 근대화를 위해 노력했어요.

1 고종은 (ㅎㄱㄷ)에서 황제 즉위식을 올리고 대한 제국을 선포했다.
□환구단 □홍길동

2 대한 제국은 공장과 회사 설립을 지원하고 철도를 놓는 등 (ㄱㄷㅎ)를 위해 노력했다.
□근대화 □공동화

03 우리 민족은 을사늑약에 어떻게 저항했을까요?

▲ **을사늑약 풍자화** 일본군이 칼로 조선의 황제를 위협하는 모습이 담겨 있음.

고종은 우리나라의 자주권을 지키려고 노력했지만 러시아와 일본은 대한 제국을 차지하기 위한 야심을 거두지 않았어. 그렇게 대립하던 두 나라는 마침내 1904년에 러일 전쟁을 일으켰고, 전쟁에서 승리한 일본은 본격적으로 우리나라를 침략하기 시작해. 일본은 고종과 관료들을 협박하여 을사늑약을 강요했어. 고종은 을사늑약에 거부하며 끝내 서명하지 않았지만 을사오적이라고 불리는 이완용, 박제순 등 다섯 명의 대신들이 서명하여 을사늑약이 맺어졌어. 이 조약으로 일본은 대한 제국의 외교권을 빼앗고 통감부를 설치해 간섭을 시작했어.

을사늑약 소식이 알려지자 사람들은 을사늑약에 반대하는 운동을 전국에서 벌였어. 장지연은 『황성신문』에 '시일야방성대곡'이라는 글을 실어 을사늑약의 부당함을 알리고 분통함을 표현했고, 민영환은 나라를 잃은 치욕을 사죄하는 내용의 편지를 남기고 자결했어. 의병이 일어나 일본군과 전쟁을 벌이기도 했지.

한편 고종은 국제 사회에 을사늑약의 부당함을 알리기 위해 만국 평화 회의가 열리는 네덜란드 헤이그에 특사를 파견했어. 이상설, 이준, 이위종 등의 특사들은 헤이그에 도착해 만국 평화 회의에서 발언권을 얻기 위해 많은 노력을 했지만 일제의 방해로 결국 실패하고 말아.

- **시일야방성대곡** 장지연이 황성신문에 발표한 논설로, 11월 17일에 체결된 을사늑약에 항의하고 을사오적을 규탄하는 내용을 담고 있음.
- **자결**(**自** 스스로 **자**, **決** 결단할 **결**) 옳지 못한 일에 대한 분노를 참지 못하거나 지조를 지키기 위해 스스로 목숨을 끊음.
- **특사**(**特** 특별할 **특**, **使** 부릴 **사**) 특별한 임무를 띠고 파견하는 사절.

역사 이야기 고종의 을사늑약 무효 선언문

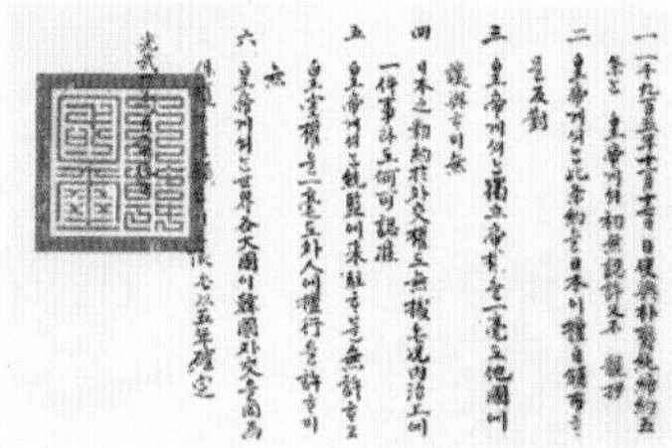

▲ 고종의 국서

고종은 1906년 1월, 을사늑약이 체결된 지 두 달 만에 을사늑약의 무효를 선언하는 국서를 작성했어요. '1905년 11월에 일본 대사와 박제순이 체결한 조약은 대한 제국의 황제가 승인한 것이 아니며, 어디에도 국새가 찍혀있지 않으므로 무효이다. 대한 제국에 일본의 통감이 와 있는 것을 허가한 적이 없으며, 황제권을 외국인에게 넘겨줄 수 없다.'는 내용이에요. 1906년 프랑스 파리 법과 대학의 F레이 교수는 을사늑약이 국제 조약에 필요한 형식을 갖추지 못했으며 조약문의 첫 머리에 조약의 명칭조차 없으므로 국제 조약으로 인정하기 어렵다고 지적하기도 했어요.

을사늑약과 헤이그 특사 파견

정답 199쪽

1. 을사늑약

러일 전쟁에서 승리한 일본은 본격적으로 우리나라를 침략하기 위해서 강제로 (❶) 을 체결했어요.

2. 을사늑약에 저항하는 국민

을사늑약의 소식이 전해지자 국민들은 전국에서 반대 운동을 벌이거나 (❷)을 일으켜 일본에 저항했어요.

3. 헤이그 특사 파견

고종은 네덜란드 헤이그에서 열리는 만국 평화 회의에 (❸)를 파견해 을사늑약의 무효를 알리려 했지만 일제의 방해로 실패했어요.

1 장지연은 (ㅎㅅ)신문에 을사늑약의 부당함을 알리는 시일야방성대곡이라는 글을 실었다.

□황성 □황소

2 고종은 을사늑약의 무효를 알리려 네덜란드 (ㅎㅇㄱ)에 특사를 파견했다.

□헤이그 □화유기

04 고종은 왜 강제 퇴위를 당했을까요?

고종의 헤이그 특사 파견 사실이 알려지자 당시 통감이었던 이토 히로부미는 고종이 헤이그에 몰래 특사를 파견한 것은 조약 위반이라며 대한 제국과 전쟁을 하겠다고 협박을 했어. 일본 안에서는 대한 제국 황제는 나라를 다스리는 권한을 통감에게 위임하고, 황제의 자리를 황태자인 순종에게 물려주어야 하며, 대한 제국의 주요 부서에 일본인 관리를 임명하라는 의견이 나왔지.

고종은 이런 일본의 부당한 요구에 저항하며 버텼지만 일제의 거듭된 압박으로 나라를 다스리는 일을 황태자에게 대신 맡긴다는 황태자 섭정에 동의했어. 하지만 일제와 친일파들은 이 조칙을 섭정이 아니라 황제의 지위를 넘겨준다는 양위로 바꾸어 발표했어. 그리고는 고종과 순종 없이 서둘러 경운궁에서 양위식을 개최해 버렸어. 이후 일제는 대한 제국의 군대마저 해산하고, 사법권과 경찰권까지 빼앗았어.

이 사실이 알려지자 시민들은 일제에 분노했어. 이완용의 집을 불태우는 등 곳곳에서 일본에 저항하고 고종을 복위시키라는 시위가 이어졌지. 일제는 시민들의 저항이 거세지자 경찰과 군인을 이용해서 무력으로 시민을 진압했어. 이후 일제는 대한 제국의 국권마저 빼앗고, 우리나라를 일본의 식민지로 만들었어.

- **퇴위**(**退** 물러날 **퇴**, **位** 자리 **위**) 임금의 자리에서 물러남.
- **섭정**(**攝** 다스릴 **섭**, **政** 정사 **정**) 군주가 직접 통치할 수 없을 때에 군주를 대신하여 나라를 다스림. 또는 그런 사람.
- **조칙** 임금의 명령을 일반에게 알릴 목적으로 적은 문서.
- **양위**(**讓** 사양할 **양**, **位** 자리 **위**) 임금의 자리를 물려줌.

역사 이야기 엉터리 황위 계승식

고종은 일본의 압박에도 불구하고 황제의 자리에서 내려올 생각이 없었어요. 고종의 둘째 아들 순종 또한 억지로 아버지의 황위를 물려받고 싶지 않았지요. 이에 일제는 섭정 조칙을 양위로 조작하여 발표하고 엉터리 황위 계승식을 꾸몄어요. 오른쪽의 자료는 이를 기념해서 일제에서 만들어 낸 엽서예요. 일본을 대표하는 꽃인 벚꽃을 그려 넣고 순종 황제의 뒤에는 태극기를, 고종 황제의 뒤에는 일장기를 그려서 대한 제국이 일본의 식민지가 되어가고 있다는 의미를 나타내고 있어요.

▲ 황위 계승식 엽서

고종의 강제 퇴위

정답 199쪽

1. 고종을 압박하는 일제

일제는 헤이그 특사 파견을 핑계로 고종을 압박하며 (❶)의 자리에서 물러날 것을 강요했어요.

2. 고종의 강제 퇴위

고종은 끝까지 저항하며 버텼지만 일제는 조칙을 조작하여 고종을 강제로 퇴위시키고, (❷)을 황제의 자리에 올렸어요.

3. 국민들의 저항

고종의 강제 퇴위에 분노한 시민들이 시위를 벌이자 일제는 군대와 경찰을 동원해 무력으로 이를 진압했어요.

1 일제는 헤이그 특사 파견을 구실로 고종을 강제로 (ㅌㅇ)시켰다.
□통일 □퇴위

2 일제는 황제 (ㅇㅇㅅ)을 거짓으로 꾸몄고, 우리 국민들은 이에 분노했다.
□양위식 □이유식

05 일제의 독도 침탈에 대해 알아볼까요?

조선이 일본에 개항한 이후에 일본인들은 울릉도에 무단으로 침입하여 불법으로 나무를 베거나 물고기를 잡아갔어. 이에 조선 정부는 일본 측에 정식으로 항의하며 울릉도에 관리를 보내고 육지 주민들을 울릉도에 옮겨 살게 했어. 하지만 그 이후에도 일본인들은 계속해서 몰래 침입하여 불법으로 물고기를 잡아갔지.

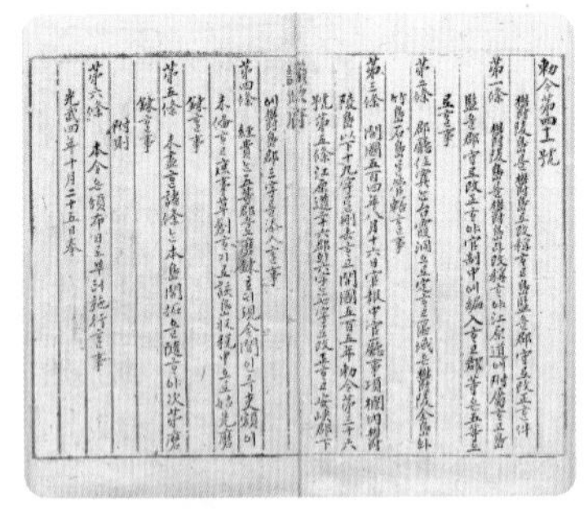
▲ 대한 제국 칙령 제41호

대한 제국 시기에 정부는 1898년과 1899년에 발행한 지도에서 독도가 대한 제국의 땅임을 표시했어. 또 1900년 10월 27일에는 대한 제국 관보 제1716호를 통해 울릉도를 군으로 승격시키고, 독도가 우리 땅임을 알리는 칙령 제41호를 발표했어.

하지만 일본은 러일 전쟁이 한창이던 1905년, 독도를 주인 없는 섬이라며 시마네 현 고시 제40호를 발표해서 독도를 시마네 현으로 편입시켰어. 이것은 국제법상 명백한 불법 행위이고, 대한 제국에서 발표한 칙령보다 한참이나 뒤에 일으킨 일이었어. 하지만 일본인들은 이 시마네 현 고시를 근거로 들며 독도가 자기 땅이라고 우기고 있어.

- **침탈** 침범하여 빼앗음.
- **관보(官 벼슬 관, 報 알릴 보)** 정부가 일반에게 널리 알릴 사항을 실어 발행하는 기관지.
- **승격(昇 오를 승, 格 격식 격)** 지위나 등급 따위가 오름. 또는 지위나 등급 따위를 올림.
- **칙령** 임금이 내린 명령.
- **편입(編 엮을 편, 入 들 입)** 얽거나 짜 넣음.

▼ 독도(경상북도 울릉군)

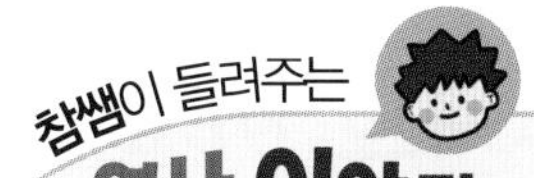

역사 이야기 일본인의 남획으로 멸종된 독도 강치

1900년대 초, 일본인 어부 나카이 요자부로는 울릉도에 불법 거주하며 독도에서 강치 사냥을 했어요. 강치는 독도에 사는 바다사자의 일종으로, 상품 가치가 높았다고 해요. 나카이 요지부로는 강치를 더 많이 사냥하기 위해서 일본 정부에 독도를 일본의 영토로 편입시켜야 한다고 주장했어요. 일본은 이를 받아들여 1905년 독도를 일본의 영토로 몰래 편입시켰고, 이때부터 나카이는 보이는 대로 강치를 사냥했어요. 1911년까지 그가 잡아들인 강치의 수가 14,000여 마리에 이른다고 해요. 이로 인해 독도에서 강치의 수는 점차 줄어들게 되었고, 결국 멸종을 맞이했어요.

일제의 독도 침탈

정답 199쪽

1. 조선 시대의 독도

조선 정부에서는 일본인들이 불법으로 울릉도와 독도에 접근하는 것을 막기 위해 (❶) 에 관리를 보내고 육지 주민을 옮겨 살게 했어요.

2. 대한 제국의 독도

대한 제국은 (❷)를 발행해서 독도가 우리 땅임을 표시하고, 칙령 제41호를 발표해서 독도가 우리 영토임을 알렸어요.

3. 일본의 불법 침탈

일본은 러일 전쟁 시기에 시마네 현 고시 제40호를 발표하여 (❸)를 자신들의 영토로 불법 편입시켰어요.

1 대한 제국은 (ㄷㄷ)가 우리 땅임을 알리는 칙령 제41호를 발표했다.
□독도 □등대

2 일본은 러일 전쟁 중에 (ㅅㅁㄴ) 현 고시를 발표해서 독도를 자신들의 영토로 불법 편입시켰다.
□시마네 □수미네

06 항일 의병 운동은 어떻게 전개되었을까요?

항일 의병 운동은 원인이 되는 사건에 따라 크게 세 가지로 구분할 수 있어. 1895년에 일어난 을미의병은 명성 황후가 시해된 을미사변과 단발령에 반발하며 일어났어. 부모가 물려준 머리카락을 절대로 자를 수 없다는 양반 유생들과 동학 농민군 중 남아 있던 세력들이 중심이 되었어. 고종이 나서서 단발령을 거두어들이고 해산을 권하면서 대부분 스스로 해산했어.

10년 뒤, 1905년에는 을사의병이 일어났어. 일제가 강제로 대한 제국의 외교권을 빼앗은 을사늑약에 반발하여 양반, 평민 할 것 없이 의병 운동에 참여했어. 전국 각지에서 의병 운동이 진행되었고 최초의 평민 의병장인 신돌석과 머슴 출신 의병장인 안규홍이 등장하기도 했어. 하지만 신식 무기로 무장한 일본군에게 패배하고 말았지.

충청도에서는 민종식, 전라도에서는 최익현, 태백산 근처에서는 신돌석 등이 활약했어.

▲ 의병장 신돌석

1907년에는 고종의 강제 퇴위에 반발하며 정미의병이 일어났어. 일제는 고종을 물러나게 한 후 대한 제국의 군대도 강제로 해산시켰는데, 이 해산된 군인들이 의병 운동에 참여하면서 의병군도 총과 같은 신식 무기를 갖게 되어 전투력이 올라갔어. 의병 운동은 의병 전쟁으로 발전했고, 전국 각지에 흩어져 있던 의병군들이 연합해서 13도 창의군을 만들기도 했어. 의병군들은 점점 거세지는 일제의 탄압을 피해 만주와 연해주 지역으로 이동해 항일 무장 독립운동을 하는 데 영향을 주었어.

▲ 대한 제국 군대 해산 후 의병의 모습

양반, 평민, 군인, 승려 등 다양한 계층들이 나라를 위해 한마음으로 의병 운동에 참여했어.

- **항일(抗 겨룰 항, 日 날 일)** 일본 제국주의에 맞서 싸움.
- **의병(義 옳을 의, 兵 병사 병)** 외적의 침입을 물리치기 위하여 백성들이 자발적으로 조직한 군대. 또는 그 군대의 병사.

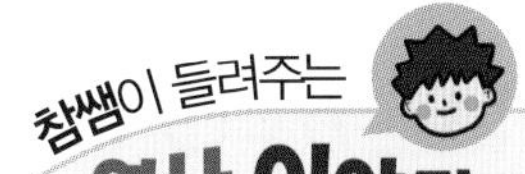

역사 이야기 최고령 의병장 최익현

최익현은 22살에 과거에 급제해서 관직에 오른 뒤로 나라를 위하는 마음으로 한평생을 살았어요. 흥선 대원군의 정책과 실정을 비판하거나 명성 황후가 일본과 통상을 하려 하자 이를 반대하여 유배를 당하기도 했지요. 1905년 을사늑약이 체결되자 최익현은 이에 반대하며 74세의 고령으로 의병 운동을 일으켰어요. 순창에서 약 400명의 의병군을 이끌고 일본군과 싸운 최익현은 체포되어 쓰시마 섬에 유배되게 되었어요. 그러자 왜놈 땅은 밟지 않겠다며 버선에 흙을 담아 신고 갔으며, 적이 주는 음식은 먹지 않겠다며 단식을 하다가 세상을 떠났어요.

▲ 최익현

시기 별 의병 운동의 특징

정답 199쪽

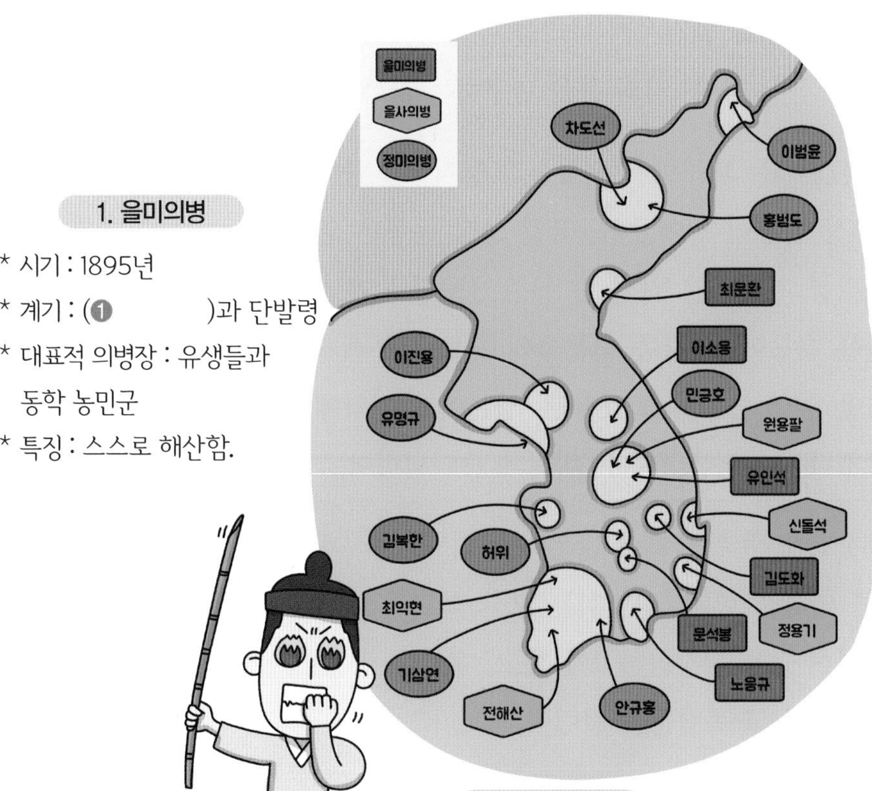

1. 을미의병

* 시기 : 1895년
* 계기 : (❶)과 단발령
* 대표적 의병장 : 유생들과 동학 농민군
* 특징 : 스스로 해산함.

2. 을사의병

* 시기 : 1905년
* 계기 : (❷)
* 대표적 의병장 : 민종식, 최익현, 신돌석 등
* 특징 : 다양한 신분의 의병장이 등장함.

3. 정미의병

* 시기 : 1907년
* 계기 : 고종의 강제 (❸)와 군대 해산
* 특징 : 해산 군인들의 참여로 전투력 상승, 일제의 탄압을 피해 만주와 연해주로 이동해 항일 무장 독립운동을 이어감.

1 을미의병은 을미사변과 (ㄷㅂㄹ)에 반발해서 일어난 의병 운동이다.
□대보름 □단발령

2 정미의병은 해산한 (ㄱㅇ)들의 참여로 전투력이 강화되었다.
□군인 □거인

07 애국 계몽 운동에는 어떤 것이 있을까요?

무력으로 일제를 몰아내려는 항일 의병 운동과 함께 한쪽에서는 민족의 힘과 실력을 길러 스스로의 힘으로 국권을 회복하려는 애국 계몽 운동이 전개되었어. 대표적인 애국 계몽 단체로는 보안회, 헌정 연구회, 대한 자강회 등이 있어. 이들 단체에서는 정치적으로 일본에 맞서거나 학교를 세워서 인재를 기르려고 노력했어.

3년 여의 운동 기간 동안 민중들이 자발적으로 세운 사립학교가 3,000개가 넘었다고 해.

대한매일신보와 황성신문 등 신문과 잡지가 발간되어 언론 계몽 운동도 펼쳐졌어. 산업을 발전시켜 나라를 부강하게 하고자 하는 민족 산업 진흥 운동과 우리의 국사, 국어, 지리 등을 연구하는 국학 운동도 함께 이루어졌어.

1907년에는 대구에서 서상돈과 양기탁을 중심으로 국채 보상 운동이 일어났어. 국채 보상 운동은 일제가 우리나라를 지배하기 위해 쓴 돈 1,300환을 우리 스스로 갚자는 운동이야. 각종 신문들의 홍보를 통해 전국적인 호응을 얻어 큰돈이 모였지만, 일본이 양기탁에게 돈을 가로챘다는 누명을 씌우는 바람에 중단되었어.

大韓每日申報

대한매일신보

▲ 대한 매일 신보

안창호가 주축이 되어 만든 신민회도 애국 계몽 운동에 큰 역할을 했어. 신민회는 오산 학교와 대성 학교를 설립하여 교육을 강화하고자 했고, 무장 독립 투쟁을 위해 만주에 독립운동 기지를 건설하고 독립군을 길렀어.

▲ 대성 학교와 학생들

대성 학교는 안창호가 평양에 설립한 중등 교육 기관으로, 독립 정신과 실력을 고루 갖춘 인재를 기르고자 했어.

- **회복**(回 돌아올 **회**, 復 회복할 **복**) 원래의 상태로 돌이키거나 원래의 상태를 되찾음.
- **국채** 나라가 지고 있는 빚.

역사 이야기 전국적으로 일어났던 국채 보상 운동

일제는 통감부를 설치하고 식민 통치를 위한 시설들을 우리나라에 지으면서 그 비용을 우리나라의 빚으로 남겼어요. 이 국채가 1,300환으로 대한 제국의 1년 예산과 비슷했다고 해요. 이러한 일본의 경제적 종속에서 벗어나기 위해 서상돈은 국채 보상 운동을 일으켰고, 국채 보상 운동은 순식간에 전국으로 퍼져나갔어요. 남자들은 금연으로 담배값을 아껴 국채 보상 운동에 참여했고, 여자들은 가락지와 비녀 등을 팔아서 참여했어요. 또, 머리카락을 잘라서 기부하는 여학생들이 나타나기도 했어요.

애국 계몽 운동

정답 199쪽

학교 설립

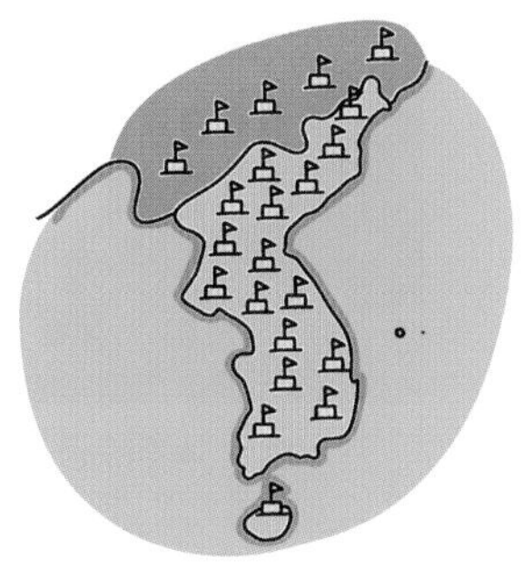

애국 단체들은 (❶)를 세워 교육을 통해 국민들의 힘을 기르려고 노력했어요.

언론 계몽 운동

신문과 잡지를 통해 사람들을 계몽했어요.

국채 보상 운동

서상돈, 양기탁 등은 일본에게 진 (❷)을 우리 스스로 갚아 경제적으로 자립하자는 운동을 펼쳤어요.

신민회의 활동

신민회는 오산 학교와 대성 학교를 설립하여 교육을 하고, 만주에 독립 운동 기지를 건설해 (❸)을 양성했어요.

초성 Quiz

1 (ㄱㅊ) 보상 운동을 통해 대한 제국이 일본에 진 빚을 우리 스스로 갚고자 노력했다.

□국채 □김치

2 (ㅅㅁㅎ)는 오산 학교와 대성 학교 등의 학교를 세웠다.

□신민회 □사물함

08 근대 문물이 들어와 생활 모습이 어떻게 바뀌었을까요?

근대 문물이 들어오면서 거리의 풍경이 달라지고 사람들의 생활 모습에도 여러 가지 변화가 생겨났어. 서양식 의식주가 유행하면서 사람들은 다양한 색과 모양의 서양 옷을 입고 모자를 쓰거나 구두를 신었어. 군인들은 서양식 군복을 입고 신식 총으로 훈련을 하게 되었지. 서양 음식과 식사 예절이 유행했고, 커피와 홍차를 마시며 쿠키와 케이크를 먹기도 했어. 특히 고종은 커피를 매우 좋아했다고 알려져 있어.

러시아 공사관에서 처음 커피를 접한 이후, 환궁해서도 커피를 즐겼다고 해.

서양식 건축 기술도 들어와 덕수궁 석조전처럼 벽돌과 시멘트, 유리로 지은 건물도 늘어났어. 지금의 건물들과 크게 다르지 않은 세련된 모습을 하고 있지. 교육의 중요성이 강조되면서 근대식 교육 기관도 세워졌어. 나라에서는 소학교, 중학교, 기술학교, 그리고 외국어 학교 등의 관립 학교를 세웠고, 선교사와 애국 단체 등은 사립학교를 세웠어.

▲ 덕수궁 석조전

우리나라는 아시아에서 두 번째로 전차를 설치하였어.

전기가 들어오면서 전등이 설치되었고, 전신과 전화 등 통신 시설도 설치되었어. 또, 서울에서 전차가 운행되기 시작했고, 서울과 주요 도시를 잇는 철도가 놓이고 기차가 운행되었어. 이러한 근대 시설은 사람들의 일상생활을 편리하게 해 주었어.

▲ 궁에 설치된 전화기

▲ 전차 운행 모습

- **의식주**(**衣** 옷 **의**, **食** 밥 **식**, **住** 집 **주**) 옷과 음식과 집을 통틀어 이르는 말.
- **전신**(**電** 번개 **전**, **信** 믿을 **신**) 문자나 숫자를 전기 신호로 바꾸어 보내는 것.

역사 이야기 전구와 전차의 도입

1887년, 경복궁에도 전구가 설치되어 밤에도 환하게 불을 밝힐 수 있었어요. 하지만 전구에 전기를 공급하는 발전기 소리가 매우 커서 궁인들이 밤잠을 설쳤다고 해요. 게다가 발전기에서 나오는 열 때문에 연못의 물이 뜨거워져서 물고기가 떼죽음을 당하기도 했어요. 전차는 1899년에 처음으로 개통되었어요. 처음에는 정해진 정류장이 없이 사람들이 원하는 곳에서 타고 내렸다고 해요. 사람들에게 인기가 있었지만 전차에 어린아이가 치여서 죽는 사고가 발생하기도 해서 무서워하는 사람들도 있었어요.

근대 문물의 수용과 생활 모습의 변화

정답 199쪽

서양식 의식주의 유행

근대화로 인해 서양식 옷, 서양식 음식, 서양식 건물 등 서양식 (❶)가 유행했어요.

근대식 교육 실시

교육의 중요성이 강조되면서 나라에서는 관립 학교를 세우고, 선교사와 애국 단체들은 사립학교를 세웠어요.

교통과 통신의 발달

전신과 (❷)가 설치되었고, 전차와 철도가 놓였어요.

1 대표적인 근대식 건물로는 덕수궁 (ㅅㅈㅈ)이 있다.
□수전증 □석조전

2 (ㅈㅊ)와 기차가 운행되면서 교통이 발달했다.
□잡초 □전차

역사 논술

고종 - 근대적인 개화 정책 추진 vs 망국의 군주

주제 알기

- 살았던 때: 1852년 ~ 1919년 1월 21일
- 직업: 조선의 제26대 왕, 대한 제국의 제1대 황제 (재위 1863~1907)
- 가족 관계: 아버지 흥선 대원군과 어머니 민씨, 부인 명성 황후, 아들 순종.

관련 키워드

대한제국수립 # 아관파천 # 을사늑약 # 헤이그특사파견

관점 보기

고종은 근대적인 개화 정책을 펼친 개화의 군주이다!

조선 말, 나라 안은 흥선 대원군과 명성 황후의 갈등, 동학 농민 운동 등으로 혼란스러웠고, 나라 밖으로는 서양 열강들이 지속적으로 수교를 요구하고 일본과 청, 러시아가 호시탐탐 조선을 노리는 등 매우 혼란한 상황이었다. 이런 상황 속에서도 고종은 열강들과 조약을 맺으며 적극적으로 개항 정책을 추진하고, 정치 제도를 개혁했으며 신식 군대인 별기군을 만드는 등 군사 제도도 개혁했다. 또, 일본에 신사유람단과 수신사를 파견하여 새로운 문물을 시찰하게 하고 항구 개방을 통해 개화 문명을 받아들였다. 아관파천 이후에는 왕권 강화와 외세로부터의 독립 의지를 높이기 위해 대한 제국 수립을 선포하고 황제로 즉위하여 근대화를 위한 광무개혁도 시행했다.

고종은 조선을 역사 속으로 사라지게 한 망국의 군주이다!

고종은 오랜 시간 동안 흥선 대원군과 명성 황후의 세력 다툼 속에서 국난을 헤쳐가야 했다. 신식 군대인 별기군을 만들었으나 차별 대우에 분노한 구식 군인들이 임오군란을 일으켰고, 근대화를 꿈꾸며 개혁을 시행했지만 단발령으로 민심이 돌아서자 단발령을 다시 철회하기도 했다. 또, 일본 세력을 피해 러시아 공사관으로 피신하여 러시아의 내정 간섭을 받기도 하였다. 대한 제국 수립을 선포하고 황제로 즉위했으나 일본에게 힘없이 경찰권과 외교권을 빼앗기고, 을사늑약 체결 시에도 적극적으로 일제에 맞서지 못하고 책임을 신하들에게 떠넘기다가 뒤늦게 을사늑약이 무효임을 주장했다.

- **시찰** 두루 돌아다니며 실지의 사정을 살핌.
- **망국**(亡 망할 **망**, 國 나라 **국**) 이미 망하여 없어진 나라. 또는 나라를 망침.

정답 199쪽

생각정리

다음 자료를 보고, 빈칸에 들어갈 알맞은 내용을 쓰세요.

혼란한 시기에도 (❶) 정책을 적극적으로 추진했어요.

흥선 대원군과 명성 황후의 세력 다툼 속에서 국난을 헤쳐 갔어요.

(❷)을 만드는 등 군사 제도를 개혁했어요.

아관파천으로 (❸)의 내정 간섭을 받게 했어요.

대한 제국 수립을 선포하고 황제로 즉위했어요.

을사늑약으로 일제에 (❹)을 빼앗기고 일본의 식민지가 되었어요.

생각쓰기

고종에 대한 두 가지 의견을 읽고 고종을 어떻게 평가해야 하는지 자신의 의견을 써 보세요.

09 일제는 우리나라를 어떻게 통치했을까요?

1910년, 우리 민족의 끈질긴 저항에도 불구하고 일제는 대한 제국의 국권마저 완전히 빼앗아 갔어(국권 피탈). 우리나라는 일제의 식민지가 되었고, 일제는 우리나라를 다스리기 위해 조선 총독부라는 통치 기구를 설치했어. 조선 총독부의 주요 관리는 일본인이 맡고, 그 아래에는 친일파들을 두었지.

▲ 1910년대의 교사와 학생

국권 피탈 이후 일제는 무력으로 우리 민족을 억압하는 무단 통치를 실시했어. 군대에서의 경찰인 헌병들에게 일반 경찰의 임무를 주는 헌병 경찰제를 실시해 헌병이 일반 백성들까지도 감시하고 다스리게 했어. 또, 조선 태형령을 만들어서 헌병들이 우리 민족에게 재판 없이 태형을 실시할 수 있게 했어.

작은 곤장으로 죄인의 볼기를 치는 형벌을 말해.

일제는 교사에게도 군복과 비슷한 제복을 입고 칼을 차게 했어.

일제는 경제적으로도 우리나라를 약탈했어. 회사를 설립할 때 조선 총독부의 허가를 받도록 했어. 허가를 쉽게 받을 수 있는 사람은 친일파들뿐이었고, 허가를 받게 되어도 조선 총독부의 엄청난 간섭을 받았다고 해. 또, 토지 조사 사업을 실시하여 일정 기간 동안 자신의 토지를 신고하게 하고 신고되지 않은 토지는 조선 총독부의 소유라며 빼앗아 갔어. 신고 절차가 복잡해서 신고를 못하고 억울하게 땅을 빼앗기는 농민들이 많았어. 일제의 무단 통치와 정치적, 경제적 억압으로 백성들은 점점 살기 어려워졌고, 일본의 식민 지배에 대한 분노가 점점 커지게 되었어.

- **피탈**(**被** 입을 **피**, **奪** 빼앗을 **탈**) 억지로 빼앗김.
- **무단 통치** 일제가 국권을 강탈하고 우리 민족을 무력으로 다스린 정치.

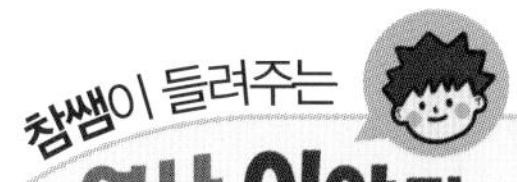

역사 이야기 조선 총독부 건물의 상징성

일제는 경복궁 건물들을 허물고, 근정전 바로 앞에 조선 총독부 청사를 지었어요. 조선 총독부 청사는 당시 일본의 식민지와 일본 본토를 통틀어 가장 큰 근대식 건물이었다고 해요. 조선 왕실을 상징하는 근정전을 가로막고 우리나라가 일본의 식민지가 되었다는 사실을 한눈에 보여주었어요. 광복 이후에도 이 건물은 계속 남아 대한민국 정부 청사와 국립중앙박물관으로 사용되었어요. 하지만 1995년, 광복 50주년을 맞이해 일제의 잔재를 깨끗이 씻어내는 의미에서 조선 총독부 건물을 없애고, 경복궁을 다시 복원했어요.

일제의 무단 통치

정답 199쪽

1. 조선 총독부 설치

일제는 (❶)를 설치하여 주요 관리에는 일본인을 임명하고, 그 아래에는 친일파를 두었어요.

2. 헌병 경찰제

(❷)들에게 경찰의 임무를 주어 일반 백성들까지 감시하고 무력으로 다스리게 했어요.

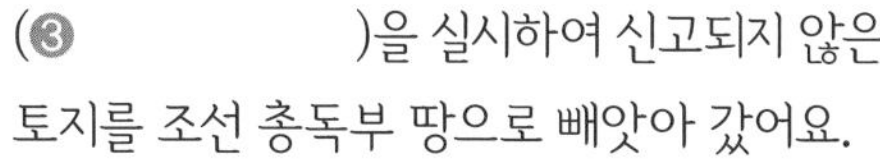

3. 토지 조사 사업

(❸)을 실시하여 신고되지 않은 토지를 조선 총독부 땅으로 빼앗아 갔어요.

1 일제가 우리 민족을 무력으로 다스린 것을 (ㅁㄷ) 통치라고 한다.
□무단 □마당

2 (ㅌㅈ) 조사 사업 때문에 많은 백성들이 억울하게 땅을 빼앗겼다.
□통장 □토지

10 3·1 운동은 어떻게 일어났을까요?

제1차 세계 대전이 연합국의 승리로 끝나면서 미국의 윌슨 대통령은 '세계의 민족은 자신의 운명을 스스로 결정해야 한다.'는 민족 자결주의를 주장했어. 이에 자극을 받은 우리 민족도 일제에게서 벗어나 독립을 이루자는 분위기가 퍼지게 되었어. 이에 미국에서는 안창호와 이승만 등이 독립 청원서를 제출하고, 만주와 연해주에서는 김좌진, 안창호 등이 대한 독립 선언서를 발표했으며, 일본에서는 한국인 유학생들이 2·8 독립 선언서를 발표하는 등 해외에서 독립을 위한 움직임이 활발해졌어. 국내에서도 종교계 대표와 학생들이 독립 선언과 함께 전국적인 만세 시위를 계획하게 되었지. 고종의 죽음이 일본에 의한 독살이라는 소문이 돌아 백성들이 분노했어.

1919년 3월 1일, 민족 대표들은 서울 태화관에서 독립 선언식을 했고, 탑골 공원에 모여 있던 많은 학생과 시민들은 태극기를 흔들며 만세 시위를 했어. 3·1 운동은 서울에서부터 큰 도시로, 다시 지방 곳곳으로 퍼져나갔어. 시간이 지날수록 규모도 커지고 시위도 조직화되었어. 처음에는 학생과 일반 시민들이 주로 참여하였지만 나중에는 농민과 노동자들도 많이 참여했어. 일제는 3·1 운동을 총과 칼로 잔인하게 진압했어. 3개월 정도 이어진 시위에서 약 7,500명이 사망하고 약 15,000명이 다쳤다고 해.

- **자결**(**自** 스스로 **자**, **決** 결단할 **결**) 다른 사람의 도움이나 간섭을 받지 않고 자기와 관련된 일을 스스로 결정하고 해결함.
- **진압**(**鎭** 진압할 **진**, **壓** 누를 **압**) 강압적인 힘으로 억눌러 진정시킴.

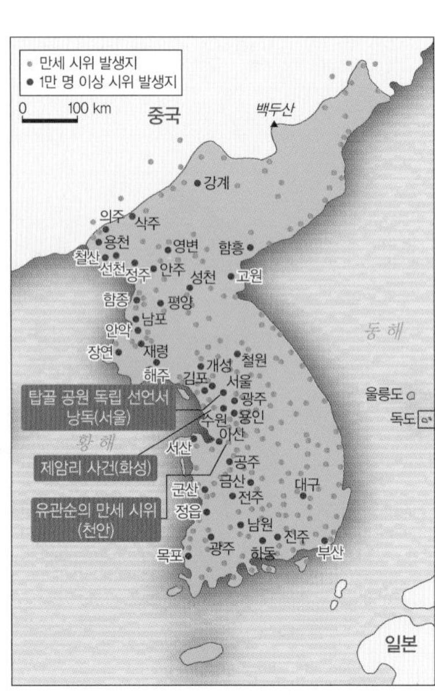

▲ 3·1 운동이 일어난 지역

참쌤이 들려주는

역사 이야기 유관순 열사

이화학당의 학생으로 3 · 1 운동에 참여하였던 유관순 열사는 휴교령이 내려지자 고향인 천안으로 내려가 서울의 3 · 1 운동 소식을 알리고, 아우내 장터에서 만세 운동을 계획했어요. 부모님과 함께 동네 사람들을 모아 만세 운동의 필요성을 알리고 연설을 하며 시위를 주도했어요. 시위 중 일본 헌병들의 총칼에 눈앞에서 부모님을 잃고 유관순 열사도 헌병들에게 체포되고 말았어요. 감옥에서 자신처럼 만세 운동을 주도하다가 체포된 오빠 유관옥까지 만나게 되었어요. 부모님과 유관순, 유관옥까지 일가족 모두 나라의 독립을 위해 목숨을 바친 것이에요. 유관순 열사는 모진 고문에도 옥중 만세를 부르며 저항하다가 18세의 나이로 순국하였어요.

3 · 1 운동

정답 199쪽

1. 민족 자결주의

제1차 세계 대전 이후 자기 민족의 일은 민족 스스로 결정해야 한다는 (❶)가 발표되었고, 우리 민족도 이에 영향을 받았어요.

2. 나라 밖 움직임

미국에서는 독립 청원서, 만주와 연해주에서는 대한 독립 선언서, 일본에서는 (❷)를 발표했어요.

3. 3·1 운동

(❶)은 전국으로 퍼져나갔고, 일제는 만세 운동을 무력으로 잔인하게 진압했어요.

1 3·1 운동은 윌슨 대통령의 (ㅁㅈ) 자결주의의 영향을 받았다.
□모자 □민족

2 1919년 3월 1일에 시민들은 (ㅌㄱ) 공원에서 만세 운동을 벌였다.
□태국 □탑골

11 대한민국 임시 정부는 어떤 일을 했을까요?

▲ 대한민국 임시 정부 청사(중국 상하이)

3·1 운동 이후, 사람들을 하나로 모아서 효과적으로 독립운동을 하기 위해 이들을 이끌 수 있는 임시 정부가 필요해졌어. 한성 임시 정부를 비롯해서 상하이 임시 정부, 러시아 임시 정부 등이 국내외에 세워졌어. 각 임시 정부의 지도자들은 더 강력한 힘을 위해 임시 정부들을 하나로 통합하여 중국 상하이에 대한민국 임시 정부를 수립했어. 상하이는 중국 영토라서 일제의 영향력이 미치지 않았고, 상하이에는 여러 나라의 대사관들이 있어 외교 활동을 하기에 편리했기 때문이야.

대한민국 임시 정부는 대한민국의 법을 만들고 대통령을 선출하는 등 민주주의 정치 체제를 갖추었어. 임시 정부 주석은 김구, 초대 대통령은 이승만이 임명되었지. 대한민국 임시 정부는 독립신문을 발행해서 임시 정부와 독립군의 활동을 국내외에 알리기도 하고, 연통제라는 비밀 연락망을 조직해서 일제의 눈을 피해 독립운동 자금을 모으고 독립운동에 대한 정보를 주고받기도 했어. 또한 한인 애국단을 조직하여 무력으로 일제에 저항하기도 하고, 독립군을 모아 한국광복군을 창설해 일본과의 전쟁을 준비하기도 했어. 1945년에는 미국과 힘을 합쳐 한국광복군을 국내에 진입시켜 일제를 몰아내려 했지만 일제가 먼저 연합국에 항복해서 실행에 옮기지는 못했어.

대한민국 임시 정부는 상하이에서부터 항저우, 난징, 광저우, 충칭 등으로 일본의 영향력을 피해서 계속 이전했어.

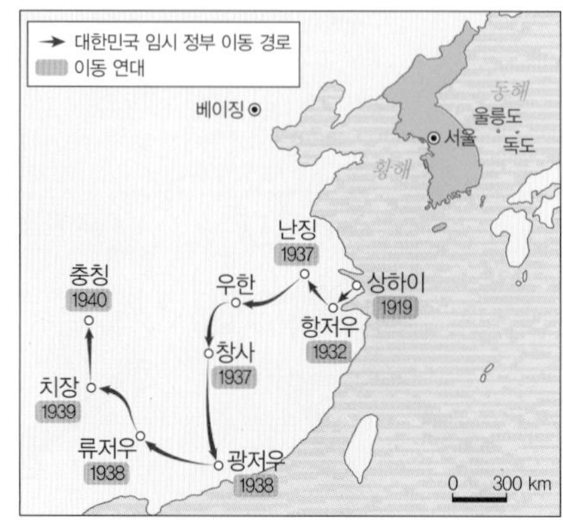

▲ 대한민국 임시 정부의 이동 경로

- **통합**(**統** 거느릴 **통**, **合** 합할 **합**) 모두 합쳐서 하나로 만듦.
- **창설** 기관이나 단체 따위를 처음으로 베풂.

참쌤이 들려주는

역사 이야기 독립을 위해 목숨을 바친 윤봉길 의사

'장부(丈夫)가 뜻을 세우고 집을 나가면 살아 돌아오지 않는다.'

일제 강점기, 조국의 독립을 위해 큰일을 하고자 마음먹은 윤봉길 의사가 스물 세 살의 나이에 집을 떠나면서 쓴 편지의 내용이에요. 윤봉길 의사는 집을 떠나 만주로 망명하였고, 상하이 임시 정부의 김구를 찾아가 조국을 위해 몸과 마음을 바칠 것을 맹세했어요. 마침내 1932년, 상하이 훙커우 공원에서 일본의 전쟁 승리와 일왕의 생일을 기념하는 행사장에 수류탄을 던져 일본군 대장을 처단하고 체포되었어요. 그리고 그 해에 일본의 감옥에서 사형을 선고받고 순국했어요.

대한민국 임시 정부

정답 199쪽

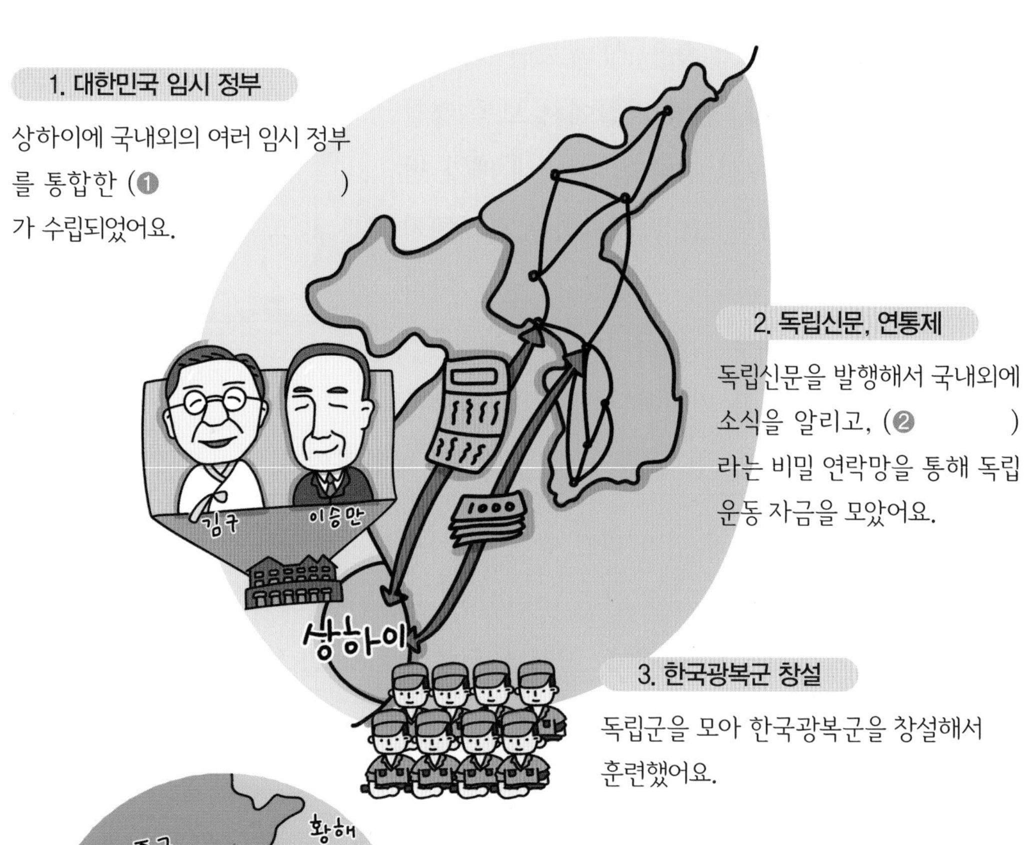

1. 대한민국 임시 정부

상하이에 국내외의 여러 임시 정부를 통합한 (❶) 가 수립되었어요.

2. 독립신문, 연통제

독립신문을 발행해서 국내외에 소식을 알리고, (❷) 라는 비밀 연락망을 통해 독립운동 자금을 모았어요.

3. 한국광복군 창설

독립군을 모아 한국광복군을 창설해서 훈련했어요.

중국
황해
난징(1937)
상하이(1919)
항저우(1932)
창사(1937)
치장(1939)
충칭(1940)
류저우(1938)
광저우(1938)

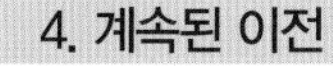

4. 계속된 이전

대한민국 임시 정부는 일본의 영향력을 피해 계속 (❸) 하면서 독립운동을 했어요.

초성 Quiz

1 대한민국 임시 정부는 여러 임시 정부를 통합해 (ㅅㅎㅇ)에 세워졌다.
□상하이 □서해안

2 대한민국 임시 정부는 한국(ㄱㅂㄱ)을 창설해 일본과의 전쟁을 준비했다.
□경복궁 □광복군

12 일제는 왜 문화 통치를 실시했을까요?

3·1 운동 이후 일제는 더 이상 무력을 사용해서는 식민 통치를 계속하기 어렵겠다고 생각했어. 그래서 문화 통치를 통해 분노한 백성들을 안정시키고 잘해 주는 것처럼 눈속임을 하려고 했어.

문화 통치는 겉으로는 한민족의 전통과 문화를 존중하고, 일본식을 강요하지 않으며, 한민족의 이익을 위한다는 통치 방법이야. 헌병 경찰제를 폐지하고, 교육 기회를 확대했으며, 민족 신문을 내는 것을 허락했어.

하지만 그 속을 살펴보면 이야기가 좀 달라. 헌병 경찰에서 보통 경찰로 바꾼 대신 경찰의 수는 세 배가 넘게 증가했어. 교육의 기회를 확대했지만 기초 교육에 머물렀고, 신문 기사를 마음대로 삭제하거나 검열하고, 일제의 잘못을 지적하는 내용을 쓰지 못하게 했어. 마음에 들지 않는 신문은 폐간하기도 했지.

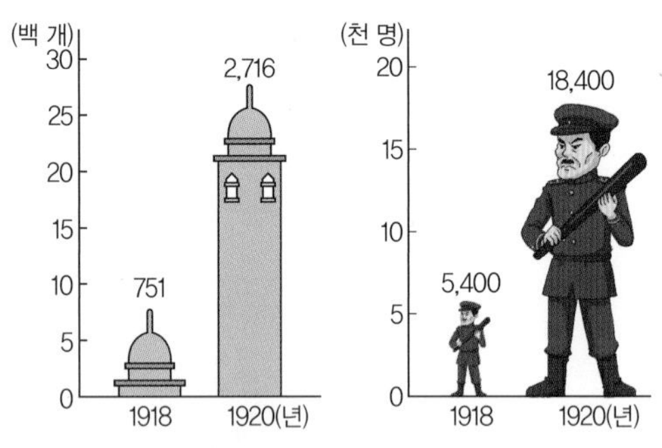

▲ 경찰 관서와 경찰 인원 수

이렇게 앞과 뒤가 다르게 통치한 이유는 앞에서 잘해 주며 우리 민족의 저항 의지를 약화시키기 위한 것이었어. 또, 친일 세력을 길러 우리 민족을 갈라놓으려는 의도도 있었지. 실제로 문화 통치로 민족 지도자 중에서도 친일 세력으로 돌아서는 사람이 생겼어.

- **검열**(**檢** 검사할 **검**, **閱** 볼 **열**) 언론, 출판, 보도, 연극, 영화, 우편물 따위의 내용을 사전에 심사하여 그 발표를 통제하는 일. 사상을 통제하거나 치안을 유지하기 위한 것.
- **폐간** 신문, 잡지 따위의 간행을 폐지함.

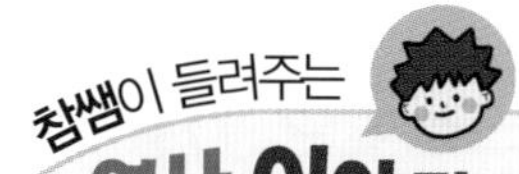

역사 이야기 친일파, 끝나지 않은 청산

일제 강점기에 일제에 협력해서 국권을 상실하게 한 사람, 독립운동을 방해하고 독립운동가와 그 가족에게 해를 입힌 사람, 일제에 붙어서 세력을 누리며 우리 민족들을 괴롭힌 사람들을 친일파라고 불러요. 광복 이후에 친일파들을 잡아내어 벌주기 위해서 두 차례나 법을 만들었지만 실패했어요. 나라를 다시 세우는 혼란한 틈을 타서 친일파들이 다시 세력을 잡고 정부의 중요한 자리를 차지했기 때문이에요. 지금은 시간이 지나 대부분의 친일파들이 죽고 그 후손들만 남아 있지만 다시는 자기 민족을 배신하는 사람이 나오지 않도록 꼭 친일파를 정리해야 해요.

일제의 문화 통치

정답 199쪽

1. 헌병 경찰제 폐지

문화 통치를 실시하며 일제는 헌병 경찰제를 폐지했지만 (❶)의 수는 더 증가했어요.

2. 교육 기회 확대

교육의 기회를 확대했지만 기초 교육에 머물렀어요.

3. 민족 신문 발행 허락

민족 (❷)의 발행을 허락했지만 잘못을 지적하는 기사를 쓰면 기사를 삭제하거나 신문을 폐간했어요.

4. 문화 통치의 의도

일제에 대한 저항 의지를 약화시키고 친일 세력을 길러 우리 민족을 갈라놓으려는 의도가 있었어요.

1 3·1 운동 이후 일제는 (ㅁㅎ) 통치를 실시했다.
□만화 □문화

2 일제는 (ㅎㅂ) 경찰제를 폐지했지만 오히려 보통 경찰의 수는 더 늘었다.
□헌병 □한복

13 일제는 조선의 쌀 생산량을 왜 늘렸을까요?

일제의 탄압은 1910년 이후 더 심해져서 우리 민족은 더욱 살기 어려워졌어. 그러던 중 일본은 산업화로 인해 농민이 줄고 흉년까지 겹치면서 쌀 생산량이 급격히 줄게 되었어. 일본 내에서 쌀이 부족해져 쌀값이 크게 올랐지.

조선을 일본의 식량 공급지로 활용하려고 한 거야.

이에 일제는 일본의 식량 부족 문제를 해결하려고 조선의 쌀 생산량을 늘리는 산미 증식 계획을 시행했어. 일제는 조선의 척박한 땅들을 찾아내 농사지을 수 있는 땅으로 만들고, 밭농사를 짓던 땅도 논농사를 지을 수 있는 땅으로 바꾸게 하는 등 조선의 쌀 생산량을 늘리려고 했어. 하지만 일제가 목표한 만큼 쌀 생산량이 늘지 않았지.

산미 증식 계획으로 농촌의 어려움은 심각해졌어. 일제가 늘어난 것보다 많은 양의 쌀을 일본으로 가져갔고, 쌀 생산량을 늘리는 데 필요한 여러 가지 비용까지 농민에게 부담하게 했기 때문이야. 힘들어진 농민들은 만주나 연해주 등으로 떠나기도 했어.

▲ 일본으로 실어 갈 쌀이 쌓여 있는 인천항

한편 일본에서는 너무 많은 쌀로 인해 쌀값이 떨어졌어. 결국 일본의 농촌 경제가 어렵게 되었고, 세 번에 걸쳐 시행되었던 산미 증식 계획도 중단되었어.

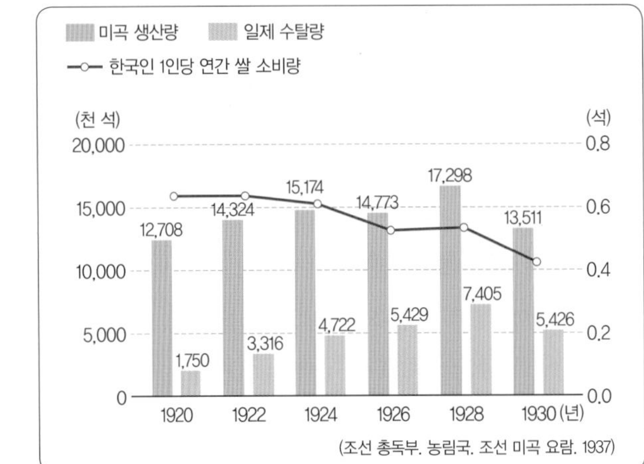

▲ 쌀 생산량과 수탈량의 변화

조선인의 쌀 소비량은 감소하는 반면 잡곡 소비량이 증가했다고 해.

- **산업화** 생산 활동의 기계화, 분업화로 2차 · 3차 산업의 비율이 높아지는 현상.
- **증식**(**增** 더할 **증**, **殖** 불릴 **식**) 늘려서 많게 함.
- **부담**(**負** 질 **부**, **擔** 멜 **담**) 어떠한 의무나 책임을 짐.

역사 이야기 하루 한 끼를 먹는 사람이 30%

고창군의 인구 10만 4,930명 가운데서, 하루 세 끼 먹는 인구가 23.6%인데 비해, 하루 두 끼 먹는 인구가 45.2%이고, 하루 한 끼 먹는 인구는 31.1%나 되었다. 또한 이중에서 쌀밥을 먹는 인구가 전체의 21.7%인데 비해, 잡곡을 먹는 인구가 48.3%이며, 잡곡에 풀잎을 섞어 먹는 사람이 25.5%이며, 풀뿌리와 나무껍질로 연명하는 사람이 4.6%나 되었다.

– 〈동아일보〉, 1924년 10월 21일자

기사를 보면, 산미 증식 계획이 시행된 당시 고창군에서 끼니를 제대로 챙기기 못하는 사람이 76%나 되었다고 해요. 고창은 넓은 평야가 있어 논농사를 많이 짓는 곳이에요. 많은 쌀이 나는 곳에서도 이렇게 어려움을 겪었다고 하니, 조선인들의 어려움이 컸음을 알 수 있어요.

산미 증식 계획

정답 199쪽

1. 산미 증식 계획의 원인

일본은 산업화와 흉년으로 인해 (❶) 이 부족해졌고, 쌀값이 크게 올랐어요.

2. 산미 증식 계획 시행

산미 증식 계획을 시행해 (❷) 의 쌀 생산량을 늘려 일본의 쌀 부족 문제를 해결하려고 했어요.

3. 산미 증식 계획의 결과

일제는 늘어난 양보다 많은 양의 쌀을 (❸)으로 가져갔고, 농민들의 삶이 힘들어졌어요.

초성 Quiz

1 일본은 (ㅅㅇ)화와 흉년으로 쌀이 부족해졌다.
□소음 □산업

2 일본의 쌀 부족 문제를 해결하기 위해 조선에서 산미 (ㅈㅅ) 계획을 시행했다.
□증식 □정식

14 민족의 실력을 키우기 위해 어떤 노력을 했을까요?

3·1 운동 이후 일제는 회사 설립에 제한을 두었던 회사령을 철폐하였어. 일본 기업이 한반도에 쉽게 들어올 수 있게 하기 위해서였지. 1920년대에 들어 일본 기업의 한국 진출이 활발해지자 국산품을 애용하는 등의 노력을 통해 한국인의 산업을 보호하자는 물산 장려 운동이 전개되었어. 평양에서 시작된 물산 장려 운동은 경성에서도 이어졌지. 경성에서 시작된 3,000여 명의 민족 단체 회원들의 모임은 물산 장려 운동의 중심에 나섰어. 그들은 '조선 사람 조선으로!', '우리 것으로만 살자!' 등의 구호를 내세웠다고 해. 이후 조선 물산 장려회 단체가 만들어지면서 전국적으로 확산되었어. 그러나 상인과 자본가의 배만 채워 주는 결과를 낳았고, 친일 세력이 함께하면서 변질되어 쇠퇴하게 되었어.

▲ 물산 장려 운동 광고

일제 강점기가 계속되면서 조선에서 고등 교육은 이루어지지 않았어. 이에 47명의 민족주의자들은 우리 민족의 힘으로 대학을 세우려는 민립 대학 설립 운동을 추진하였어. 1923년 3월 29일, 조선 민립 대학 기성회에서 '한민족 1천만이 한사람 1원씩'이라는 구호를 걸고 대학 설립 모금회를 진행하였지. 하지만 일제의 방해와 탄압으로 실패하고 말았어.

- **철폐(撤** 거둘 **철, 廢** 폐할 **폐)** 전에 있던 제도나 규칙 따위를 걷어치워서 없앰.
- **물산(物** 물건 **물, 產** 낳을 **산)** 그 지방에서 생산되는 물품.

역사 이야기 경성 제국 대학

▲ 경성 제국 대학 의학부

1920년 당시 조선 땅에는 고등 교육 기관이 존재하지 않았어요. 우리 민족은 민립 대학 설립 운동을 지속하였지요. 이에 일제는 우리 민족의 움직임을 막을 목적으로 경성 제국 대학이라는 학교를 만들었어요. 이 학교에는 독립 의식을 높일 수 있는 학부들은 설치되지 않고 일제의 식민 효과를 높일 수 있는 법문학부와 의학부만 설치하였다고 해요. 또한 조선인 교수와 학생의 수를 적게 두어 차별했다고 해요. 이후 경성 제국 대학은 8 · 15 광복으로 인해 역사 속으로 사라졌어요.

3 · 1 운동 이후 나라에서 일어난 민족 운동

정답 199쪽

1. 물산 장려 운동

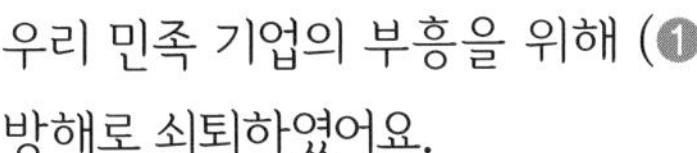

우리 민족 기업의 부흥을 위해 (❶) 을 벌였지만 친일파의 방해로 쇠퇴하였어요.

2. 민립 대학 설립 운동

우리 민족의 힘으로 대학을 세우려는 (❷)이 추진되었지만, 일제의 방해와 탄압으로 실패했어요.

초성 Quiz

1 1920년대에 국산품을 애용하자는 (ㅁㅅ) 장려 운동이 전개되었다.
□물산 □목성

2 우리 민족의 힘으로 (ㄷㅎ)을 세우려는 민립 대학 설립 운동이 추진되었다.
□도형 □대학

15 독립군 부대는 일제를 어떻게 물리쳤을까요?

3·1 운동을 전후하여 조직된 독립군 부대들은 만주와 연해주 일대에서 활동했어. 조선 내에서 독립운동을 하는 것보다 일본의 감시에서 자유로웠기 때문이지. 대표적인 무장 독립 전쟁에는 봉오동 전투와 청산리 대첩이 있어.

1920년, 일본군은 독립군의 근거지가 있던 봉오동을 공격할 계획을 세웠어. 이 소식을 들은 대한 독립군의 홍범도는 다른 독립군 부대들과 연합하고 봉오동 골짜기에 포위진을 만들었어. 일본군을 기다리고 있던 독립군들은 봉오동 골짜기에 들어온 일본군을 기습적으로 공격했어. 이 전투로 일본군은 수 백 명이 다치거나 죽는 등 큰 피해를 입었고, 독립군의 사기가 크게 높아졌어. 이후 홍범도의 대한 독립군은 청산리로 가서 김좌진의 북로 군정서군 등의 독립군과 연합했어.

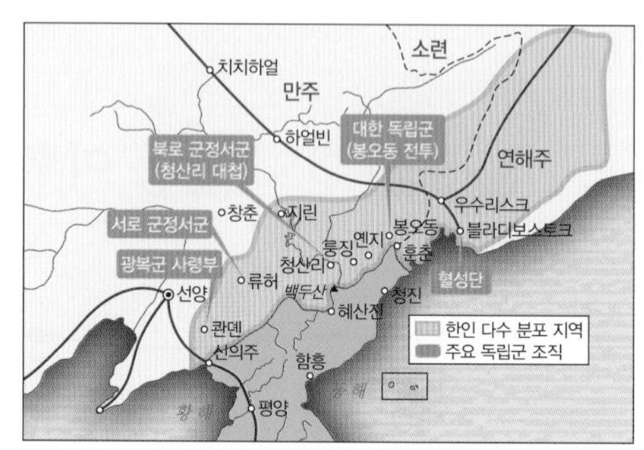

▲ 1920년대 무장 독립군 부대와 주요 전투 지역

봉오동 전투에서 크게 패한 일본군은 보복을 한다며 만주 일대의 독립군을 공격했어. 김좌진은 만주 지역의 독립군들에게 청산리로 피하라고 지시했지. 김좌진과 홍범도 등이 이끄는 독립군 연합 부대는 일본군을 청산리로 유인했어. 이에 청산리에서는 대규모의 전투가 일어났는데 독립군 병사들은 청산리의 험한 지형을 이용해 일본군에 맞서 크게 승리했어. 청산리 대첩은 우리 독립 전쟁 역사상 가장 큰 승리였어.

▲ 북로 군정서군의 승전 축하 기념 사진

청산리 대첩 이후 김좌진 장군은 임시 정부에도 참여할 수 있었으나, 독립군을 기르는 데만 전념했다고 해.

- **근거지** 활동의 근거로 삼는 곳.
- **포위진** 적을 에워싸고 있는 장비를 갖춘 부대.

역사 이야기 아픔의 역사, 간도 참변

청산리 대첩이 끝난 1920년, 일제는 독립군을 없앨 목적으로 조선에 있던 일본군까지 합류시켜 대규모의 군인을 간도로 보냈어요. 그리고 독립군 대신 그 지방에 살고 있던 무고한 우리 민족을 잔인하게 죽였어요. 3~4개월에 걸쳐 수많은 조선인의 마을을 불태우고 재산과 식량을 빼앗았으며, 조선인이 보이면 묻지도 않고 죽였다고 해요. 조사한 결과에 따르면 한 달 정도의 기간 동안 학살된 조선인이 3,469명에 이른다고 하니, 전체 기간으로 따지면 피해를 입은 사람이 수 만 명이 될 거라고 해요.

무장 독립 전쟁

정답 200쪽

1. 봉오동 전투

일본군이 독립군의 근거지인 봉오동을 공격하자 (❶)는 봉오동의 지형을 이용해 일본군을 물리쳤어요.

2. 청산리 대첩

일본군이 청산리를 침략하자 (❷)과 홍범도 등이 이끄는 독립군 부대가 맞서 싸워 크게 승리했어요.

1 (ㅎㅂㄷ)는 봉오동 전투에서 일본군을 크게 무찔렀다.
□홍범도 □한반도

2 (ㅊㅅㄹ) 대첩은 김좌진과 홍범도가 일본군을 무찌른 독립 전쟁이다.
□청산리 □총소리

16 일제는 한국인의 민족정신을 어떻게 말살하려 했을까요?

일제는 대륙을 본격적으로 침략하기 위해서 중일 전쟁을 일으키고, 이어서 태평양 전쟁까지 일으켰어. 중일 전쟁 이후에는 한국인을 침략 전쟁에 동원하고자 했어. 이를 위해 일본은 내선일체, 즉 '일본과 조선은 하나의 몸과 같다.'라는 구호를 내세워 조선 식민지 정책을 본격화했지.

▲ 내선일체 선전 엽서

일제는 우리말 대신 일본어를 쓰도록 강요하고, 우리나라의 역사를 왜곡했어. 또 일본 천황에게 충성을 다짐하는 내용의 황국 신민의 서사를 강제로 외우게 했어. 전국 각지에 신사를 세우고 신사 참배를 강요하기도 했어. 신사에 참배한다는 것은 곧 일제에 충성을 맹세한다는 의미가 있거든.

민족의 혼을 앗아간 정책으로 우리 민족의 삶은 더 어려워졌어.

조선인의 성과 이름은 일본식으로 바꾸게 했어. 이름을 바꾸지 않은 학생은 학교에 입학할 수 없었고, 공무원이 되거나 식량도 받을 수 없었지. 그리고 물건을 보내거나 받는 것도 금지했어. 조선인들의 일상생활을 어렵게 한 거야.

일제는 우리나라 사람들을 전쟁에 강제로 동원하기도 했어. 무기 공장에서 일하게 하거나 전쟁 군인으로 끌고 가기도 했지. 어린아이나 여성들까지도 전쟁터로 끌려가 모진 고통을 당했어.

- **말살**(**抹** 지울 **말**, **殺** 죽일 **살**) 있는 사물을 뭉개어 아주 없애 버림.
- **신사** 일본 왕실의 조상이나 국가에 큰 공로를 세운 사람을 신으로 모신 사당.
- **참배** 무덤 또는 죽은 사람을 기념하는 기념비 따위의 앞에서 추모의 뜻을 나타냄.

▲ 신사 참배하는 학생들

▲ 강제 징용된 한국인 노동자

역사 이야기 아침마다 외우던 황국 신민의 서사

아침마다 어떤 글을 외우지 않았다고 혼이 난다면 어떨까요? 일제는 매일 "우리는 황국 신민입니다!"로 시작하는 맹세를 외우게 했어요. 불과 백여 년 전 우리 땅에서 일어난 일이에요. 대륙을 침략하려는 야욕을 키운 일본은 조선인을 일제의 밑에 두려고 여러 방법을 썼는데, 그 중 하나가 바로 황국 신민의 서사를 외우게 한 거예요. 아동용, 성인용 따로 만들어졌는데 이는 어릴 때부터 외우면서 자연스럽게 일본인으로 자라게 하려는 의도였어요.

일제의 민족 말살 통치

정답 200쪽

1. 황국 신민의 서사 제창

일제는 우리 민족의 정신을 없애기 위해 (❶) 신민의 서사를 매일 외우게 했어요.

2. 신사 참배

일제는 우리나라 전국 각지에 신사를 세우고 참배를 강요했어요.

3. 창씨 개명

성과 이름을 (❷)식으로 바꾸게 했어요.

4. 일본군 동원

일본이 일으킨 전쟁에 우리나라 사람들을 강제로 (❸)했어요.

초성 Quiz

1 일제는 우리말 대신 (ㅇㅂㅇ)를 쓰도록 강요했다.

□어버이 □일본어

2 일제는 전국 각지에 (ㅅㅅ)를 세우고 강제로 참배하게 했다.

□신사 □산소

17 민족정신을 지키기 위해 한 노력에는 무엇이 있을까요?

일제의 탄압 속에서도 우리의 민족 문화를 지키기 위한 노력은 계속되었어. 주시경과 국어학자들은 한글 표기법 통일의 필요성을 깨닫고 최초의 국어사전인 '말모이'를 만들기 위해 노력했어. 말모이는 원고까지만 만들어지고 책으로 편찬되지는 못했지만 후에 조선어 사전을 만드는 데 밑바탕이 되었어.

'한글'이라는 이름은 1910년대 초에 주시경 선생을 비롯한 한글 학자들이 쓰기 시작했어.

이윤재와 최현배 등은 조선어 연구회를 조직하여 '가갸날(한글날)'을 제정하고 '한글' 잡지를 간행하는 등 한글 연구와 보급에 힘썼어. 이후 조선어 연구회를 계승하여 조직된 조선어 학회는 한글 맞춤법 통일안과 표준어 제정, 강습회 개최 등 한글 보급을 위해 노력했어.

▲ 한글 연구와 보급을 위한 책

독립운동가이자 역사가인 신채호는 우리의 역사와 훌륭한 인물의 이야기를 책으로 펴내 우리 민족의 우수성을 알리고자 했어. 한용운, 이육사 등은 꺾이지 않는 민족정신을 그들의 작품에 담았지.

광야 이육사

지금 눈 내리고 / 매화 향기 홀로 아득하니 / 내 여기 가난한 노래의 씨를 뿌려라.
다시 천고의 뒤에 / 백마 타고 오는 초인이 있어 / 이 광야에서 목 놓아 부르게 하리라.

나운규는 '아리랑'이라는 영화를 만들어 우리 민족의 정서와 애환을 표현하였어. '아리랑'은 당시 사람들에게 공감과 감동을 주었지. 이밖에 음악이나 미술 등의 분야에서도 민족의식을 담은 작품들이 발표되었어.

- **편찬** 여러 가지 자료를 모아 체계적으로 정리하여 책을 만듦.
- **애환(哀 슬플 애, 歡 기쁠 환)** 슬픔과 기쁨을 아울러 이르는 말.

역사 이야기 말모이 작전

최남선이 설립한 조선 광문회에서 주시경과 국어 학자 33인이 민족정신을 키우고자 우리말 사전 편찬을 위해 비밀리에 만남을 시작했어요. 그렇게 모인 사람뿐만 아니라 많은 사람들이 일제의 눈을 피해 우리의 말을 수집했어요. 1911년부터 조사를 시작해 초기 원고까지 만들어졌지만, 안타깝게도 출판으로 이어지지는 못했어요. 이후 말모이의 원고를 받은 조선어 사전 편찬회에서 대대적인 말모이 작전을 벌여 1942년 초고를 완성했어요, 하지만 인쇄 직전 일제의 탄압으로 사람들이 옥에 갇히고 원고까지 빼앗기고 말았어요.

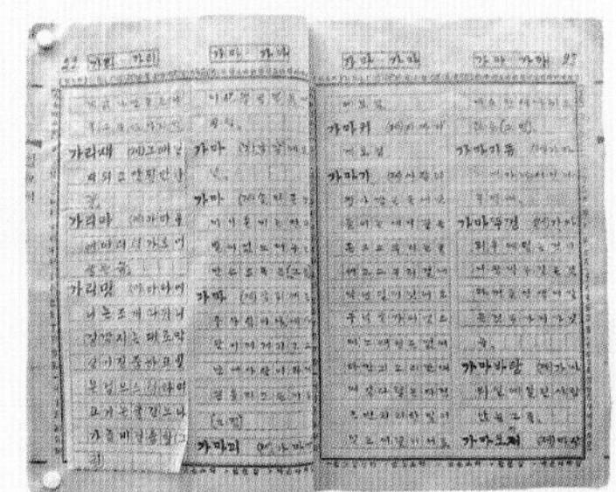
▲ 말모이 원고

민족정신을 지키기 위한 노력

정답 200쪽

1. 한글 연구와 보급

국어학자들은 우리글의 가치를 알리고자 (❶   )을 보급하고 사전을 편찬하는 데 힘썼어요.

2. 우리 역사 연구

신채호는 우리 민족의 우수성을 알리고자 우리의 (❷   )와 훌륭한 인물의 이야기를 책으로 펴냈어요.

3. 문학, 예술 활동

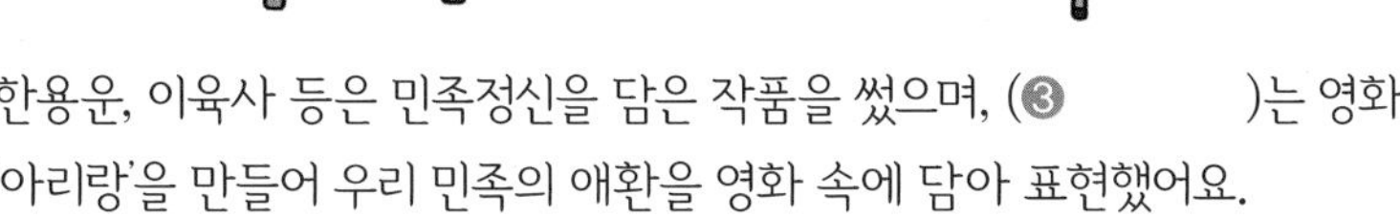

한용운, 이육사 등은 민족정신을 담은 작품을 썼으며, (❸   )는 영화 '아리랑'을 만들어 우리 민족의 애환을 영화 속에 담아 표현했어요.

1 주시경과 국어학자들은 최초의 국어사전인 (ㅁㅁㅇ)를 만들기 위해 노력했다.
□말모이 □멍멍이

2 나운규는 영화 (ㅇㄹㄹ)을 제작하여 우리 민족의 정서와 애환을 표현하였다.
□으르렁 □아리랑

18 우리 민족은 일본군에 어떻게 맞서 싸웠을까요?

1920년대 후반 일제의 감시와 탄압 등으로 대한민국 임시 정부의 활동이 침체되자 김구는 이러한 상황을 극복하고자 한인 애국단을 만들었어. 한인 애국단의 이봉창은 1932년 도쿄에서 일본 국왕의 마차에 폭탄을 던졌지만 실패했고, 윤봉길은 상하이 훙커우 공원에서 열린 일본 왕의 생일 기념행사에 폭탄을 던지는 의거를 실행했지.

▲ 이봉창

▲ 김구와 윤봉길

일제가 만주 사변을 일으켜 만주를 점령하자, 만주와 중국을 중심으로 무장 독립 투쟁이 시작되었어. 북만주 지역에서는 지청천이 이끈 한국 독립군이 일본군과 싸워 승리했고, 남만주 지역에서는 양세봉이 이끈 조선 혁명군이 중국군과 연합하여 일본에 승리를 거뒀지. 한국 독립군은 대한민국 임시 정부에 합류하여 더 열심히 독립을 위한 전쟁을 지속했어. 대한민국 임시 정부는 1940년 지청천을 총사령관으로 한국광복군을 만들었어. 한국광복군은 우리 민족의 자주적인 무장 독립을 위해 노력했어.

일본의 패망 소식이 들려오자, 국외 독립 운동가들은 대한민국 임시 정부를 중심으로 건국 준비 활동을 했어. 국내에서는 독립운동가들이 조선 건국 동맹을 만들어 광복을 준비했지.

- **침체**(**沈** 잠길 **침**, **滯** 막힐 **체**) 어떤 현상이나 사물이 진전하지 못하고 제자리에 머무름.
- **의거**(**義** 옳을 **의**, **擧** 일으킬 **거**) 정의를 위하여 의로운 일을 도모함.
- **점령** 교전국의 군대가 적국의 영토에 들어가 그 지역을 군사적으로 지배하게 둠.
- **패망**(**敗** 패할 **패**, **亡** 망할 **망**) 싸움에 져서 망함.

참쌤이 들려주는

역사 이야기 이봉창의 의거

이봉창은 일찍이 일본인이 경영하는 상점에서 일하면서 수모와 설움을 받으며 자랐고, 이후 일본으로 건너가 일하면서 조선인들이 받는 차별을 직접 경험했어요. 이봉창은 독립운동을 하기로 마음먹고 김구의 한인 애국단에 가입하여 일왕을 암살하겠다는 계획을 세웠어요. 수류탄 2개를 들고 일본의 동경으로 간 이봉창은 일본 왕이 탄 마차를 기다렸다가 수류탄을 던졌어요. 하지만 수류탄은 빗나갔고 이봉창은 일본 경찰에 붙잡혔어요. 비록 이봉창의 의거는 실패했지만 독립운동에 활기를 불어넣었어요.

무장 독립 운동

정답 200쪽

1. 한인 애국단의 노력

한인 애국단은 이봉창과 (❶) 의사의 의거를 이끌었으며, 이는 대한민국 임시 정부의 독립운동이 더욱 활발해지는 결정적인 원인이 되었어요.

2. 국외의 독립운동

한국 독립군, 조선 혁명군 등이 일본군을 무찔렀고, 대한민국 임시 정부는 (❷)을 창설하여 일제에 맞서 싸웠어요.

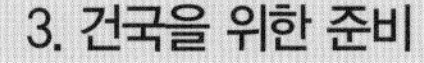

3. 건국을 위한 준비

일본의 패망 소식이 들려오자 국내외 독립운동가들은 (❸)을 위한 준비를 시작했어요.

1 한인 (ㅇㄱㄷ)은 이봉창과 윤봉길 의사의 의거를 이끌었다.

□애국단 □원기둥

2 대한민국 임시 정부는 한국(ㄱㅂㄱ)을 창설하였다.

□광복군 □경복궁

역사 논술

물산 장려 운동 – 민족 자본 운동 vs 자본가의 배를 불린 운동

상황 알기

• 1920년대 이후 일제 기업이 한반도에 쉽게 진출하면서 어려워진 우리 기업을 살리기 위해 시작한 것이 물산 장려 운동임.

관련 키워드

민족자본 # 경성제국대학 # 조선사람 조선으로!

사건 평가하기

우리의 기업을 살린 민족 자본 운동이다!

일제 강점기 일본은 우리나라 회사를 억압하고자 했다. 그래서 회사 설립에 제한을 두었던 회사령을 폐지하여 일본 기업이 쉽게 조선에 들어올 수 있도록 하였다. 그에 따라 1920년 일제 기업들은 식민지 조선에 지부를 설치하고 점점 그들의 회사를 늘려갔다.

이에 조선의 기업가들과 지식인들은 힘을 합쳐 경제적 억압에서 벗어나고자 노력했다. 평양에서 민족지도자들이 모여 국산품을 애용하자고 외치며 물산 장려 운동이 시작되었다. 경성의 민족 단체에서는 '조선사람 조선으로!', '우리 것으로만 살자!' 등의 구호를 외치며 물산 장려 운동을 이어갔다. 이는 조선인들의 경제적인 독립을 일깨우는 계기가 되었다. 또한 상인들도 동참하면서 애국 운동으로 확산되었다.

자본가들의 배만 불린 반쪽짜리 민족 운동이다!

조선의 상공업자들이 힘을 합쳐 물산 장려 운동을 전개해 갔다. 활발한 운동 덕에 민족 물품 사용이 늘었다. 그러나 토산품만 사용하다보니 토산품의 가격이 크게 올랐고, 이는 상인과 기업 자본가들의 배만 채워 주는 꼴이 되었다. 이 때문에 일부 운동가들과 서민들은 '물산 장려 운동은 자본가를 위한 것이다.' 라며 격하게 비판하였다. 또한 가난에 시달리던 서민들에게는 현실적으로 다가오지 않아 지속적인 참여가 어려웠다.

당시 조선을 관리했던 조선 총독부의 심한 탄압과 박영효, 유성준과 같은 친일파 세력들이 물산 장려 운동을 방해하며 분열되기 시작하였다. 이에 따라 결국 일제와 타협하게 되는 등 제대로 된 뜻을 펼치지 못하게 되었다.

- **지부**(**支** 가를 **지**, **部** 거느릴 **부**) 본부의 관할 아래 일정한 지역에 설치하여 그 지역의 사무를 맡아보는 곳.
- **애용**(**愛** 사랑 **애**, **用** 쓸 **용**) 좋아하여 애착을 가지고 자주 사용함.
- **토산품**(**土** 흙 **토**, **産** 낳을 **산**, **品** 물건 **품**) 그 지방에서 특유하게 나는 물품.
- **탄압**(**彈** 탄알 **탄**, **壓** 누를 **압**) 권력이나 무력 따위로 억지로 눌러 꼼짝 못하게 함.

생각정리

다음 자료를 보고, 빈칸에 들어갈 알맞은 내용을 쓰세요.

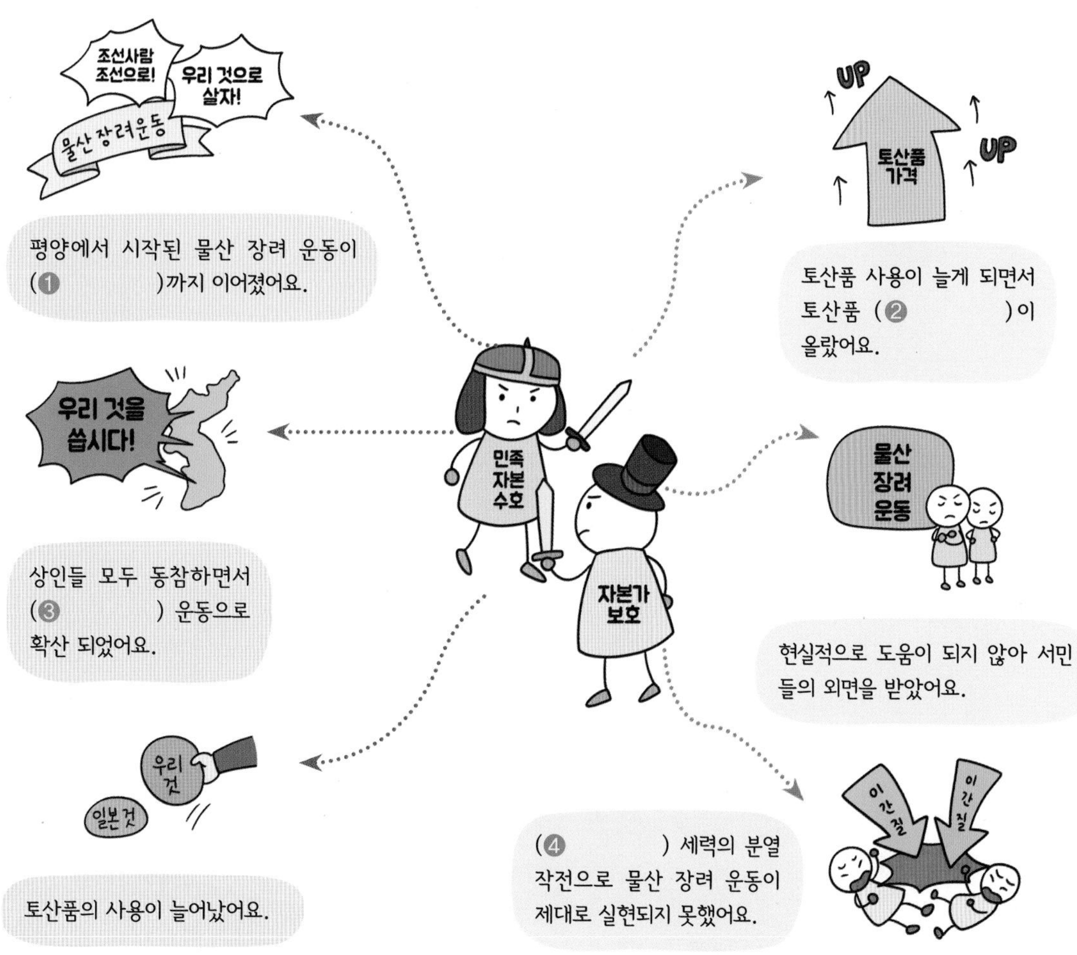

평양에서 시작된 물산 장려 운동이 (❶)까지 이어졌어요.

토산품 사용이 늘게 되면서 토산품 (❷)이 올랐어요.

상인들 모두 동참하면서 (❸) 운동으로 확산 되었어요.

현실적으로 도움이 되지 않아 서민들의 외면을 받았어요.

토산품의 사용이 늘어났어요.

(❹) 세력의 분열 작전으로 물산 장려 운동이 제대로 실현되지 못했어요.

물산 장려 운동을 어떻게 평가해야 할지 자신의 의견을 자유롭게 써 보세요.

4. 대한민국의 수립과 발전

“우리나라가 민주주의 국가가 되기까지 어떤 일들이 있었을까요?

우리나라는 1945년에 광복을 맞이했어요. 1948년에는 대한민국 정부가 수립되었지만 6 · 25 전쟁과 군인들의 독재 정치 등으로 국민들은 많은 고통을 겪어야 했어요. 하지만 국민들은 민주화 운동을 벌여 민주주의를 이루어냈고, 열심히 일하여 경제 성장도 이루어냈어요.

그림 연표로 한눈에 보는 한국사

4. 대한민국의 수립과 발전

대한민국

1945년
8·15 광복,
38도선 분단

1948년
5·10 총선거,
대한민국 정부 수립

▲ 대한민국 정부 수립 선포식

1950년
6·25 전쟁

1980년
5·18 민주화 운동

1979년
전두환, 군사 정변

시민들은 시민군을 만들어 전두환이 보낸 계엄군에 맞서 싸웠어.

1987년
6월 민주 항쟁,
6·29 민주화 선언

1997년
외환 위기

대한민국의 수립과
발전 과정을
함께 살펴볼까?

1953년

휴전 협정

1960년

3·15 부정 선거,
4·19 혁명

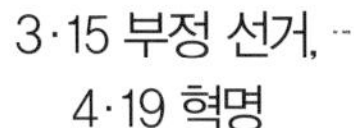

1961년

5·16 군사 정변

1970년

새마을 운동 시작

1972년

유신 정권 시작

▲ 유신 헌법 공포식

1998년

금강산 관광 시작

2000년

남북 정상 회담

남과 북은 개성 공단
사업 등 경제적 교류도
시작했어.

01 우리나라는 어떻게 광복을 맞이했을까요?

제2차 세계 대전에서 일본이 연합국에 항복하면서 우리나라는 1945년 8월 15일에 광복을 맞이했어. 광복은 연합국의 승리로 얻어진 것이지만, 우리 민족이 나라를 되찾기 위해 끊임없이 노력한 결과이기도 해.

광복 이전부터 독립운동가들은 광복 이후의 나라를 고민해 왔어. 대한민국 임시 정부는 건국의 원칙을 발표했고, 국내에서는 여운형을 중심으로 하는 민족 지도자들이 조선 건국 준비 위원회를 조직해 사회 질서를 바로잡고 새로운 국가의 건설을 논의했지.

그러나 정부 수립 과정은 쉽지 않았어. 미군과 소련군이 일본군의 무장 해제를 이유로 우리나라에 들어온 거야. 이러한 가운데 중국, 일본, 미국 등 다른 나라에 머물던 동포들이 국내로 돌아왔어. 10월에는 이승만이 귀국했고, 11월에는 김구를 비롯한 대한민국 임시 정부의 주요 인물들이 귀국하여 나라를 만드는 일에 참여하였어.

▲ **광복을 맞이한 사람들** 서대문형무소에서 출소한 독립투사와 시민이 만세를 부르며 기뻐하고 있음.

- **항복**(降 항복할 **항**, 服 엎드릴 **복**) 적이나 상대편의 힘에 눌리어 굴복함.
- **무장** 전투에 필요한 장비를 갖춤. 또는 그 장비.
- **해제** 설치하였거나 장비한 것 따위를 풀어 없앰.

역사 이야기 광복 이후 학교생활 모습

광복 이후 어린이들은 학교에서 우리말과 글을 쓸 수 있게 되었어요. 일본인 교사들은 본국으로 돌아갔고, 아침마다 외워야 했던 황국 신민의 서사를 더는 외울 필요가 없었지요. 또 학교에 태극기가 걸리게 되었어요.

> 광복 후 처음 등교하는 날, 우리는 교과서도 없이 강의를 받았다. 생전 처음으로 우리말 국어 강의를 받은 그 날의 기쁨과 감격은 정말 벅찼다. 학생들의 눈은 초롱초롱 빛났고 그 누구의 숨소리조차도 들을 수 없을 만큼 교실 안은 쥐 죽은 듯 조용했다. 이때만큼 열심히 수업받기는 평생 처음이었다.
>
> – 광복 당시 어느 학생의 회고담

8 · 15 광복

정답 200쪽

1. 광복을 맞이할 수 있었던 까닭

독립운동가들의 끊임없는 노력과 제2차 세계 대전에서 (❶)의 승리로 우리나라는 광복을 맞이했어요.

2. 광복 이후의 모습

국내 민족 지도자들은 조선 건국 준비 위원회를 조직하였고, 이승만과 (❷) 등 민족 지도자들이 귀국하였어요.

초성 Quiz

1 1945년 8월 15일 우리나라는 (ㄱㅂ)을 맞이했다.
□광복 □가방

2 국내에서는 조선 (ㄱㄱ) 준비 위원회를 조직해 사회 질서를 유지했다.
□건국 □건강

02 한반도는 왜 둘로 나누어졌을까요?

미국과 소련은 광복을 맞이한 한반도에 자신의 나라에 유리한 정부를 세우고 싶었어. 그래서 38도선을 그어 남쪽에는 미군, 북쪽에는 소련군을 각각 두어 차지했어.

1945년 12월에는 미국, 영국, 소련의 외무장관이 모스크바 3국 외상 회의를 개최해 한반도의 문제를 어떻게 처리할 것인지 논의했어. 이 회의에서 한반도에 임시 정부를 수립하고 미국, 영국, 중국, 소련 네 나라가 최대 5년간 신탁 통치를 실시하는 내용이 결정되었어. 우리나라에서는 신탁 통치에 반대하는 사람들과 찬성하는 사람들 사이에 갈등이 일어났어.

▲ 모스크바 3국 외상 회의 결정을 지지하는 사람들

▲ 모스크바 3국 외상 회의 결정을 반대하는 사람들

이후 임시 정부 구성 방법을 논의하기 위해 미소 공동 위원회가 열렸어. 이 회의에서 소련은 모스크바 3국 외상 회의 결과에 반대하는 사람들은 임시 정부 구성에 참여시킬 수 없다고 주장했고, 미국은 신탁 통치를 반대한다고 해서 임시 정부 구성에서 제외시킬 수 없다고 주장했어. 미국과 소련은 서로 다른 입장으로 결국 합의를 이루지 못했지.

미국은 한국의 문제를 국제 연합(UN)에 넘겼어. 국제 연합(UN)은 남북한 총선거로 통일 정부를 수립하기로 결정했어.

- **신탁 통치** 완전한 독립 국가가 되기 전에 미국, 영국, 중국, 소련 네 나라가 함께 다스리는 통치 체제.
- **국제 연합** 제2차 세계 대전 후 전쟁 방지와 평화 유지를 위해 설립된 국제기구.

참쌤이 들려주는

역사 이야기 분단선이 된 38도선

미국과 소련이 한반도에 38도선을 긋고 들어올 때에는 한반도에 두 개의 정부를 세울 계획이 없었어요. 신탁 통치를 한 후에 독립 국가를 수립할 수 있도록 도우려고 했지요. 하지만 정부 수립에 대한 의견이 너무 다양했고, 소련과 미국의 의견 차이가 커지면서 처음의 계획대로 되지 않았어요. 그러면서 38도선의 길을 중심으로 초소를 세워 사람들의 이동을 제한하기 시작하다가 철조망을 세워 통제하게 되었지요. 단순한 경계선이었던 38도선은 점차 남북 간의 교류를 막는 장벽으로 변한 것이에요.

분단의 과정

정답 200쪽

1. 38도선

(❶)을 경계로 북쪽에는 소련군, 남쪽에는 미군이 주둔했어요.

2. 모스크바 3국 외상 회의

모스크바 3국 외상 회의

모스크바 3국 외상 회의에서 (❷), 영국, 소련, 중국이 한반도의 신탁 통치를 결정했어요.

3. 미소 공동 위원회

임시 정부 구성 방법 논의를 위해 미소 공동 위원회가 열렸지만 미국과 소련은 합의를 하지 못했고, 한국의 문제를 국제 연합에 넘겼어요.

4. 남북한 총선거 결정

국제 연합에서 남북한 (❸)로 정부를 수립하기로 결정했어요.

초성 Quiz

1 모스크바 3국 외상 회의에서 한반도의 (ㅅㅌ) 통치가 결정되었다.

□신탁 □식탁

2 미소 공동 위원회 이후 미국은 한국의 문제를 (ㄱㅈ ㅇㅎ)에 넘겼다.

□국제 연합 □가족 여행

03 대한민국 정부는 어떻게 수립되었을까요?

소련은 한국 임시 위원단이 38도선 북쪽으로 들어오는 것을 거절했어. 총선거를 실시하는 것이 인구가 적은 북한에 불리하다고 생각한 거야. 그러자 국제 연합은 남한에서만 총선거를 하기로 결정했어. 1948년 5월 10일, 남한에서는 국회 의원을 뽑는 첫 번째 민주 선거가 실시되었지. 총선거로 뽑힌 국회 의원은 총 198명이었어. 이들은 제헌 국회를 만들고 5월 31일에 나라에 필요한 헌법을 만들기 위해 첫 회의를 했어. 7월 17일에는 국회 의장 이승만에 의해 헌법이 공포되었어.

(한국 임시 위원단: 국제 연합에서는 선거를 공정하게 관리하려고 한국 임시 위원단을 조직했어.)

헌법은 나라의 근본이자 으뜸이 되는 법이야.

▲ 5 · 10 총선거

▲ 제헌 국회 개원식

이후 헌법에 따라 정부를 이끌 지도자인 대통령과 부통령 선거를 했어. 그 결과 대통령에는 이승만, 부통령에는 이시영이 당선되었어. 광복 3주년을 맞은 1948년 8월 15일에는 대한민국 정부가 수립되었어. 대한민국 정부를 수립한 것은 우리 민족의 오랜 염원이었던 독립 정부를 수립했다는 점에서 역사적 의미가 있어. 한편 북한에서는 1948년 9월에 조선 민주주의 인민 공화국이 수립되었어. 이렇게 한반도에는 두 개의 정부가 세워졌지.

▲ 대한민국 정부 수립 선포식

- **공포** 일반 대중에게 널리 알림.
- **염원(念 생각 염, 願 원할 원)** 마음에 간절히 생각하고 기원함.

참쌤이 들려주는
역사 이야기 제주 4 · 3 사건

1948년 4월 3일, 제주도에서는 5 · 10 총선거 반대와 남북 통일 정부를 수립하자고 주장하는 봉기가 일어났어요. 그러자 이승만 정부의 군인들이 시위를 막기 위해서 나섰어요. 제주도 사람들과 군인들은 협상을 벌였지만 실패했지요. 군인들은 무기도 없는 사람들을 향해 무자비하게 총을 쏘고, 마을을 불태웠어요. 이때 수많은 주민이 희생당했어요. 이 사건은 우리나라 근현대사의 가장 큰 비극으로 남아 있어요.

▲ 제주 4 · 3 사건 희생자를 추모하는 위령제

대한민국 정부 수립

정답 200쪽

1. 5 · 10 총선거

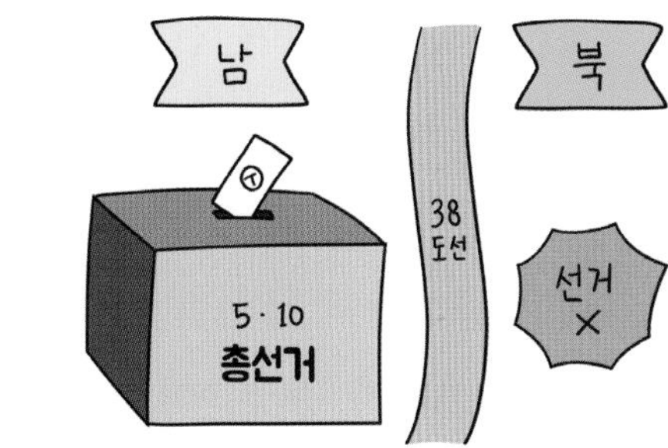

국제 연합에서 남북한 총선거로 통일 정부를 수립하려고 (❶)을 한반도로 보냈지만 소련이 거부했고, 남한만의 총선거가 실시되었어요.

2. 제헌 국회 구성

제헌 국회에서 헌법을 제정하였고, 제헌 국회 의원들은 이승만을 초대 (❷)으로 선출했어요.

3. 대한민국 정부 수립

1948년 8월 15일에 대한민국 (❸)가 수립되었어요.

1 1948년 7월 17일에 (ㅎㅂ)이 공포되었다.
□화분 □헌법

2 (ㅇㅅㅁ)이 우리나라의 초대 대통령으로 선출되었다.
□이승만 □여수만

04 6·25 전쟁은 왜 일어났을까요?

1950년 6월 25일, 소련에게 무기 공급 등의 지원을 받은 북한군이 남한을 무력으로 통일하려고 총공격을 시작했어. 한반도에 두 개의 정부가 만들어진 지 얼마 되지 않은 시점이었어. 아무 준비도 하지 못한 남한은 3일만에 북한군에게 서울을 빼앗겼고, 국군은 낙동강 이남까지 후퇴하게 되었어.

▲ 인천 상륙 작전

이 소식을 들은 국제 연합은 미국을 중심으로 16개 국이 참여한 국제 연합군을 남한에 파견했어. 국군과 국제 연합군은 북한군과 치열하게 전투를 벌였지. 1950년 9월 15일에 국군과 국제 연합군은 인천 상륙 작전을 실시했어. 인천 상륙 작전이 성공하면서 국군과 국제 연합군은 서울을 되찾고 압록강까지 진격할 수 있었어. 그러나 중국군이 압록강을 넘어 전쟁에 개입하면서 국군과 국제 연합군은 다시 후퇴하게 되었어. 이후 38도선을 중심으로 치열한 전투가 벌어졌지.

휴전 협상을 하는 동안 조금의 땅이라도 더 차지하기 위해 치열한 전투가 벌어졌어.

한편에서는 전쟁을 멈추려고 휴전 협상을 진행했어. 휴전 협상은 약 2년 동안 계속되었고, 1953년 7월에 휴전이 결정되었어. 맞서 싸우던 자리는 휴전선이 되어 남북은 다시 둘로 나누어졌어.

- **개입**(介 낄 개, 入 들 입) 자신과 직접적인 관계가 없는 일에 끼어듦.
- **휴전 협상** 전쟁 당사자들이 전쟁을 멈추려고 의논하는 것.

북한군의 남침

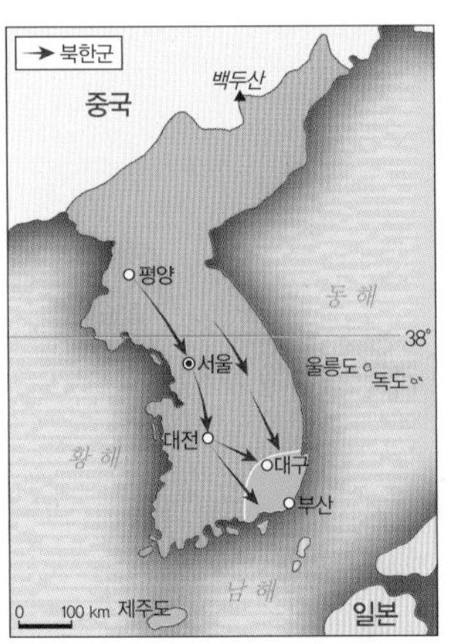

국군 · 국제 연합군의 반격

중국군의 개입

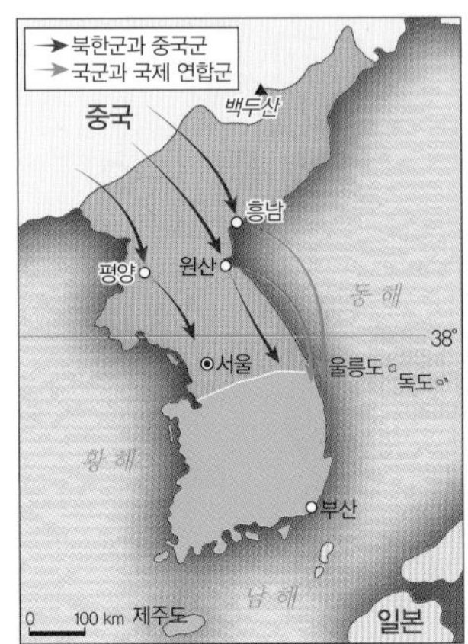

전선 고착 · 휴전

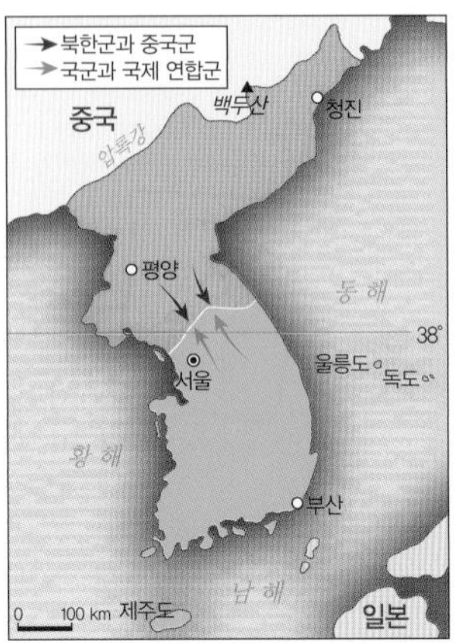

역사 이야기 임시 수도, 부산

6 · 25 전쟁 중 임시 수도는 대전, 대구, 부산으로 이동했어요. 그 중 부산은 1950년 8월부터 1953년 8월까지 1,000일 동안 대한민국의 임시 수도였어요. 부산으로 몰려든 피란민은 100만 명이나 됐어요. 피란민들은 수도와 전기가 없는 산비탈에 판잣집을 짓고 살았어요. 물 두 동이로 며칠을 버티기도 했어요. 이렇게 힘든 상황에서도 학생들은 천막 학교에서 수업을 들었어요. 사람들은 서로 어려움을 나누며 전쟁고아를 돌보기도 했어요.

▲ 부산의 천막 학교

6 · 25 전쟁의 전개 과정

정답 200쪽

1. 북한군의 남침

북한군이 남한을 무력으로 (❶)하고자 38도선 전 지역에서 총공격을 시작했고, 국군은 낙동강 이남까지 후퇴했어요.

2. 국군과 국제 연합군의 반격

국제 연합이 국제 연합군을 보냈고, 인천 상륙 작전을 계기로 국군과 국제 연합군은 (❷)까지 진격했어요.

3. 중국군의 개입

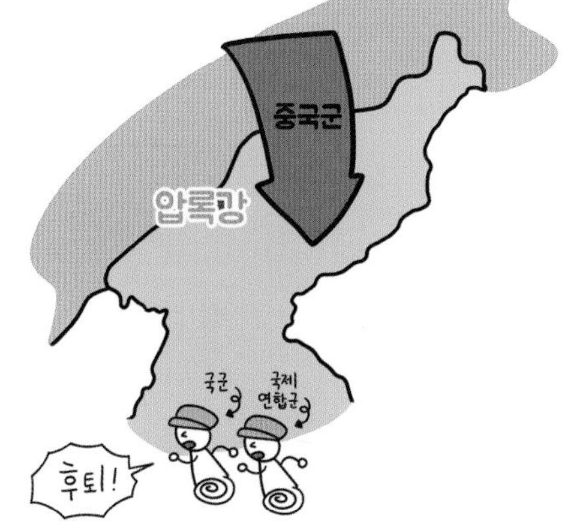

(❸)이 전쟁에 개입하면서 국군과 국제 연합군은 다시 후퇴했어요.

4. 전선 고착, 휴전

1953년 7월에 휴전이 결정되었고 (❹)이 설정되어 남북은 다시 둘로 나누어졌어요.

초성 Quiz

1 6월 25일 북한군의 총공격으로 국군은 (ㄴㄷㄱ) 이남까지 후퇴하였다.
□누더기 □낙동강

2 1953년 7월에 (ㅎㅈ)이 결정되었다.
□휴전 □후진

05 6·25 전쟁이 남긴 것은 무엇일까요?

1953년, 전쟁이 일어난 지 3년 1개월 만에 휴전이 이루어졌어. 전쟁의 결과는 끔찍했지. 남북한을 합쳐 200만 명 이상이 사망 또는 실종되었어. 10만 명이 넘는 전쟁고아와 1,000만 명이 넘는 이산가족이 발생했지. 피해를 입은 사람의 절반 이상은 일반 시민이었다고 해. 피란을 가지 못한 사람들이 점령지가 바뀔 때마다 국군이나 북한군에게 도움을 줬다고 죽거나 고통을 당했기 때문이야.

▲ 전쟁 중에 부모를 잃은 아이

▲ 이산가족 찾기 특별 생방송 모습

국토 또한 황폐해졌고 건물, 도로, 철도, 다리 등이 파괴되어 복구하는 데 많은 시간과 비용이 들었어. 절반에 이르는 공업 시설이 파괴되어 경제적, 사회적 암흑기가 왔지. 덕수궁이 파괴되는 등 문화재 피해도 컸어. 가장 큰 피해는 한민족이 대립하게 되었다는 거야. 전쟁의 상처를 회복하는 일은 남북한이 평화 통일을 이루는 날까지 우리의 과제로 남아 있어.

▲ 전쟁으로 폐허가 된 서울 중앙청

▲ 전쟁으로 파괴된 덕수궁

- **이산가족** 남북 분단 등의 사정으로 이리저리 흩어져서 서로 소식을 모르는 가족.
- **중앙청** 옛 조선 총독부 건물.

역사 이야기 이산가족 찾기 특별 생방송

1983년 6월 30일 밤 10시 15분부터 한국 방송 공사에서 이산가족 찾기 특별 생방송을 진행했어요. 방송 첫날 폭발적인 반응으로 당초 예정된 2시간에서 2시간 30분이나 더 길게 방송했다고 해요. 이 방송은 이후에도 계속되어 그해 11월 14일까지 총 453시간 45분 동안 방송되는 기록을 남겼어요. 총 100,952건의 신청 건수가 접수되어 10,189명의 이산가족이 상봉했어요. 이산가족 찾기 특별 생방송 관련 기록물은 유네스코 기록 유산으로 등재되었어요.

6 · 25 전쟁의 결과

정답 200쪽

인명 피해

많은 사람이 다치거나 죽었고, (❶)와 이산가족들이 많이 생겼어요.

물적 피해

국토는 황폐해졌고 건물, 도로, 철도, 다리 등이 파괴되어 복구하는 데 많은 (❷)과 비용이 들었어요.

한민족의 대립

한민족이 (❸)하게 되었어요.

초성 Quiz

1 6·25 전쟁으로 가족이 서로 헤어져 만나지 못하는 (ㅇㅅㄱㅈ)이 생겼다.
□이산가족 □이성교제

2 6·25 전쟁으로 국토가 (ㅎㅍ)해 졌다.
□해피 □황폐

06 4·19 혁명은 왜 일어났을까요?

1960년 3월 15일, 대한민국 정부통령 선거의 4번째 날에 이승만은 자신이 속한 당에 있는 사람을 당선시키고자 부정한 방법을 사용했어. 유권자들에게 돈이나 물건을 주면서 이승만 정부에 투표하게 하거나 투표한 용지를 불에 태워 없애기도 하고, 조작된 투표용지를 넣어 투표함을 바꾸기도 한 거지.

3·15 부정 선거 이후 시민들은 재선거를 하라고 시위를 벌였어. 그러던 중 시위에 참여했다가 실종된 고등학생 김주열이 마산 앞바다에서 죽은 채로 발견되었어. 이 사건으로 분노에 찬 시민들의 시위가 더욱 확산되었어.

1960년 4월 19일, 시민들과 학생들이 이승만 정부의 독재와 3·15 부정 선거로 짓밟힌 민주주의를 바로 잡고자 시위에 나섰어. 바로 4·19 혁명이야. 그러자 이승만 정부는 무력으로 시위를 진압했고, 그 과정에서 많은 시민과 학생들이 다치거나 죽었지. 하지만 결국 이승만은 대통령 자리에서 물러나게 되었고, 3·15 부정 선거는 무효가 되었어.

▲ 4·19 혁명

새로운 정부가 들어선 지 얼마 되지 않은 1961년 5월 16일, 박정희가 군인들을 동원해 정권을 잡는 5·16 군사 정변이 일어났어. 박정희는 대통령을 할 수 있는 횟수를 제한하지 않는 등의 내용이 담긴 유신 헌법을 선포하고, 독재 정치를 이어 나갔지만 민주주의를 지키려는 국민들의 노력은 계속되었어.

- **시위(示 보일 시, 威 위엄 위)** 많은 사람들이 어떤 요구나 주장을 드러내기 위해 모여서 집회나 행진을 하는 일.
- **군사 정변(쿠데타)** 군인들이 힘을 앞세워 정권을 잡는 행위.

참쌤이 들려주는

역사 이야기 유신 헌법

'유신'이라는 말은 낡은 제도를 새롭게 고친다는 뜻이에요. 1970년대 박정희 대통령은 국제 사회의 변화에 적극적으로 대처한다는 이유를 들어 헌법을 고쳤어요. 바로 유신 헌법이에요. 유신 헌법에는 대통령을 할 수 있는 횟수를 제한하지 않는다는 내용, 대통령을 직선제가 아닌 간선제로 뽑는다는 내용 등이 담겨 있어요. 대통령의 권한을 강화하고 국민의 기본권을 제한한 것이에요. 유신 헌법은 박정희 대통령의 독재 정치를 위한 개헌이었던 거예요.

▲ 유신 헌법 공포식

비주얼 씽킹

민주주의의 시련과 발전

정답 200쪽

1. 3·15 부정 선거

(❶) 정부는 정부통령 선거에서 이기려고 부정 선거를 일으켰어요.

2. 4.19 혁명

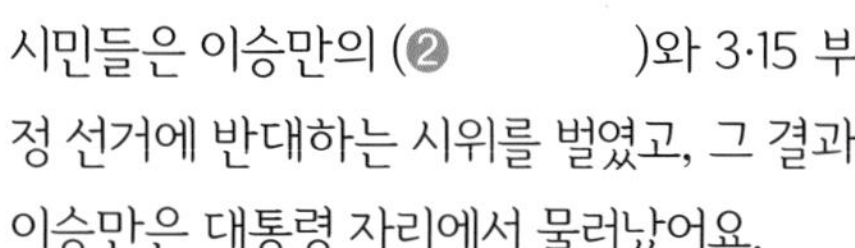

시민들은 이승만의 (❷)와 3·15 부정 선거에 반대하는 시위를 벌였고, 그 결과 이승만은 대통령 자리에서 물러났어요.

3. 5·16 군사 정변

1961년 5월 16일, 박정희가 군인들을 동원해 정권을 잡았어요.

4. 박정희의 유신 독재

박정희는 (❸)을 고쳐 대통령을 할 수 있는 횟수를 제한하지 않았고, 독재 정치를 심하게 했어요.

초성 Quiz

1 이승만 정부는 정부통령 선거에서 이기려고 3·15 (ㅂㅈ) 선거를 실행했다.
□부정 □바지

2 1961년 5월 16일, (ㅂㅈㅎ)가 군인들을 동원해 정권을 잡았다.
□박정희 □바자회

07 6·29 민주화 선언은 어떻게 이루어졌을까요?

박정희는 독재 정치에 반대하는 대규모 시위가 벌어진 혼란스러운 상황에서 부하에게 살해되었어. 이틈에 전두환이 중심이 된 군인들이 또 정변을 일으켰어. 시민들은 헌법을 새로 고치고 국민 투표로 새 정부를 세울 것을 요구하며 시위를 벌였지만 전두환은 군사를 앞세워 무차별적으로 탄압했어.

전두환은 1980년 5월 17일 이후로 정치 활동 금지, 휴교, 방송 감시 등 계엄령을 내리고 언론을 통제했어. 그러자 전라남도 광주의 시민들과 학생들은 '전두환은 물러가라!', '계엄을 해제하라!'라고 외치며 대규모 민주화 시위를 벌였지. 전두환이 보낸 계엄군은 폭력적으로 시위를 진압하여 많은 사람이 다치거나 죽었어. 분노한 시민들이 시민군을 만들어 군인들에게 대항하는 5·18 민주화 운동이 일어났지만, 계엄군은 시위를 이끌던 사람들이 모여 있던 전라남도청을 공격해 시위를 강제로 진압하였어.

▲ 5·18 민주화 운동

부당한 정권에 맞서 민주주의를 지키려는 시민들과 학생들의 의지를 보여 주었어.

- **계엄** 전쟁이나 비상사태가 발생하였을 때, 군대가 어떤 지역을 지키고 다스리는 일.
- **통제** 일정한 방침에 따라 행위를 제한하거나 제약함.
- **탄압** 무역이나 권력으로 남을 함부로 억누름.
- **최루탄**(**催** 재촉할 **최**, **淚** 눈물 **루**, **彈** 탄알 **탄**) 눈물샘을 자극하여 눈물을 흘리게 하는 약이나 물질을 넣은 탄환.

5·18 민주화 운동을 강제로 진압한 후 간선제로 대통령이 된 전두환은 국민들의 알 권리를 막고, 민주주의를 요구하는 사람들을 탄압했어. 이에 맞서 시민들이 민주화 운동을 이어나가던 중 고문을 받다 사망한 박종철 사건, 최루탄을 맞아 사망한 이한열 사건으로 인해 시민들의 분노는 더욱 커졌어. 이에 1987년 6월 시민들과 학생들은 민주화를 요구하며 전국 곳곳에서 6월 민주 항쟁을 벌였어. 20일간 지속된 시위 끝에 당시 여당 대표가 직선제를 포함한 민주화 요구를 받아들이겠다는 내용의 6·29 민주화 선언을 발표했어. 국민들은 16년 만에 대통령을 자신의 손으로 뽑을 수 있게 된 거야.

역사 이야기 대통령 직선제

6 · 29 민주화 선언 이후 1987년 10월 29일에 여야 합의에 의해 헌법이 제정되었어요. 헌법에 규정된 대통령 선출 조항은 다음과 같아요.

- 제67조 대통령은 국민의 보통 · 평등 · 직접 · 비밀 선거에 의하여 선출된다.
- 제70조 대통령의 임기는 5년으로 하며 중임할 수 없다.

그에 따라 1987년 제13대 대통령 선거는 6 · 29 선언에서 발표한 대통령 직선제로 시행되었어요. 민주화를 이루기 위한 많은 사람들의 노력과 희생이 마침내 결실을 맺은 것이에요.

비주얼 씽킹 5 · 18 민주화 운동과 6월 민주 항쟁

정답 200쪽

1. 5 · 18 민주화 운동

전두환 등 군인들이 일으킨 정변에 반대하며 시민들이 전국적으로 시위를 벌였으나 군인들은 국민을 탄압했어요.

2. 전두환 집권

5·18 민주화 운동을 강제로 진압한 후 대통령이 된 (❶)은 민주주의를 요구하는 사람들을 탄압했어요.

3. 6월 민주 항쟁

시민들은 전두환 정부의 (❷)에 반대하고 대통령 직선제를 요구하며 시위를 벌였어요.

4. 6 · 29 민주화 선언

당시 여당 대표가 (❸)를 포함한 민주화 요구를 받아들이겠다고 발표했어요.

초성 Quiz

1 (ㅈㄷㅎ) 중심의 군인들에 맞서 5·18 민주화 운동이 일어났다.
□전두환 □자동화

2 6월 민주 항쟁으로 대통령 (ㅈㅅㅈ) 등의 내용이 담긴 6·29 민주화 선언이 발표되었다.
□직선제 □저수지

08 우리나라의 경제는 어떻게 발전해 왔을까요?

이승만 정부는 미국의 도움을 받아 파괴된 시설을 복구하고 공업을 발전시키기 위해 노력했어.

6·25 전쟁 이후에는 국토가 황폐해지고 산업 시설이 대부분 파괴되어 사람들의 생활에 필요한 것들이 부족했어. 미국이 밀, 면화 등을 지원해 주자 1950년대에는 이를 가공하여 생활에 필요한 물품을 만드는 식료품 공업, 섬유 산업 등 소비재 산업이 주로 발전했지.

박정희 정부는 1962년부터 경제 개발 5개년 계획을 추진했어. 정유 시설, 발전소, 고속 국도, 항만 등을 많이 건설하고, 풍부한 노동력을 이용하여 섬유, 신발, 의류 등을 만드는 경공업을 발전시켰어. 1970년대에는 중화학 공업 육성 계획을 추진하여 철강, 석유 화학, 기계, 조선, 전자 등의 산업을 성장시켰어.

▲ 경부 고속 국도 건설

우리나라의 산업 구조는 경공업 중심에서 중화학 공업 중심으로 바뀌었어.

1980년대에는 자동차 산업이 크게 성장했고, 기계 산업과 전자 산업도 크게 발전해 정밀 기계, 정밀 부품, 텔레비전 등이 주요 수출품으로 자리 잡았어. 1990년대에는 컴퓨터의 핵심 부품인 반도체의 중요성이 커졌는데, 1996년에 우리나라는 반도체 세계 판매량 2위를 달성했지. 1990년대 후반에는 전국에 걸쳐 초고속 정보 통신망이 만들어져 정보 통신 산업이 발달했어. 2000년대 이후에는 생명 공학, 우주 항공, 신소재 산업, 로봇 산업 등 첨단 산업이 발달하고 있고, 문화 콘텐츠 산업, 의료 서비스 산업, 관광 산업 등 서비스 산업도 빠르게 발달하고 있어.

- **경제 개발 5개년 계획** 경제 발전을 하려고 1962년부터 1986년까지 5년 단위로 추진한 경제 계획.
- **경공업** 식료품, 섬유, 종이 등 비교적 가벼운 물건을 만드는 산업.
- **중화학 공업** 철, 배, 자동차 등 무거운 제품이나 플라스틱, 고무 제품, 화학 섬유 제품을 생산하는 산업.

1980년대

▲ 자동차 산업

1990년대

▲ 반도체 산업

2000년대

▲ 첨단 산업

역사 이야기 경제 성장 과정에서 나타난 문제점

잘사는 사람과 그렇지 못한 사람의 소득 격차가 커지는 경제적 현상을 경제적 양극화라고 해요. 우리나라는 경제 성장이 급격하게 이루어지면서 경제적 양극화라는 사회 문제가 나타났어요. 경제적 양극화가 심해지면 경제적으로 형편이 어려운 사람들이 인간다운 삶을 살지 못할 수도 있어요. 이를 해결하기 위해서 국회에서는 국민 기초 생활 보장법, 장애인 복지법 등 여러 복지 정책을 법률로 정하고, 정부는 가난한 사람들에게 생계비와 양육비, 학비 등을 지원해 교육의 불평등이 발생하지 않도록 노력하고 있어요.

우리나라의 경제 성장

정답 200쪽

1. 1950년대

식료품 공업, 섬유 공업 등 (❶   ) 산업이 주로 발전했어요.

2. 1960년대

섬유, 신발, 가발, 의류 등 경공업이 발전했어요.

3. 1970년대

철강 산업, 석유 화학 산업, 조선 산업 등 (❷   ) 공업이 발전했어요.

4. 1980년대

자동차 산업, 기계 산업, 전자 산업 등이 발전했어요.

5. 1990년대

(❸   ) 산업, 정보 통신 산업이 발전했어요.

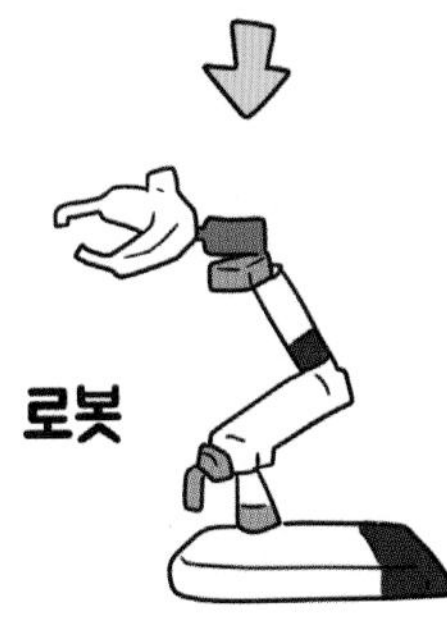

6. 2000년대

(❹   ) 산업과 서비스 산업이 발전했어요.

초성 Quiz

1 1960년대 우리나라는 신발, 의류 등을 만드는 (ㄱㄱㅇ)이 발전했다.

□국경일 □경공업

2 2000년대 이후 우리나라는 첨단 산업과 (ㅅㅂㅅ) 산업이 발전했다.

□서비스 □소방서

09 남북은 평화 통일을 위해 어떤 노력을 해 왔을까요?

1970년대부터 이산가족 상봉 문제를 협의하기 위한 남북 적십자 회담이 진행되었어. 1972년에는 비밀 특사들이 남북을 오고 간 끝에 7·4 남북 공동 성명이 서울과 평양에서 발표되었어. 남북은 7·4 남북 공동 성명에서 자주·평화·민족적 대단결의 3대 원칙에 합의하였어. 이는 최초로 남북 정부가 합의한 통일 방안이라는 점에서 큰 의미를 가지고 있어. 이후 1985년에는 이산가족 고향 방문단과 예술 공연단 교환이 이루어졌고, 1991년에는 한반도 비핵화 공동 선언이 이루어지기도 했지.

본격적인 평화 통일 노력은 1990년대부터 이루어졌어. 김대중 정부는 대북 화해 협력 정책, 즉 햇볕 정책으로 본격적인 교류를 시작하였어. 김대중 대통령과 김정일이 평양에서 남북 정상 회담을 열고, 상호 신뢰와 군사적 대립을 없애고 평화 정착을 위해 노력하겠다는 6·15 남북 공동 성명을 발표했어. 금강산 관광 사업과 개성 공단 사업 등 경제적 교류도 이루어졌지. 2018년에는 문재인 대통령과 김정은 위원장의 남북 정상 회담까지 이루어졌어.

- **특사**(**特** 특별할 **특**, **使** 부릴 **사**) 나라를 대표하여 일정한 사명을 띠고 외국에 파견되는 사람.
- **합의**(**合** 합할 **합**, **意** 뜻 **의**) 둘 이상의 당사자의 의사가 일치함. 또는 그런 일.

▲ 이산가족 상봉

▲ 남북 정상 회담

역사 이야기 소떼 방북 사건

현대그룹의 창업자인 정주영 명예회장은 지금은 북한 지역인 강원도 통천군에서 태어나고 자랐는데 17세 때 아버지가 소를 팔아 마련한 돈 70원을 몰래 들고 남쪽으로 내려왔다고 해요. 정주영 회장은 몰래 들고 온 소 한 마리 값을 갚기 위해 소떼 방북을 기획했어요. 정주영 회장은 두 차례에 걸쳐 1001마리의 소를 트럭에 실어 북에 전달했어요. 소떼 방북은 남북 교류가 활발해지는 계기를 마련했어요. 이후 1998년 11월에 금강산 관광이 처음으로 시작되었고, 2000년에는 분단 이후 최초로 남북 정상 회담이 개최되었어요.

평화 통일을 위한 남북의 노력

정답 200쪽

1. 1970년대 이후

1970년대에 첫 남북 교류가 이루어진 이후 (❶   ) 상봉, 남북 예술단 교류 등 남북 교류가 이루어졌어요.

2. 햇볕 정책의 등장

금강산 관광 사업, 개성 공단 사업 등 경제적 교류가 이루어졌고, 남북 (❷   ) 및 남북 공동 성명 등 평화 통일을 위해 노력하고 있어요.

1 1972년에 7·4 (ㄴㅂ) 공동 성명이 발표되었다.
□나비 □남북

2 김대중 정부는 (ㅎㅂ) 정책을 추진하여 남북 교류에 힘썼다.
□화분 □햇볕

역사 논술

정부 수립에 대한 입장
남한의 단독 정부 수립 VS 통일 정부 수립

상황 알기

- 미소 공동 위원회의 협상이 결렬되고 한국의 문제는 국제 연합(UN)으로 넘어갔음. 1947년 11월 국제 연합은 남북한 총선거를 통한 한국 통일안을 통과시켰지만 소련이 반대했음.
- 남한 단독 정부 수립 주장: 이승만 중심으로 남한만의 합법 정부를 세우자 주장.
- 통일 정부 수립 주장: 김구 중심으로 남북 지도자 회의를 통해 통일 정부를 세우자 주장.

관련 키워드

한국 임시 위원단 # 남북 협상 # 5 · 10 총선거 # 소련

사건 평가하기

남쪽만이라도 합법 정부를 세우자!

소련은 모스크바 3국 외상 회의에서 신탁 통치 지지 세력만 임시 정부에 참여할 자격을 주자고 주장했다. 반면 미국은 모든 정치 세력에 임시 정부에 참여할 자격을 주자고 하여 서로 입장 차이를 좁히지 못했다. 이때 이승만은 먼저 임시 정부 혹은 위원회를 조직하여 이북에서 소련이 물러나도록 세계의 언론에 호소해야 한다고 주장했다. 무기한 연기된 회의가 재개될 기색이 보이지 않았기 때문이다. 남한에 정부를 세우지 않고 기다리다가 북한과 소련의 공격을 받아 정부를 수립하지 못할 위험도 있었다. 남한만의 총선거가 결정되어 국제 연합 감시 하에 5 · 10 총선거가 이루어졌고 정부가 빨리 구성될 수 있었다.

남북 지도자의 협력을 통해 통일 정부를 세우자!

1945년, 한반도 문제를 어떻게 처리할 것인지 회의하기 위해 열린 모스크바 3국 외상 회의에서는 우리 민족의 의견이 전혀 반영되지 않았다. 그 결과 미국, 영국, 중국, 소련 4개국에 의한 신탁 통치안이 결정되었다. 이어 미소 공동 위원회가 구성되었으나 협상이 결렬되면서 남북은 정치적으로 입장이 나뉘었다. 남북이 나뉘어 선거를 치룰 운명이 결정되자 김구를 중심으로 결성된 한국독립당은 남한의 단독 선거에 반대하였다. 이후 북한의 대표와 김구, 김규식이 만나 통일 협상을 하려 하였으나 제대로 된 협상 결과를 맺지는 못하였다. 하지만 이러한 노력을 계속하여 시간이 걸리더라도 통일 정부를 구성했다면 남과 북이 나누어지지 않았을 것이고, 6 · 25 전쟁과 같은 일도 겪지 않았을 것이다.

- **연기** 정해 놓은 때를 뒤로 물림.
- **결렬**(**決** 결단할 **결**, **裂** 찢을 **렬**) 회의 따위에서 의견이 합쳐지지 않아 각각 갈라서게 됨.

다음 자료를 보고, 빈칸에 들어갈 알맞은 내용을 쓰세요.

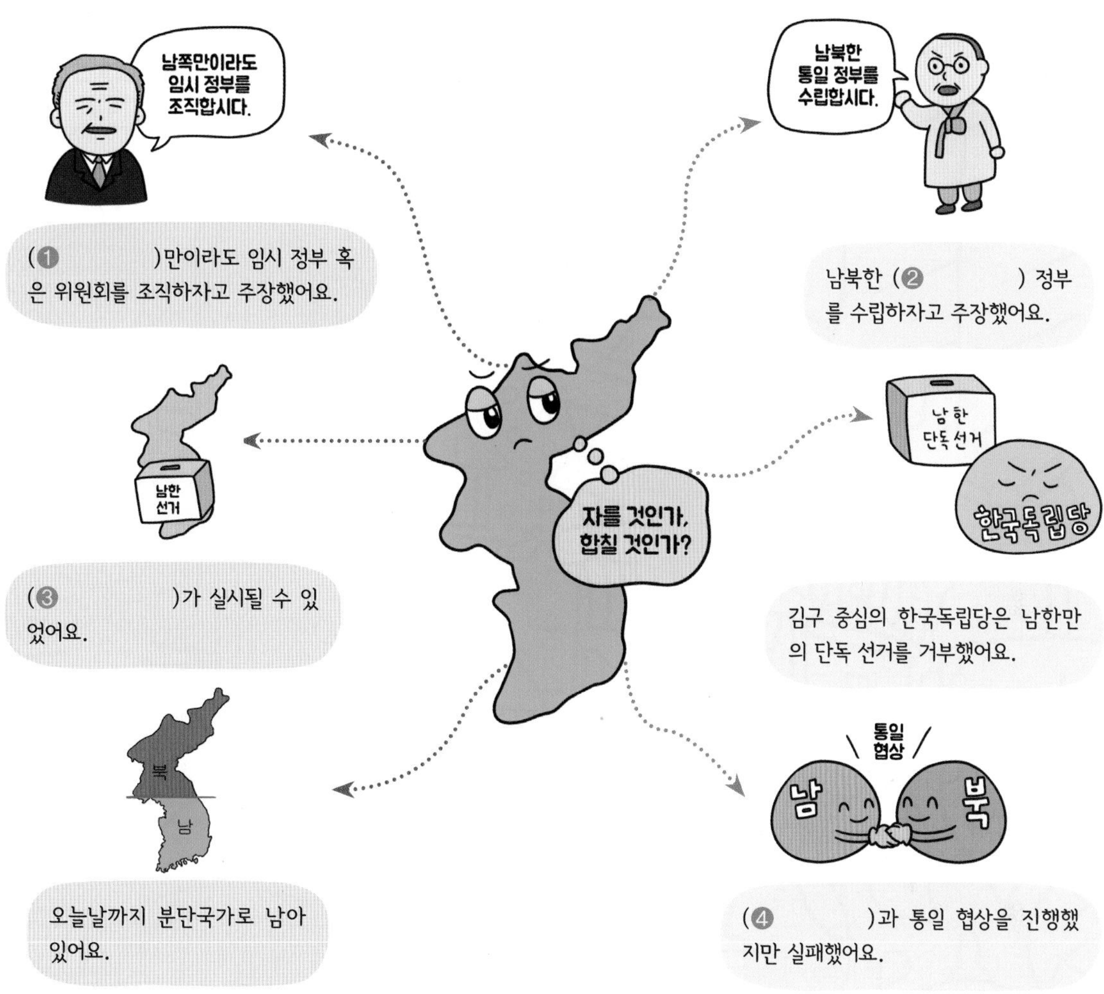

정부 수립에 대한 자신의 의견을 자유롭게 써 보세요.

비주얼씽킹으로

마무리하기

한국사 이야기가 담긴 다양한 그림을 마음껏 색칠해 보세요.

정답

빠른 정답

1. 조선의 성립과 발전

01 고려를 무너뜨리고 새롭게 등장한 나라는 어디일까요? 17쪽

❶ 신진 사대부 ❷ 조선

초성 Quiz 1 위화도 2 고조선

02 한양이 조선의 도읍이 된 까닭은 무엇일까요? 19쪽

❶ 한강 ❷ 방어 ❸ 유교

초성 Quiz 1 한양 2 정도전

03 정도전과 이방원이 대립한 까닭은 무엇일까요? 21쪽

❶ 재상 ❷ 이방원 ❸ 세자 ❹ 정종

초성 Quiz 1 정도전 2 이방원

04 조선은 나라의 기틀을 세우기 위해 어떤 노력을 했을까요? 23쪽

❶ 호패 ❷ 8 ❸ 경국대전

초성 Quiz 1 호패 2 경국

05 조선 시대에 과거 시험은 누구나 볼 수 있었을까요? 25쪽

❶ 한양 ❷ 한자 ❸ 문과 ❹ 잡과

초성 Quiz 1 성균관 2 과거

06 조선이 펼쳤던 사대교린 정책은 무엇일까요? 27쪽

❶ 사대 ❷ 교린 ❸ 사신

초성 Quiz 1 사대 2 조공

07 조선은 여진과 일본에 대해 어떤 외교 정책을 펼쳤을까요? 29쪽

❶ 여진족 ❷ 4군 6진 ❸ 쓰시마 섬 ❹ 무역

초성 Quiz 1 여진족 2 왜구

역사 논술 이성계의 조선 건국 31쪽

생각정리

❶ 토지 ❷ 위화도
❸ 조선 ❹ 정몽주

생각쓰기

예 이미 고려는 수백 년 동안 이어온 힘을 다하고, 백성들은 더 이상 고려에서 희망을 찾지 못하고 있다. 고려의 왕조와 고려라는 나라 이름을 지키는 것은 백성들에게 중요한 일이 아닐 것이다. 고려에서 벌어지고 있는 나쁜 정치로 일어나는 폐단을 한 번에 없애고 나라를 발전시키기 위해 나는 새로운 나라를 세울 것이다. 백성들이 살기 좋은 새로운 나라를 만드는 일을 함께 한다면 더욱 좋을 것이다.

08 백성을 위한 글자를 만든 조선의 임금은 누구일까요? 33쪽

❶ 한자 ❷ 집현전 ❸ 소리

초성 Quiz 1 글 2 훈민정음

09 조선의 발전을 가져온 과학 기술은 무엇일까요? 35쪽

❶ 농사직설 ❷ 측우기 ❸ 앙부일구 ❹ 세종

초성 Quiz 1 농사직설 2 자격루

10 유교는 어떻게 조선 사회의 바탕이 되었을까요? 37쪽

❶ 신진 사대부 ❷ 서원 ❸ 질서

초성 Quiz 1 유교 2 삼강

11 조선에는 어떤 신분 제도가 있었을까요? 39쪽

❶ 노비 ❷ 역관 ❸ 세금

초성 Quiz 1 신분 2 노비

12 조선 시대 사람들의 생활 모습은 어떠했을까요? 41쪽

❶ 관례 ❷ 기와집 ❸ 초가집

초성 Quiz 1 관혼상제 2 무명옷

역사 논술 세종대왕의 훈민정음 창제 43쪽

생각정리 ❶ 한자 ❷ 백성 ❸ 이두

생각쓰기 예 오랫동안 우리가 써 왔던 한자로는 우리말을 정확히 나타낼 수 없어 불편하고, 더욱이 한자는 익히고 쓰기가 쉽지 않아서 배우기 위해 많은 시간과 노력이 든다. 또한 한자를 알지 못한 대부분의 백성들은 글을 보고도 무슨 뜻인지 몰라 답답하거나 어려움을 겪는 경우가 매우 많았을 것이다. 우리말을 정확하고 쉽게 표현할 수 있는 새 글자를 익히고 사용한다면 신분에 상관없이 누구라도 그 뜻을 쉽게 나타내고 알 수 있을 것이다. 이처럼 새 글자를 널리 알려 어려운 백성을 돌보는 것이야 말로 유교 정신에 따라 마땅히 임금이 해야 할 일일 것이다.

13 일본이 1592년에 우리나라를 침략한 까닭은 무엇일까요? 45쪽

❶ 세금 ❷ 명 ❸ 조선

초성Quiz 1 조선 2 명

14 임진왜란이 일어나자 조선은 일본에 맞서 어떻게 싸웠을까요? 47쪽

❶ 부산 ❷ 선조 ❸ 이순신

초성Quiz 1 피란 2 휴전

15 다시 침략한 일본을 조선은 어떻게 물리쳤을까요? 49쪽

❶ 휴전 ❷ 침략 ❸ 연합군

초성Quiz 1 휴전 2 정유

16 나라를 지키기 위해 조선 수군은 어떤 활약을 했을까요? 51쪽

❶ 이순신 ❷ 파직 ❸ 노량 해전

초성Quiz 1 한산도 2 노량

17 나라를 지키기 위해 의병과 관군은 어떤 노력을 했을까요? 53쪽

❶ 의병 ❷ 지형 ❸ 권율

초성Quiz 1 의병 2 진주성

18 임진왜란으로 입은 피해와 복구 노력은 무엇일까요? 55쪽

❶ 식량 ❷ 일본 ❸ 대동법

초성Quiz 1 포로 2 동의

19 광해군과 인조의 외교 정책은 어떻게 달랐을까요? 57쪽

❶ 중립 ❷ 명 ❸ 형제

초성Quiz 1 후금 2 서인

20 두 번이나 조선을 침략한 청이 요구한 것은 무엇일까요? 59쪽

❶ 형제 ❷ 청 ❸ 남한산성

초성Quiz 1 군신 2 남한

21 인조가 피란을 간 남한산성은 어떤 곳일까요? 61쪽

❶ 남한산성 ❷ 화친

초성Quiz 1 도읍 2 화친

22 효종이 북벌을 추진했던 까닭은 무엇일까요? 63쪽

❶ 소현세자 ❷ 시헌력 ❸ 북벌론

초성Quiz 1 효종 2 북벌

역사 논술 광해군 65쪽

생각정리 ❶ 후금 ❷ 임진왜란 ❸ 영창대군 ❹ 궁궐

생각쓰기 예 당시 명은 조선을 도와 임진왜란을 겪고 나라가 혼란스러워져 국력이 약해지고 있었다. 반대로 후금은 갈수록 세력을 키워 명과 전쟁을 벌일만큼 강한 나라가 되었다. 만약 광해군이 명에 대한 의리를 지켜야 한다는 신하들의 의견에 따라 명을 계속 따르고 후금을 멀리하는 외교 정책을 펼쳤다면 후금은 조선에 쳐들어와서 군신 관계를 요구하거나 피해를 주고, 광해군은 임진왜란으로 황폐해진 나라를 돌보지 못하고 계속 후금과 전쟁을 치러야 했을 것이다.

2. 새로운 사회를 향한 움직임

01 붕당 정치와 탕평책은 어떻게 전개되었을까요? 71쪽

❶ 사림 ❷ 인재

초성 Quiz 1 탕평책 2 붕당

02 영조와 정조의 정책에는 무엇이 있을까요? 73쪽

❶ 탕평책 ❷ 균역법 ❸ 수원 화성

초성 Quiz 1 균역법 2 규장각

03 조선 후기 세금 제도는 어떻게 바뀌었을까요? 75쪽

❶ 4두 ❷ 영조

초성 Quiz 1 영정법 2 대동법

04 농사짓는 방법은 어떻게 변화했을까요? 77쪽

❶ 이모작 ❷ 견종법

초성 Quiz 1 이앙법 2 상품 작물

05 조선 후기 시장의 모습은 어떠했을까요? 79쪽

❶ 장시 ❷ 수공업

초성 Quiz 1 보부상 2 상평통보

06 조선 후기 양반의 수는 왜 증가했을까요? 81쪽

❶ 양반 ❷ 족보

초성 Quiz 1 중인 2 노비

07 가족 안에서 남자와 여자의 차별은 왜 나타났을까요? 83쪽

❶ 남자 ❷ 양자

초성 Quiz 1 장남 2 남성 중심

08 실학은 어떻게 발전했을까요? 85쪽

❶ 성리학 ❷ 상공업

초성 Quiz 1 실학 2 정약용

09 수원 화성은 어떻게 만들어졌을까요? 87쪽

❶ 서북공심돈 ❷ 봉수대 ❸ 옹성

초성 Quiz 1 화성 2 거중기

역사 논술 영조 89쪽

생각정리 ❶ 탕평책 ❷ 속대전 ❸ 사도 세자

생각쓰기 예 영조는 조선의 발전에 큰 역할을 했다고 생각한다. 영조가 왕이 되었을 당시 조선은 붕당 간의 싸움으로 혼란스러운 상태였는데 영조가 탕평책을 실시하여 붕당에 관계없이 인재를 뽑아 나라를 안정시킬 수 있었다. 그뿐만 아니라 균역법의 실시와 형벌 제도 개선 등 백성들을 위한 다양한 정책을 실시하였다. 사도 세자를 죽게 하였지만 그의 아들인 정조를 왕위에 오를 수 있게 배려하였고, 그 덕분에 정조도 훌륭한 왕이 될 수 있었으므로 영조는 조선의 발전을 이끈 성왕이다.

10 서양에서 들어온 문물들은 어떤 영향을 끼쳤을까요? 91쪽

❶ 청 ❷ 곤여만국전도

초성 Quiz 1 자명종 2 천주교

11 서민 문화는 어떻게 발달했을까요? 93쪽

❶ 서민 문화 ❷ 민화

초성 Quiz 1 풍속화 2 한글 소설

12 세도 정치가 그렇게 문제가 많았나요? 95쪽

❶ 수렴청정 ❷ 안동 김씨

초성 Quiz 1 김조순 2 세도

13 세도 정치 아래 백성들은 어떤 고통을 겪었을까요? 97쪽

❶ 전정 ❷ 군포 ❸ 환정

초성 Quiz 1 삼정 2 토지

14 세도 정치 아래 백성들은 어떤 저항을 했을까요? 99쪽

❶ 삼정 ❷ 평안도

초성 Quiz 1 봉기 2 홍경래

15 천주교와 동학은 어떻게 나타났을까요? 101쪽

❶ 최제우 ❷ 평등

초성 Quiz 1 서학 2 인내천

역사 논술 김조순 103쪽

생각정리 ❶ 정조 ❷ 세도 정치 ❸ 안동 김씨

생각쓰기 예 김조순이 정조를 도와 나라의 발전에 힘썼던 것은 사실이나 세도 정치가 시작되도록 한 장본인이라고 생각한다. 김조순이 순조의 장인이 되었을 때 정치의 전면에 나서지는 않았지만 안동 김씨 가문 위주로 정치를 하도록 이끌었고, 그 결과 백성들의 삶을 힘들게 만들었다는 점에서 김조순의 행동은 잘못된 것이었다. 김조순이 어린 순조를 도와서 몇몇 가문에 의한 정치가 아니라 왕권을 강화할 수 있도록 도움을 주었더라면 세도 정치가 나타나지 않았을 것이고, 삼정의 문란이나 농민 봉기와 같은 일도 나타나지 않았을 것이다.

16 흥선 대원군은 어떤 개혁을 했을까요? 105쪽

❶ 세도 ❷ 호포제

초성 **Quiz** **1** 흥선 대원군 **2** 사창제

17 제너럴 셔먼호 사건과 오페르트 도굴 사건이 무엇인가요? 107쪽

❶ 제너럴 셔먼호 ❷ 오페르트

초성 **Quiz** **1** 미국 **2** 묘

18 병인양요와 신미양요는 어떻게 일어났을까요? 109쪽

❶ 외규장각 ❷ 척화비

초성 **Quiz** **1** 병인양요 **2** 신미양요

19 굳건히 닫혀 있던 조선의 문은 어떻게 열리게 되었을까요? 111쪽

❶ 운요호 ❷ 강화도

초성 **Quiz** **1** 운요호 **2** 불평등

20 조선 후기 사람들은 통상에 대해 어떻게 생각했을까요? 113쪽

❶ 개화파 ❷ 위정척사파

초성 **Quiz** **1** 개화파 **2** 위정척사파

21 임오군란은 어떻게 일어난 사건일까요? 115쪽

❶ 영선사 ❷ 별기군

초성 **Quiz** **1** 수신사 **2** 임오군란

22 갑신정변은 왜 삼일천하로 끝났을까요? 117쪽

❶ 온건 ❷ 급진

초성 **Quiz** **1** 급진 **2** 갑신정변

23 동학 농민 운동은 어떻게 일어났을까요? 119쪽

❶ 청 ❷ 청일 전쟁

초성 **Quiz** **1** 동학 **2** 전봉준

24 갑오개혁에는 어떤 내용이 담겨 있나요? 121쪽

❶ 의정부 ❷ 과거 ❸ 노비

초성 **Quiz** **1** 갑오개혁 **2** 신분제

25 을미사변과 아관파천은 어떤 사건일까요? 123쪽

❶ 러시아 ❷ 단발령 ❸ 고종

초성 **Quiz** **1** 명성 **2** 아관파천

역사 논술 김옥균 125쪽

❶ 개혁 ❷ 청 ❸ 일본

예 김옥균이 나라의 근대화를 위해서 노력한 것은 인정하지만 일본을 끌어들여서 정변을 일으킨 것은 잘못되었다고 생각한다. 나라의 자주독립을 원했다면 다른 나라의 힘을 빌리지 않고 우리 민족 스스로의 힘으로 개혁을 했어야 했다. 그리고 개혁을 하는 방식으로 폭력적인 방법인 정변을 했던 것도 잘못되었다고 생각한다. 성공적인 개혁을 위해서는 백성들의 의견을 묻고 백성들과 함께 힘을 모으는 방식으로 개혁을 했어야 했다.

3. 일제의 침략과 광복을 위한 노력

01 독립 협회에서 한 일은 무엇일까요? 131쪽

❶ 소식 ❷ 독립문 ❸ 만민 공동회

초성 **Quiz** 1 서재필 2 만민

02 고종은 경운궁으로 돌아와 어떤 일을 했을까요? 133쪽

❶ 황제 ❷ 광무개혁

초성 **Quiz** 1 환구단 2 근대화

03 우리 민족은 을사늑약에 어떻게 저항했을까요? 135쪽

❶ 을사늑약 ❷ 의병 ❸ 특사

초성 **Quiz** 1 황성 2 헤이그

04 고종은 왜 강제 퇴위를 당했을까요? 137쪽

❶ 황제 ❷ 순종

초성 **Quiz** 1 퇴위 2 양위식

05 일제의 독도 침탈에 대해 알아볼까요? 139쪽

❶ 울릉도 ❷ 지도 ❸ 독도

초성 **Quiz** 1 독도 2 시마네

06 항일 의병 운동은 어떻게 전개되었을까요? 141쪽

❶ 을미사변 ❷ 을사늑약 ❸ 퇴위

초성 **Quiz** 1 단발령 2 군인

07 애국 계몽 운동에는 어떤 것이 있을까요? 143쪽

❶ 학교 ❷ 빚 ❸ 독립군

초성 **Quiz** 1 국채 2 신민회

08 근대 문물이 들어와 생활 모습이 어떻게 바뀌었을까요? 145쪽

❶ 의식주 ❷ 전화

초성 **Quiz** 1 석조전 2 전차

역사 논술 고종 147쪽

생각정리 ❶ 개항 ❷ 별기군 ❸ 러시아 ❹ 외교권

생각쓰기 예 고종 집권 당시 을사늑약이 맺어지고, 이후 국권을 빼앗겼지만 이는 고종의 잘못이 아닌 어쩔 수 없는 일이었다고 생각한다. 오래 전부터 일본을 비롯한 여러 나라가 우리나라를 차지하려고 기회를 노리고 있었기 때문에 고종이 아닌 다른 사람이 왕이었더라도 나라를 빼앗기는 일을 막기 힘들었을 것이다. 나라 안팎으로 혼란스러운 상황 속에서도 고종은 우리나라를 자주독립 국가로 만들기 위해 노력했고, 근대 문물을 적극적으로 받아들여 나라를 발전시켰다. 이러한 노력을 높이 평가해야 한다고 생각한다.

09 일제는 우리나라를 어떻게 통치했을까요? 149쪽

❶ 조선 총독부 ❷ 헌병 ❸ 토지 조사 사업

초성 **Quiz** 1 무단 2 토지

10 3 · 1 운동은 어떻게 일어났을까요? 151쪽

❶ 민족 자결주의 ❷ 2·8 독립 선언서 ❸ 3·1 운동

초성 **Quiz** 1 민족 2 탑골

11 대한민국 임시 정부는 어떤 일을 했을까요? 153쪽

❶ 대한민국 임시 정부 ❷ 연통제 ❸ 이전

초성 **Quiz** 1 상하이 2 광복군

12 일제는 왜 문화 통치를 실시했을까요? 155쪽

❶ 경찰 ❷ 신문

초성 **Quiz** 1 문화 2 헌병

13 일제는 조선의 쌀 생산량을 왜 늘렸을까요? 157쪽

❶ 쌀 ❷ 조선 ❸ 일본

초성 **Quiz** 1 산업 2 증식

14 민족의 실력을 키우기 위해 어떤 노력을 했을까요? 159쪽

❶ 물산 장려 운동 ❷ 민립 대학 설립 운동

초성 **Quiz** 1 물산 2 대학

15 독립군 부대는 일제를 어떻게 물리쳤을까요? 161쪽

❶ 홍범도 ❷ 김좌진

초성Quiz 1 홍범도 2 청산리

16 일제는 한국인의 민족정신을 어떻게 말살하려 했을까요? 163쪽

❶ 황국 ❷ 일본 ❸ 동원

초성Quiz 1 일본어 2 신사

17 민족정신을 지키기 위해 한 노력에는 무엇이 있을까요? 165쪽

❶ 한글 ❷ 역사 ❸ 나운규

초성Quiz 1 말모이 2 아리랑

18 우리 민족은 일본군에 어떻게 맞서 싸웠을까요? 167쪽

❶ 윤봉길 ❷ 한국광복군 ❸ 건국

초성Quiz 1 애국단 2 광복군

역사 논술 물산 장려 운동 169쪽

❶ 경성 ❷ 가격 ❸ 애국 ❹ 친일파

예 물산 장려 운동은 국산품 사용이 우리나라의 경제적인 독립을 위해 중요하다는 것을 일깨웠다는 점에서 의의가 있다고 생각한다. 비록 토산품의 가격이 오르거나 자본가들에게만 이익이 돌아가는 등의 부작용을 낳았지만 국산품을 사용해야 한다는 생각이 사람들의 마음에 새겨졌다. 이와 같은 정신적인 깨우침이 물질적인 이익보다 중요하다고 생각한다.

4. 대한민국의 수립과 발전

01 우리나라는 어떻게 광복을 맞이했을까요? 175쪽

❶ 연합국 ❷ 김구

초성Quiz 1 광복 2 건국

02 한반도는 왜 둘로 나누어졌을까요? 177쪽

❶ 38도선 ❷ 미국 ❸ 총선거

초성Quiz 1 신탁 2 국제 연합

03 대한민국 정부는 어떻게 수립되었을까요? 179쪽

❶ 한국 임시 위원단 ❷ 대통령 ❸ 정부

초성Quiz 1 헌법 2 이승만

04 6 · 25 전쟁은 왜 일어났을까요? 181쪽

❶ 통일 ❷ 압록강 ❸ 중국군 ❹ 휴전선

초성Quiz 1 낙동강 2 휴전

05 6 · 25 전쟁이 남긴 것은 무엇일까요? 183쪽

❶ 전쟁고아 ❷ 시간 ❸ 대립

초성Quiz 1 이산가족 2 황폐

06 4 · 19 혁명은 왜 일어났을까요? 185쪽

❶ 이승만 ❷ 독재 ❸ 헌법

초성Quiz 1 부정 2 박정희

07 6 · 29 민주화 선언은 어떻게 이루어졌을까요? 187쪽

❶ 전두환 ❷ 독재 ❸ 직선제

초성Quiz 1 전두환 2 직선제

08 우리나라의 경제는 어떻게 발전해 왔을까요? 189쪽

❶ 소비재 ❷ 중화학 ❸ 반도체 ❹ 첨단

초성Quiz 1 경공업 2 서비스

09 남북은 평화 통일을 위해 어떤 노력을 해 왔을까요? 191쪽

❶ 이산가족 ❷ 정상 회담

초성Quiz 1 남북 2 햇볕

역사 논술 정부 수립에 대한 입장 193쪽

생각정리
❶ 남쪽 ❷ 통일 ❸ 5·10 총선거
❹ 북한

예 시간이 걸리더라도 북한과 협상하여 남북한 통일 정부를 수립했어야 한다고 생각한다. 북한도 정치적인 입장이 달랐을 뿐 한반도가 나누어지는 것을 바라지는 않았을 것이다. 남한만의 총선거가 이루어져서 정부가 빨리 구성될 수 있었지만 남과 북이 나누어지는 결과를 낳았다. 통일 정부를 수립했다면 6·25 전쟁도 일어나지 않고, 분단국가로 오늘날에 이르지 않았을 수도 있다.